동양문화총서20

어느 노학자의 젊은 시절

부록 - 7 · 5조풍 ≪고문진보≫ 選譯

심재기 저

전통문화연구회

동양문화총서 20
어느 노학자의 젊은 시절 -7 · 5조풍 고문진보 번역- 정가 22,000원

2023년 09월 20일 초판 인쇄
2023년 09월 30일 초판 발행

저 자 심재기
편 집 남현희
교 정 박상수
출 판 백준철
관 리 이종석
보 급 신양선

발 행 인 곽성문
발 행 처 (사)전통문화연구회
서울시 종로구 삼일대로 428 낙원빌딩 411호
전화 : (02)762-8401 전송 : (02)747-0083
전자우편 : juntong@juntong.or.kr
홈페이지 : juntong.or.kr
사이버書堂 : cyberseodang.or.kr
온라인서점 : book.cyberseodang.or.kr

등 록 1989. 7. 3. 제1-936호

인 쇄 처 한국법령정보주식회사(02-462-3860)
총 판 한국출판협동조합(070-7119-1750)

I S B N 979-11-5794-557-3 (04080)
978-89-85395-50-2 (세트)

목 차

제3부 시단詩壇

제4부 고문언해산고古文諺解散藁

부록

간 행 사

일반적으로 문화文化라 하면 좁은 의미의 문예文藝만을 생각하기 쉽지만 문화란 인간의 인지認知가 깨면서 자연상태에서 벗어나 일정한 목적目的이나 이상理想을 실현하려는 과정過程 및 그 과정에서 이룩해 낸 물질적·정신적 소득, 특히 학문·종교·예술·도덕 등 인간의 내적內的 정신활동精神活動의 소산所産이 바로 문화의 범주 속에 들어간다.

오늘날 세계를 주도하고 있는 서구문화西歐文化는 고대 그리스의 예지叡智와 기독교 정신의 소산이라 할 수 있다. 또한 이와 더불어 한 축軸을 이루는 동양문화東洋文化를 형성하는 본원本源은 바로 유교·도교·불교 등이다. 우리나라는 이러한 동양문화권의 테두리 속에 있으면서도 우리의 독자적인 문화전통을 생성·발전시켜 왔다. 그러나 독자적이라는 말이 배타적임을 뜻하는 것은 아니니, 어느 나라에 있어서나 문화의 전통이란 외래문화外來文化와의 상호작용相互作用 속에서 서로 영향을 주고받으며 취사선택하는 과정에서 형성되기 마련이기 때문이다.

오늘날의 국제화시대國際化時代 속에서 서구문화와 동양문화는 이것을 양분兩分하여 인식하는 고정관점에서 벗어나 오히려 통합統合되고 조화調和되어야 하는 요소로서 파악할 필요성이 있으며, 실제로 그러한 추세에 있다.

그러므로 우선 우리의 역사·문화를 올바로 이해하기 위하여는 상호 관련된 동양문화東洋文化를 총체적總體的으로 탐구探究하여야 하고 나아가 동서문화를 비교연구比較研究하여야 한다. 또한 문화를 일부 전문가나 소수 계층만이 향유享有하던 시대는 지났다. 일반 국민 모두가 문화를 향유하고 인식하는 수준이 높아져야 문화민족文化民族·문화국가文化國家가 될 수 있는 것이다.

우리가 높은 수준의 문화를 꽃피우기 위해서는 보편성普遍性과 특수성特殊性을 높여야 하지만 아울러 이러한 문화가 폭넓게 뿌리내릴 수 있는 넓고 기름진 토양土壤이 우선되어야 한다.

이러한 뜻에서 본회에서는 그간 동양고전국역총서東洋古典國譯叢書를 이미 다수 간행하였으며, 앞으로도 계속 착실히 진행할 계획으로 있다. 또한 이번에 우리는 우선 동양문화 각분야에 대하여 전문가의 연구서研究書와 한편으로는 그를 바탕으로 하는 교양서敎養書 간행의 필요성을 절실히 느껴 동양문화총서東洋文化叢書를 기획 간행하기에 이르렀다.

앞으로 우리는 세계문화世界文化 속의 한국문화韓國文化를 계승繼承·발전發展시키기 위한 밑거름이 되고자 하며, 새 시대의 가치관價値觀을 정립하고 도덕道德과 윤리倫理의 새 장章을 여는 계기契機가 되기를 바라마지 않는 바이다. 강호제현江湖諸賢의 편달鞭撻이 있기를 바란다.

사단법인 전통문화연구회 이사장 이계황李啓晃

머 리 말

어느새 스무 해가 지난 옛날 2003년, 그해는 제가 40여 년 교단敎壇 생활을 마무리하는 정년停年이 되는 해였습니다. 그동안 성실하게 살아왔다고 생각하면서도 무언가 허전하다는 느낌은 감출 수 없었습니다. 그 허전함은 날이 갈수록 깊어졌습니다. 그러던 어느 날, 그 허전함의 실체가 나의 교단 생활에서의 미진未盡한 감정感情임을 깨달았습니다.

이 세상의 어떤 일이 미진함이 없이 깨끗이 마무리될 수 있겠습니까? 그러나 힘이 닿는 한 미진함을 보충하려고 힘쓰는 것 또한 사람의 도리道理라는 것도 함께 깨닫게 되었습니다.

한평생 국어선생國語先生으로 살아온 저의 염원念願은 언제나 융통무애融通無涯한 어문語文 생활이 우리 사회에 실현實現되는 것이었습니다. 그것이 한낱 이상理想이라 할지라도 우리는 그 이상을 향하여 한 걸음 한 걸음씩 전진前進하여야 합니다. 이것이 민족문화民族文化 구성원構成員인 우리 한 사람, 한 사람의 의무義務이며 또한 삶의 보람이기 때문입니다. 그래서 저는 그 이상실현理想實現에 도움이 되는 글을 쓰기로 하였습니다.

이 책은 그러한 저의 글들을 모은 것입니다.

〈제1부 기로고담耆老故談〉과 〈제2부 질로한담耆老閑談〉은 저의 자전적自傳的 고백告白의 글이고, 〈제3부 시단詩壇〉은 버리기 아까운 토막글들을 모은 것이며, 〈제4부 고문언해산고古文諺解散藁〉는 옛날 글의 새로운 번역입니다.

스무 해가 넘는 세월 동안 저의 글 한 편篇 한 편씩을 꾸준히 실어준 월간月刊《한글+漢字文化》는 이 책의 온상溫床이고, 이것을 한 권의 책으로 만들어 준 사단법인社團法人 전통문화연구회傳統文化硏究會는 이 책의 주초柱礎입니다. 이 서문序文을 쓰는 자리에서 다시금 감사感謝의 마음을 전합니다.

계묘년癸卯年(2023) 4월

심재기沈在箕 근지謹識

제1부

기로고담

耆老故談

〈기로고담 耆老故談〉은 ‘늙은이의 옛날이야기’라는 뜻으로 만든 말인데, 지은이의 부끄러운 이력서라고 할까?

잊어버리고 말면 그뿐인 지난 세월의 이야기를 요즈음 젊은이들이 혹시 이해하여 준다면 세대 간의 생각과 느낌의 틈을 메꿀 수 있지 않을까 하는 마음으로 붙인 제목입니다.

1. 나의 초등학교 시절
-1944~1946-

지금으로부터 70여 년도 넘는 일이 되었다. 1944년 봄에 나는 초등학교(그때는 국민학교)에 입학하였다. 내가 태어날 때에는 '심재기 沈在箕'라는 나의 원래 이름을 가졌지만, 초등학교에 입학할 무렵 내 이름은 青松虎雄(아오마쓰 도라오)라는 이름으로 바뀌어 있었다. 내가 태어난 때도 일본제국주의 식민지 시절이요, 내가 학교에 입학하던 때도 일본제국주의 식민지 시절이지만 내가 태어날 때는 일제日帝가 소위 창씨개명創氏改名이라는 창씨제도創氏制度를 실시하기 전이었고, 그 창씨개명은 1940년에 모든 조선 사람을 일본 사람과 같게 만든다는 어처구니없는 미명하美名下에 실시되었기 때문이다.

그때 뜻있는 우리나라 지사들은 창씨개명에 항거하여 본래의 이름을 지켜냈으나, 대부분의 일반 시민들은 그들의 정책에 순응하여 그 일본식으로 2자로 된 성씨와 2자로 된 이름을 합쳐 4자 이름을 가질 수밖에 없었다.

우리 아버지도 항일정신抗日精神은 대단한 분이었던 것 같으나 밖에서 경제활동을 할 때의 불이익을 감당할 수 없어서 이름을 바꾸는데 순응하지 않을 수 없었다고 하셨다.

우리 집안은 청송심씨青松沈氏였으므로 그 본관명本貫名을 성씨로 삼았다 한다. 그때 많은 사람들이 본관을 성씨로 하였다. 아무튼 우리 청송심씨들은 모두 青松(아오마쓰)를 성씨로 삼자고 종친회에서 결의하였다는 것도 나중에 알게 되었다.

1944년 봄이라면 이미 일본은 그들이 일으킨 소위 대동아전쟁(제2차 세계대전)에서 패색敗色이 짙어진 무렵이었다. 그해 초에 소위 소개령疏開令이라는 것이 내려져서 시골로 피난을 가는 사람도 있었고, 어른들이 쉬쉬하면서 하는 얘기였지만 일본군이 어느 섬에선가 전멸하였다는 소문이 들리기도 하였다.

그러나 7살짜리 어린 내가 그렇게 세상 돌아가는 정세는 알 리가 없고 나는 초등학교 학생이 된다는 것만 가슴 설레며 기다렸던 것 같다. 왜냐하면 그때는 그 초등학교 입학도 면접을 보고 합격통지를 받아야 입학이 되었기 때문이다. 집으로 배달되는 통지서가 두툼하면 합격이고 얄팍하면 불합격 통지이므로 어머니는 두툼한 통지서가 배달되기를 기다린다고 말씀하셨던 생각이 난다.

면접시험에서는 이름을 물으면 똑똑하게 대답해야 하고 집 주소도 정확하게 말할 수 있어야 한다는 것이었다. 물론 이름은 창씨개명創氏改名한 일본식 이름을 사용했고 대답도 "하이!"하는 일본말을 썼던 것으로 기억된다.

입학 후에는 곧바로 혈액형 검사가 실시되었었다. 내 피를 검사한 선생님이 나에게 "에이 가다.(A형)"하고 일러 주었었고, 나는 서너 걸음 옮겨가서 선생님이 "네 피가 무슨 형이냐?"하고 묻는 말에 큰 소리로 "에이 가다."를 복창하였다. 전쟁 막바지에 온 국민이 부상을 당하거나 위급해진 상황에 대비하여 혈액형을 분명히 알아둘 필요가 있었을 것이다.

그럭저럭 학교공부가 시작되었는데, 나는 일본 말을 몰라서 많은 고통을 받았다. 공부를 하다가 오줌이 마려우면 선생님께 "변소에 다녀오겠어요."를 일본말로 하라고 가르쳤다. 일본말로 안하면 변소에 보내주지 않는다고 하였다. 그러나 나는 오줌이 마려워도 숫기가 없어서 "오

벤죠오 잇데 마에리마스"를 입으로 낼 수가 없어 어느 날인가 교실 바닥에 오줌을 싼 적이 있었다. 얼마나 부끄럽고 창피하였던가!

그러니까 그 1학년 공부는 일본말과 한국말을 섞어 쓰며 진행되었던 것 같은데 도무지 일본말에 자신이 없고 보니 제대로 공부가 될리 없었을 것이다. 어떻게 1학년을 마쳤는지, 특별히 기억되는 것이 없다. 한 가지 꼭 기억되는 장면이 있다. 아버지가 학교에 찾아오신 적이 있는데 반 아이들이 나에게 "야! 도라오야. 너의 할아버지 오셨다."라고 나에게 알려 주었던 장면이다.

나는 아버지의 환갑에 태어난 환갑동이였으니, 그때 아버지의 연세는 분명 67세이셨을 것이다. 67세의 노인이 학교에 와서 '아오마쓰 도라오'를 찾는다 하니 아이들이 그분을 나의 할아버지로 인식한 것은 너무도 자연스러운 일이었으리라.

그때 내가 부끄러워했는지 창피스러웠는지는 분명치 않다. 다만 자연스럽지 않고 불편했던 것만은 분명하다. 아마도 내가 오줌을 싼 것과 관련하여 찾아오신 것이 아닌가 추측된다. 아버지는 내가 더 어릴 적부터 나를 변호하고 감싸는 데 아주 특별하셨던 분이다.

동네에 나가서 아이들끼리 놀다가 싸움이 생겨서 다투다가 들어오면 아버지는 동네 골목을 나가서 "우리 아이는 절대 잘못하지 않았다."는 전제를 가지고 문제 해결을 하셨다. 물론 내가 잘못한 적도 많이 있었을 것이니, 동네 분들이 아버지를 가리켜 "아들 역성드는데 각별하신 노인네."라고 수군거렸을 것이다.

아마도 그날 학교를 방문하신 것은 역시 나를 변호하시기 위한 행차이셨을 것이다. 즉 "우리 아들은 너무 수줍음을 타고 또 일본말도 서투른 아이이니 수업 중에 변소 가는 행위는 좀 더 편한 방법을 모색해 달라." 이런 말씀을 하시려고 오신 것은 아니었을까?

아버지 이야기가 나왔으니 아버지의 나에 대한 양육방책이 어떤 것이었나를 잠시 언급하여야겠다. 아버지는 아들인 내가 아버지의 절대 신임을 받는 사람이라는 것을 분명하게 각인시키려 하셨다. 동네에서 싸우고 들어왔을 때 "우리 아이는 잘못한 것이 없다."를 전제로 역성만 드는 점도 결국은 아버지가 나를 절대 신임한다는 징표가 아닐 것인가?

또 있다. 서너 살 무렵, 겨우 종알종알 말을 배울 무렵이었으나, 그때 나는 아버지 무릎에 앉아 아버지가 불러 주는 대로《천자문千字文》을 외웠다. 아버지가 "하늘천, 따지, 검을 현, 누르 황"이라고 하면, 그 뜻도 모르고 그 글자도 구별할 줄 모르면서 아버지를 따라 "하늘천, 따지, 검을 현, 누르 황"을 앵무새처럼 복창하였다.

그렇게 하루에 넉 자씩 일천 자를 끝까지 따라 외웠다. 매일같이 읽고 외웠다면 250일이 걸렸을 것이나, 빠진 날도 있고 반복하는 날도 있었을 것이니 최소한 1년 반이나 2년쯤은 걸리지 않았을까? 아버지를 따라 '입겻 언, 입겻 재, 온 호, 입겻 야'까지 다 읽었다고, 아니 외웠다고, 아니 글자를 익혔다고 아버지는 허풍을 떠시고 책씻이 시루떡을 쪄서 온 동네에 시루떡을 돌렸다.

그것이 5살 무렵이었을 것이다. 나는 졸지에《천자문千字文》을 다 뗀 신동神童이 되었다. 그때쯤 '천지현황天地玄黃 우주홍황宇宙洪荒' 정도의 몇 개 글자는 식별할 수 있었으리라. 그러나《천자문》의 내용이 그렇게 간단한 것이 아니요, 동양 전래의 역사와 철학과 인륜잡사人倫雜事를 골고루 언급한 내용들인데 그것을 내가 어찌 터득했겠는가? 글자의 새김과 음은 알고 있지만, 나는 지금도《천자문》중의 상당 부분을 자세히 해석하지 못한다.

그러나 나는 그러한 아버지의 절대 신임, 무한 신뢰에 제대로 보답을 해드리지는 못했다. 《천자문》을 공부하던 무렵 동네 서당에 입학(?)한 적이 있었다. 훈장 선생님은 아버지의 청을 받아들여 나를 청강생으로 서당 안에 앉혀 놓으시고 역시 아버지처럼 《천자문》의 어느 부분을 외우라고 지시하고 가르치셨다. 그 부분을 제대로 외우고 글자를 익혔는지는 전혀 기억이 없다. 다만 공부가 끝나면 햇볕이 드는 마당 가에 앉아 졸던 기억만 어렴풋하다.

다른 동무들은 모두 나보다 힘도 세고 나이가 많아서 숫기 없는 나로서는 그들과 어울릴 엄두가 나지 않는지라, 쉬는 시간이면 마당 가 햇볕에 앉아서 조는 것이 내 일이었기 때문이다. 그런 서당을 며칠이나 다녔을까? 어느 날인가 아버지가 오셔서 마당 가에서 졸고 있는 나를 보시고는 훈장 선생님께 인사를 드리고 아버지 손을 잡고 집으로 온 후로는 다시 서당엘 가지 않았다. 그 날로 서당을 퇴학한 것이다.

나이 들어 나중에 《맹자孟子》를 읽으면서, 그때 아버지께서는 어린 아들을 너무 일찍 공부시키려 조바심을 내신 것을 후회하시며 "알묘조장揠苗助長이었구만." 이렇게 한탄하셨을 것이라는 회상을 해본 적이 있었다.

이렇듯 아버지의 조급하심과 기대감의 그늘에서 나는 참으로 서서히 아버지의 절대 신임에 막연하나마 자신감이 형성되었던 것 같다. 그것은 참으로 막연한 생각이었겠지만 '공부를 열심히 하는 사람', '부지런히 노력하는 사람'이 되어야 한다고 생각하게 되었다.

그러나 초등학교 1학년 성적은 별로 신통치 못하였다. 그때 담임 선생님이 일본인 여女 선생님으로 성씨가 山崎(야마사끼)였다는 것만 기억된다. 딱 한 가지 또 기억나는 것이 있다. 1학년 말경이었을 것이다. 내가 숙제로 제출한 그림이 교실 뒷벽에 붙여진 적이 있었다. 나의 그림이 교실 뒷벽에 붙여진 것은 그것이 처음이자 마지막이었다.

나는 그림에는 아주 소질이 없었다.

그날도 그림을 그리다가 제대로 윤곽도 잡히지 않고, 색채도 엉망인 그림을 보신 아버지가 다시 한 장을 윤곽만 그려보라고 하셨다. 그래서 엉성하게 윤곽을 잡았던 것 같다. 학교를 그려오라고 했다고 기억된다. 그 드로잉 초안草案을 보시더니 이걸 옆집 언니에게 가져다 보이라고 하셨다. 옆집에는 그때 5학년인지, 6학년인지에 다니는 형이 있었다. 내가 학교에 들어간 뒤로 몇 마디 일본말도 가르쳐주고 학교 생활의 요령도 일러준 형이었다. 늘 싱글싱글 웃으며 아주 명랑하고 친절하였다. 이름이 철수였다. 나는 그 그림 초안을 들고 철수 형에게 가지고 갔다.(아버지가 미리 철수 형에게 부탁해 놓으신 것을 나중에야 알았다.)

철수 형은 기다렸다는 듯이 "재기야, 어서 와. 그림이 잘 안되지." 이렇게 위로하면서 그 드로잉 초안을 보더니 몇 군데 보완하고 "여기는 빨강, 저기는 파랑" 하면서 크레용의 색깔 선택을 지시하였다. 나는 그 언니가 시키는 대로 색칠을 하였다.

참으로 신기하였다. 그 그림은 내가 처음 그린 것과는 엄청나게 차이가 났다. 내가 보기에도 그럴듯해 보였다. 여기저기 지시한 대로 색칠을 마친 뒤에 그 언니, 철수 형은 "내가 조금 손질 좀 할게." 하더니 몇 가지 색에 강약을 조절하였다. 정말 내가 보기에도 그림 같은 느낌이 들었다. 이 그림이 교실 뒷벽에 붙여졌던 것이다. 엄격하게 말하면 그것은 사실 내 작품이 아니었다. 내가 그린 것으로 느끼게 하기 위해 그 언니가 이것저것 시키는 척했으나 결국은 그 언니의 솜씨가 드러난 작품이 아니던가!

나는 그 그림이 교실 뒷벽에 붙여진 뒤로 내 나름으로 사람의 실력이 무엇인지, 능력이 무엇인지, 또 노력이 무엇인지를 깨달았다고 생각된다. 나는 그 그림 생각만 하면 아주 부끄러웠다. 무슨 일이건 자기 힘으로 해야 한다는 것, 남의 힘과 재주를 빌릴 것이 아니라, 남으로부터 그 힘과 재주를 배워야 한다는 것을 1학년의 나는 가슴 속에 분명히 간직하게 되었다.

1945년, 2학년에 올라갔다. 대동아전쟁大東亞戰爭이 막바지를 치닫고 있었다. 전쟁물자가 모자라 초등학교 2학년 어린이들이 솔방울을 모으러 산으로도 갔고 가시풀 줄기도 모았다. 어느 날은 집에 들어갔더니 뒷마당에 구덩이를 파고 아버지와 어머니가 놋그릇을 묻으시는 것을 보았다. 역시 전쟁물자가 모자라, 탄약이나 총알의 재료로 쇠붙이를 공출한다는 소식이 전해지면서 온 동네가 모두 그렇게 놋그릇 숨기기 작전이 벌어졌던 것을 나는 광복이 되고 나서야 알았다.

그해에 학교공부가 어떻게 진행되었는지는 정말 기억되는 것이 없었다. 담임선생은 야마사키 여女 선생님이 그대로 우리 반을 맡았다. 학교를 마치고 집으로 오면 해가 중천에 뜬 한나절이었는데, 아버지는 뒤뜰에서 하염없이 하늘을 바라보고 계셨다. 어느 날인가, 학교에서 돌아온 나를 아버지가 뒤뜰에서 부르셨다. 그날도 하늘을 쳐다보고 계셨다.

"아버지, 학교에 다녀왔습니다."

이렇게 인사 말씀을 드리고 꾸벅 고개를 숙여 절하는 나를 아버지는 손짓하며 당신 옆으로 오라는 시늉을 하셨다. 그러더니 "저기 좀 보아라." 하고 하늘 한쪽을 가리키셨다. 그 하늘은 언제나처럼 파랗게 맑고 그윽하게 높을 뿐이었다. 그 하늘을 바라보던 나는 그 파란 하늘 한곳에 은빛을 반짝이며 소리도 없이 날아가는 비행기가 눈에 들어왔다. 굉장히 높이 떠나는 것이었다.

"저 비행기 보이지?"

"네. 아버지."

"그 비행기가 B-29라는 미국 비행기란다."

그리고 아버지는 떠듬떠듬 8살짜리 아들에게 세계정세와 한국 미래를 말씀하셨던 것 같다. 그때의 아버지 말씀을 나는 거의 다 못 알아들었다. 한참의 세월이 흐른 뒤에 추억 속의 아버지를 떠올리며 재구성한 아버지의 말씀에서 "미국, 일본, 전쟁, 독립" 같은 낱말을 건져낼 수 있을 뿐이다.

그렇지만 그때, 말귀도 제대로 알아듣지 못하는 8살짜리 아들에게 우리나라가 광복되고 독립이 된다는 것을 설명하시고 싶어 얼마나 초조하고 답답하셨을까? 그때가 정확하지는 않지만 1945년 여름 어느 날이었을 것이다. 그 무렵에 우리 집으로 아버지를 찾아오시는 아저씨가 한 분 계셨다. 그 아저씨는 오실 때마다 나에게 사과를 건네시고 참외를 주시기도 하셨다. 반드시 내가 먹을 과일을 사 오셨는데 한 알 아니면 두 알이 고작이었다. 그 아저씨는 아버지와 함께 건넌방에서 밤이 이슥하도록 말씀을 나누셨다.

그러면 어머니는 그때마다 어디에서 구해 오셨는지 밀가루를 반죽하여 칼국수를 끓여, 아버지와 그 아저씨의 저녁 식사를 준비하셨다. 물자가 귀하던 시절이라 사과 한 알 얻어먹는 것도, 칼국수 한 그릇 얻어먹는 것도 참으로 고맙던 시절이었다. 나는 그때 어머니가 칼국수 잡수시는 것을 본 적이 없다. 으레 "먼저 먹었노라.", "나중에 먹을 것이다." 하는 것이 어머니의 말씀이었는데, 아마 대부분은 식사를 거른 것이 아닌가 싶다.(몇십 년이 지나 이 글을 쓰면서 깨달은 것이다.)

그 아저씨는 아버지의 사업을 돕던 어른이라고 했으니, 요즘 말로 하면 아버지의 부하직원이라 해야 옳을 것이다. 그렇지만 그때에는 이미 아버지가 바깥출입을 거의 하지 않으셨으니까 그 아저씨는 옛날

직원이라야 맞는 말일 것이다.

아버지와 그 아저씨가 밤이 이슥하도록 나눈 말씀은 무엇이었을까? 나중에 어머니가 전하는 말씀을 종합해 보면 아버지가 벌였던 사업에 대한 경과보고도 있었지만, 그 대부분은 그때 일본이 전쟁에서 밀리고 있어서, 일본 망할 날이 머지않았다는 정보를 아버지께 전하셨다고 생각된다.

아버지는 그 아저씨에게서 들은 정보와 당신이 스스로 판단하시는 것을 종합하여 어머니에게 드문드문 말씀하셨던 것 같고, 또 뒤뜰로 불러 B-29를 보이면서 나에게도 알아듣건 못 알아듣건 소회所懷를 푸셨던 것이 아닐까? 내가 그때 서너 살만 더 먹었어도 아버지 말씀의 핵심을 파악할 수 있었을 터인데 참으로 안타깝기 그지없다.

이렇게 그해 여름이 지나고 있었다. 그리고 8월 15일이 되었다. 동네 사람 모두가 떠들썩하니 골목 밖으로 나와서 '광복光復'이 되었다고 좋아들 하였다. 다른 애들은 태극기太極旗를 들고 "대한독립만세大韓獨立萬歲!"를 외쳤다고 그때의 감격을 이야기하였지만, 나는 아버지의 엄명으로 대문 밖을 나가지 못했다. 늘그막에 얻은 어린 아들이 혼란한 세상 흐름에 휩쓸리는 것을 원천 차단하신 조치라고 생각된다. 광복의 감격은 나에게는 그렇게 조심스러운 문밖 출입금지로 기억되어 있다.

가을이 되어가는 계절이었다. 9월부터 시작한 학교는 2학년을 새로 시작하는 미국식으로 개조되어 있었다.(이것도 나중에 알게 된 사실이다.)

일본 사람이 떠난 학교의 모습이 어떠했는지는 전혀 기억이 없다. 나는 그때 비로소 한글 공부를 시작하였다. 아버지는 커다란 백지에 소위 '반절표反切表'라는 것을 써서 벽에 붙여 놓으셨다. 그리고 그것을 옛날 《천자문》 외우듯이 글자를 익히며 외우라고 하셨다.

그 반절표는 첫 줄이 'ㄱ ㄴ ㄷ ㄹ ㅁ ㅂ ㅅ ㅇ'의 여덟 자가 쓰였고, 그다음 줄부터 '가 갸 거 겨 고 교 구 규 구 그 기 ᄀᆞ'의 11자가 한 줄이고, 그다음에는 같은 방식으로 '나 다 라 마 바 사 아 자 차 카 타 파 하' 줄이 연이어 적힌 것이었다. '하' 행 다음에 'ㅈ ㅊ ㅋ ㅌ ㅍ ㅎ'이 적히고, 'ㅐ ㅔ ㅚ ㅟ' 등이 적힌 2줄이 더 있었던 것으로 기억된다. 그러니까 반절표는 모두 19줄이 아니었나 싶다. 그것을 얼추 외우고 익힌 기간이 얼마나 될까? 아마 1주일은 넘겼을 듯싶다.

그다음에 아버지는 '감, 골, 국, 길, 남, 논, 눈' 같은 '자음 + 모음 + 자음'으로 이루어진 음절音節로 된 낱말을 몇 줄 더 적어 걸어 놓으셨었다. 나는 오며 가며 그 읽기 연습을 해서 한 달이 지날 무렵에는 떠듬떠듬 우리글을 읽을 수 있었다.

내가 한글을 다 깨쳤다고 좋아할 때쯤 되었을까? 그러니까 그해 가을 10월이나 11월쯤이었으리라. 아버지께서는 앞마당과 뒤뜰 출입도 자유롭지 않게 되셨다. 급격하게 건강이 나빠지신 것이었다. 어머니의 표정이 매우 어두워지셨다. 지금 생각해 보면 어머니의 커다란 눈동자가 가득한 근심으로 흐려지셨다는 느낌을 회상하게 된다.

드디어 해가 바뀌어 1946년이 되었다. 그해 겨울은 유난히 추웠다는 생각밖에 없다. 아버지는 안방 아랫목에 반듯이 누워계셨다. 어머니가 미음을 쑤어 아버지 입에 떠 넣어 드렸다. 아! 내가 조금만 나이 들어 그때의 상황을 알아차릴 수 있었다면 어머니에게 얼마나 큰 위로가 되었을까?

1월 24일. 그 날은 음력으로 섣달 열아흐레였다. 그날 아버지가 돌아가셨다. 무인생戊寅生(1878)이시니까 병술년丙戌年(1946)은 아버지가 예순아홉이 되시는 해였다. 나는 1월 22일생이니까 만 8살을 막 넘기고 9살 행세를 하게 된 둘째 날에 해당한다.

그날도 아버지는 아랫목에 반듯이 누워계셨다. 목에서는 가래가 끓어서 입 밖으로 침이 흘렀다. 어머니가 그것을 수건으로 닦아 주시다가 우리 3남매에게 아버지를 지켜드리라 하고 어디를 좀 다녀오겠다고 하고 나가셨다. 몹시 추운 날이어서 젖은 손으로 문고리를 잡으면 손이 쩍쩍 달라붙었다.

어쩐 일인지 우리 3남매는 나란히 아버지 곁에 앉아 있다가 아버지의 가래 끓는 소리가 간간이 들리면 조심스럽게 아버지를 지켜보는 것이 우리가 할 수 있는 유일한 일이었다. 아버지의 가래 끓는 소리가 점점 약해졌었다. 나는 무언가 조금 무섭고 조심스럽다는 생각이 들어 동생들과 같이 아버지 곁에서 윗목 쪽으로 물러나 앉아 있었다. 그 순간이 아버지의 마지막 숨쉬기이셨다는 것을 나는 나중에야 짐작했다. 아버지가 조용해지셨다. 반듯이 누워계셨고 팔은 늘어뜨린 채로 놓여 있었으니까 아버지가 숨을 거둔 순간을 우리는 전혀 깨닫지 못하고 있었다. 윗목에 물러나 앉은 우리는 어머니가 오시기를 기다리고만 있었다.

어머니가 밖에서 들어오시자 우리는 쪼르르 방문을 열고 방문 밖으로 나와 아버지가 조용히 잠드셨다고 말씀을 드렸다. 어머니는 방으로 들어가시자마자 아버지 가슴에 엎드려 울음을 터뜨리셨다. 그제서야 우리는(아니, 나는) 아버지가 돌아가셨다는 것을 알았다.

그때로부터 아버지 장례葬禮가 치러진 사흘간 나는 갓 아홉 살짜리 어린 아들로서 할 수 있는 모든 심부름을 다 하였다. 첫 번째는 30분쯤 걸리는 이모님 댁으로 아버지가 돌아가셨다는 소식을 전하는 것이었다. 내가 얼마나 긴장했었는지 이모님 댁에 소식을 전하고 집으로 돌아와 대문에 들어서니까 어머니는 "왜 다녀오지 않고 그냥 들어오니?" 하고 물으셨었다.

"아녜요. 이모님께 말씀드리고 이모부님도 뵙고 왔어요." 이것이 내 대답이었다. 내가 사력死力을 다해 뛰어갔다 왔기 때문에 어머니는 가다 말고 다시 돌아온 것으로 아셨다는 것이다. 장례절차가 어찌 되었는지 그런 것은 하나도 기억에 없다. 어른들이 시키는 심부름을 열심히 하는 것, 그것이 내가 해야 할 최선이라 생각하고 나는 뛰어다녔다.

그리고 맏상주니까 밤샘도 하는 것이라는 어른들 말씀에 아버지 시신을 모신 안방 한구석, 집안 어른들 틈에서 눈을 껌뻑이며 밤샘에 참여하였다. 아마 앉은 채 졸기도 하였을 것이다. 그때 어른들이 "그래도 큰놈이 상주 노릇을 제법 하는구나."라는 말씀을 하셨던 것으로 기억된다.

날씨가 너무 혹독하게 추워서 묘소에 따라가지는 못했다. 어머니는 장례를 주관하시는 작은아버지에 대해 무척 불만이 많으셨다. 그 첫 번째 이유는 그 시아주버님(어머니와의 관계에서)이 장례를 가능한 한 간소하게 치르게 하신다는 것, 그리고 특히 장지를 할아버지, 할머니 묘소가 있는 인천仁川 구읍내舊邑內 선산先山으로 정하지 않고 공동묘지로 정했다는 것이었다. 뒤에 확인하고 알게 된 사실은 작은아버지는 형님(우리 아버지)을 선산에 모시면 나중에 당신(작은아버지)이 돌아가셨을 때, 무덤 자리가 없을 것이므로 결국 형님이 마련하신 선산 자리에 당신이 들어가실 계획으로 그렇게 처결處決하였다는 것이었다.

어머니는 이 사실에 통분하셨으나 장례 때에는 시아주버님과 다툴 수도 없고 어린 자식 셋을 데리고 과부가 된 처지에 시아주버님에게 혹시 아쉬운 얘기라도 해야 할 것을 생각하여 그냥 꾹꾹 참으며 눈물을 삼키셨다고 하였다.

이 사건의 후일담을 미리 써야겠다. 그 후 작은아버지는 12년 뒤

내가 대학 3학년인 1958년 여름에 돌아가셨다. 그때 나와 내 누이는 작은 아버지의 장지를 선산에 모실 수 없다고 적극 반대하였다. 그 선산은 할아버지, 할머니 두 분 모시는 것으로 그쳐야지 거기에 산을 하나 더 쓰면 안 되는 자리라고 언성을 높여 반대하였다. 그 반대는 내 누이가 사촌 언니에게 대들 듯 따졌기 때문에 결국 작은아버지는 급히 다른 묘소를 정하여 장례를 치렀다. 우리 큰 집 자식들이 대학 공부하는 처지였고, 작은 집 사촌 누나와 사촌 형은 우리의 반대를 받아들일 수밖에 없었다. 사촌 누나는 작은어머니 소생이지만 사촌 형(나보다 세 살쯤 위)은 밖에서 낳아 들여온 서출庶出이었다.

그럭저럭 장례를 치르고 며칠이 지났을까? 아홉 살배기 어린 내가 어른들 눈치 보며 긴장하여 장례를 치른 탓일까? 나는 덜컥 몸져눕고 말았다. 그때 그 병이 얼마나 심하고 길었는지 장례 치르고 며칠 뒤에 발병한 것이 봄이 되어 개나리, 진달래가 지천으로 핀 4월 어느 날까지 계속되었다. 동네 사람들은 "돌아가신 아버지가 아들을 데려가나 보다."라고 수군거렸다고 하였다.

2. 나의 중 · 고등시절(1)
-6년 동안 6학교를 다닌 이야기-

나는 6·25 전쟁이 일어나던 1950년에 초등학교(그때는 국민학교)를 졸업하고 중학교에 들어갔다. 초등 졸업은 5월이었고 중학 입학은 6월이었다. 어째서 6월 입학이었는가?

이것은 우리나라의 슬픈 현대사와 관계가 깊다. 1945년 8·15일에 우리나라가 일제의 손아귀에서 풀려나면서 즉시 미군정美軍政 체제로 들어가게 되었다. 그 당시 미국 군인들은 한국의 모든 제도를 자기 나라 제도에 맞추려고 했던 것 같다. 미국은 지금도 그렇지만 9월에 새 학년이 시작되는 제도를 시행하고 있었다. 그래서 8·15 광복 이후에 미군정청은 한국의 새 학년 새 학기를 9월로 정하여 미국의 제도에 맞추었다. 그런데 그것은 조만간 한국의 오랜 전통과 정서에 맞지 않는다는 것을 알게 되었다. 그렇지만 그것을 또다시 하루아침에 고칠 수는 없는 노릇이었다. 그래서 1948년 대한민국 정부가 수립된 후에 옛날처럼 3월 새 학년 시작으로 환원하려는 정책을 세우게 되었다. 그러나 한꺼번에 6개월을 앞당길 수는 없으니까 1950년을 과도기간으로 잡아 3개월만 앞당겨 6월 새 학년을 거치면서 그다음 해부터는 다시 3월 새 학년 제도가 정착될 예정이었다. 1950년은 바로 그 과도기 시행 연도였던 것이다. 그래서 우리는 그해에 중학교 입학식을 6월에 가지게 되었었다.

그때 우리 집은 형편없이 가난하였다. 아버지는 광복되던 다음 해에 우리가 살던 초가집 한 채만 유산遺産으로 남기고 돌아가셨고, 그

동안 어머니는 삯바느질로 우리 3남매를 키우셨다. 내가 중학교에 들어가던 해에, 어머니는 겨우 나이 마흔을 넘기셨고 내가 13살, 내 밑으로 11살 누이와 8살 아우가 있었다. 이렇게 네 식구가 순전히 어머니의 삯바느질로 생계를 이어갔다.

초등학교야 그럭저럭 다녔거니와 나의 중학교 진학은 어머니의 삯바느질로는 해결이 불가능하였다. 그러나 나는 중학교에 가고 싶었다. 공부를 못하는 것도 아니고, 몸도 허약한 편이라 공부밖에 다른 길은 없겠다고 막연히 생각하고 있었던 나로서는 참으로 속이 상했다.

우리 집 뒤뜰에는 두어 평 남짓한 채마밭이 있었다. 어느 날 나는 그 뒤뜰에(우리는 '뒷결'이라고 불렀다) 나갔다가, 울적한 심정이 북받치자 나도 모르게(아니 심술이 나서) 채마밭에 심어진 파, 배추, 호박, 피마자 등을 하나씩 하나씩 모조리 뽑아버렸다. 어머니가 나와 보시고 말없이 눈물을 닦으며 돌아서셨다. 결국 그 채마밭 파괴는 내가 꼭 중학교엘 가고 싶다는 무언의 실력행사였던 셈이다.

어머니는 그날 종일 바느질만 하시며 밥을 굶으셨다. 나도 종일 파헤친 채마밭을 한없이 헤집으며 밥을 굶었다.

그다음 날, 어머니는 아침 일찍 밖으로 나가셨다가 저녁 늦게 들어오셨다. 나도 신경질적인 화풀이에 지치고, 한편 죄송한 마음이 들기도 해서 어머니의 눈치만 살피고 있었다. 저녁 밥상머리에서 어머니가 말씀을 꺼내셨다.

"큰애야, 난들 왜 너를 중학교에 보내고 싶지 않겠니? 지금 내 힘으로는 어쩔 수가 없어서 그러는 것, 너도 알지?"

"낮에 어느 회사나 사무실에 사환使喚 같은 것 할 수 없을까요? 그리고 야간이라도 다니죠 뭐."

이러한 두 사람의 대화가 집 앞에 있는 인천상업중학교仁川商業中學

校 야간부夜間部에 입학을 가능케하였다. 어머니는 부지런히 사환 자리를 알아보러 아는 사람마다 찾아다니셨다. 지금도 그렇거니와 13살짜리 어린애를 심부름꾼으로 선뜻 써 줄 사람이 어디에 있겠는가? 더구나 나는 구멍가게 심부름꾼보다는 어딘가 사무원 냄새가 풍기는 회사의 급사 같은 것을 꿈꾸고 있었다. 입학금을 어찌어찌 분납으로 해결하고 막 학교를 다닌 지 한 주일쯤 지났을까? 6·25가 터졌다.

우리 마을 사람들은 인천의 시가지 밖을 벗어나 어디건 한적한 시골을 찾아 피난을 떠났다. 나도 어머니와 함께 동생들을 거느리고 인천 읍내 쪽으로 피난길을 잡았다. 그러나 읍내의 어느 집 헛간에서 며칠을 지냈는데 인민군 부대가 지나가는 것을 보게 되었다. 인민군을 피한다는 것이 그들을 맞이한 꼴이 되었다. 우리 식구는 다시 집으로 들어왔다. 또 며칠이 지났다. 한마을에 사는 중학교 선배가 찾아와서 야간생이나 주간생이나 구별 없이 오전에 학교로 나오라는 것이었다.

학교에 나갔더니 북한 군가를 가르쳤다. 학과 공부는 하나도 하지 않고 어떤 선생이 인민군의 진격을 홍보하며 앞으로 좋은 세상이 올 거라는 얘기를 하였다. 그러나 그것을 듣는 우리 학생들은 어쩐지 놀란 토끼처럼 불안한 표정이었다. 나는 이틀을 나가다가 그만두었다. 어머니와 함께 시장에 나가 해볼 수 있는 장사가 없나 알아보았다. 그렇지만 내가 할 만한 것은 아무것도 없었다. 그렇게 두 달 남짓 보낸 뒤에 9·15 인천상륙작전仁川上陸作戰을 맞게 되었다. 9월 하순경에는 인천이 완전히 옛날 세상으로 돌아왔던 것 같다.

바로 그 무렵, 다시 학교에 나오라는 통보를 받았다. 그리고 학교에 나갔더니 이게 웬일인가, 인천상업중학교의 주간과 야간이 모두 합쳐 항도중학교港都中學校로 이름을 바꾸고 언덕 너머에 있는 다른 학교 건물에서 수업을 받게 되었다는 것이다. 거기에는 본래 해성중학교海星中學校라는 학교자리였다. 인천상업중학교 야간부 1학년이 항도중학교 주간부 1학년으로 신분 상승이 되었다. 나는 어차피 취직보다는 학교 다니기가 소원이었던 터라 가벼운 마음으로 언덕 너머로 항도중학교를 다녔다.

나중에 알게 된 것이지만, 이러한 변화가 일어난 배경은 또 다시 우리나라 학제 변경과 관계가 있다. 그때까지 우리나라는 6년제 중학교만 있었는데, 인천에는 3개의 6년제 중학교가 있었다. 하나는 순수 인문계의 6년제 인천중학교, 또 하나는 상업계의 6년제 인천상업중학교, 그리고 또 다른 하나는 공업계의 6년제 인천공업중학교였다. 그런데 다음 해부터 그 6년제가 둘로 나뉘어 3년제 중학교와 3년제 고등학교로 바뀌게 되어 있었다. 그래서 모든 6년제 중학교가 일단 3년제 중학과정과 3년제 고등과정으로 나뉘어 학사 운영을 하게 되었는데, 문제는 어느 중학교가 고등학교로 안착하느냐 하는 것이었다.

그때 인천 교육계에는 하나의 이변이 발생하였다. 당연히 인천중학교가 신제新制 인천고등학교仁川高等學校로 인가되어야 하는데 엉뚱하게 내가 입학했던 인천상업중학교가 인천의 신제新制 고등학교高等學校로 인가가 났다는 것이다. 그래서 이 새 고등학교는 과거의 전통을 일부 이어받아 상과商科를 놔두고 별도의 문과文科를 증설하는 것으로 낙착落着을 보았다. 결국 고등학교 인가라는 큰 목표를 두고 인천상업중학교와 인천중학교가 경합을 하여 인천상업중학교가 승리한 셈이었다. 그다음에 또 해결해야 할 문제는 중학 1, 2, 3학년생과 미래 고등생이 될 중학 4, 5, 6학년 학생을 어떻게 처리하느냐 하는 것이었다.

지금은 모두 한 학교 안에 중학교와 고등학교를 모두 거느리고 있지만 학제 변경을 처음 시작한 1950년과 1951년은 중학교면 중학교만, 고등학교면 고등학교만 운영하도록 되어 있었던 모양이다.

또 나중에 들은 얘기지만 그때 인천상업중학교가 고등학교로 내정될 승산이 있으니까 중등부 1, 2학년을 항도중학교를 만들어 분리작업을 해놓은 것이었다고 한다. 3학년은 졸업을 하게 되니까 자동으로 제외되었을 것이다.

그리하여 나는 1950년 10월에 항도중학교 학생이 되어 그다음 해 1951년 8월에 1학년 과정을 마쳤다. 그런데 또 이변이 일어났다. 그 항도중학교는 인천상업중학교 주간부·야간부의 통합으로 생긴 임시학교였던 모양이다. 1951년 9월에 항도중학교는 인천중학교와 다시 통합한다는 것이었다. 나는 졸지에 인천중학교 2학년생이 되었다. 1951년 9월 새 학년 신학기에 인중仁中과 인상仁商의 이합집산離合集散의 모습을 도표로 그리면 다음과 같을 것이다.(3학년과 6학년은 모두 졸업생으로 제외됨)

6년제 인천중학교仁川中學校 1, 2, (3)학년생 → 3년제 인천중학교
6년제 인천상업중학교(항도중학교)1, 2, (3)학년생 → 3년제 인천중학교
6년제 인천중학교 4, 5, (6)학년생 → 3년제 인천고등학교 문과
6년제 인천상업중학교 4, 5, (6)학년생 → 3년제 인천고등학교 상과
4년이 지난 뒤에 인천중학교는 제물포고등학교를 병설(?)하고 인천고등학교는 상인천중학교를 병설하여 오늘날과 같이 3·3제 중·고등 한 집안 학교가 되었다.

1951년 초에 대하여는 덧붙일 다른 이야기가 있다. 즉 승승장구乘勝長驅로 북진하던 국군과 UN군이 중공군의 개입으로 다시 남쪽으로 밀리게 되었다. 서울을 사수하며 버티던 아군이 1월 4일에 후퇴

를 결정하니, 이것이 이른바 역사상 1·4후퇴로 기억되는 사건이다. 그 후퇴는 37°선인 평택지역까지 내려갔다가 2월 중으로 다시 반격하고 북상하여 38°선을 중심으로 대치하였었다. 그 대치상황에서 일진일퇴一進一退를 거듭하며 때로는 소강상태를 유지하면서 휴전회담이 시작되었었던 것 같다.

그래서 3월 새 학년 새 학기를 시작하려던 애초의 계획은 몇 달이 또 늦춰져서 9월에야 새 학년 새 학기를 시작하게 되었다. 아마도 한 해 더 학년 진급을 위한 마지막 조정 기간을 가졌던 것으로 기억된다. 그러나 계산해 보면 1950년도의 수업일수는 9월 수복 후 10월, 11월, 12월 그리고 다음 해 8월이니까 수업일수는 맞춘 것 같으나 그 때의 기억을 더듬으면 모든 교과목이 처음 몇 과, 2~30쪽까지의 진도가 나가고 끝났던 것 같다.

어쨌거나 나는 인천중학교 2학년이 되어 '인중仁中'이란 글씨도 선명한 교표校標를 붙인 모자를 쓰고 인중을 다녔다. 그때 인중은 신흥동에 있는 신흥국민학교의 교실을 빌려 쓰고 있었다. 전동錢洞에 있는 인천중학교 건물은 UN군이 자기네 군부대 막사로 차출하였기 때문이었다. 그 신흥초등학교 강당은 전쟁통에 폭격으로 부서져서 벽체만 엉성한 빈 공간으로 남아 있었다. 우리 인중학생들은 학년별로 그 강당자리 공터에서 조회를 하였다. 그때 오른팔을 번쩍 치켜들고 학생들의 주목을 집중시킨 다음 카랑카랑한 목소리로 '고생을 이겨내자.'는 훈화訓話를 하셨던 길영희吉瑛羲 교장 선생님의 모습이 지금도 눈앞에 삼삼하다. 그리고 그 음성도 귓가에 맴돈다.

3. 나의 중 · 고등시절(2)
-6년 동안 6학교를 다닌 이야기-

1950년 5월 인천창영초등학교仁川昌榮初等學校 졸업
1950년 6월 인천상업중학교仁川商業中學校 야간부 입학
10월 인천항도중학교仁川港都中學校 전입
1951년 9월 인천중학교仁川中學校 2학년으로 전교轉校

서너 달의 수업을 받고 학년만 올라간 학생들의 학력이 오죽했을까? 그러니까 그때의 모든 학교 모든 학생들의 학력은 정상적인 교육을 받았을 때를 상상한다면 참으로 형편없는 수준이었을 것이다. 그래서 그때의 선생님들은 학생들의 학력을 높이기 위해 별의별 방법을 두루 모색하였다. 우리들 인중仁中 2학년도 학력을 높이기 위한 특단特段의 조치가 이루어졌다. 전체가 다섯 개 반으로 편성되었는데 그 전체 학생들의 첫 학기 중간시험 성적을 산출하여 영어와 수학 두 과목의 합계가 일정 수준 이상인 학생들로 한 반을 꾸미고 나머지 학생들은 골고루 분산하여 네 반을 다시 편성하는 일이 벌어졌다.

그러니까 한 반만 우수반을 만들고 나머지 네 반은 보통반으로 만들었던 것이다. 그 우수반은 2학년 3반이었다. 어쩐 일인지 나도 3반에 편성되었다. 얼떨결에 인중학생이 되기는 했으나 나는 힘들게 밥벌이를 하시는 어머니를 도와야겠다는 마음뿐, 우리 집안은 여전히 어려움이 지속되었다. 원래 어머니의 삯바느질은 그 고객들이 서비스

업에 종사하는 여성들(그냥 쉽게 말하면 술집에 나가는 여인들)인데 전쟁이 터지고 사회가 불안해지자 그 여성들의 숫자도 줄고 그러한 직업의 양상도 많이 변하여 어머니의 주 전공인 한복(주로 저고리)짓기는 현격히 줄어들고 말았다.

점차 일거리가 없어서 어머니는 쉬시는 때가 생겼다. 그때 어머니는 보통 하루에 저고리를 5벌까지 지으셨다. 모두 손으로 빨아 다림질하고 그것을 한 땀 한 땀 꿰매어 저고리를 짓는 일은 사실 한 사람이 하루에 1벌, 잘해야 2벌 짓는 것이 고작이었다. 그러나 그것으로 우리 네 식구 생계를 이을 수는 없는 노릇이었다. 어머니는 그때 얼마나 부지런하셨고 또 손놀림도 빠르셨는지 모른다. 매일같이 5벌을 지을 수는 없고 사흘이나 나흘에 한 번씩 그렇게 속도를 내어 저고리를 지으셨는데, 그렇게 해야 네 식구의 식비가 마련되는 정도였다.

그래도 나는 그러한 어머니 손끝에 의지하여 분에 넘치는 인중仁中 2학년을, 그것도 운 좋게 우수반에 편입되어 학교를 다녔다. 율목동栗木洞 우리 집에서 경동京洞을 지나 긴 담 모퉁이라는 신흥동 사잇길을 지나면 바로 신흥국민학교가 되기 때문에 집에서 학교까지는 20분이 채 걸리지 않는 거리였다. 나는 방과 후에 어머니가 지은 저고리의 주인을 찾아 배달하는 일도 했고, 집에 빨래용 물을 길어오는 일도 하면서 어머니를 도왔다. 그러나 우리 집 형편은 점점 나빠졌다. 바느질감이 현저히 줄어들었기 때문이다. 저고리, 치마를 갖추어 입는 술집 아가씨들이 점차 저고리 대신에 양장洋裝을 하는 풍조가 생기고 있었기 때문이다. 그럴 때 어머니는 용감하게 직업전환을 모색하여야 하는 것인데, 어머니는 그런 분은 아니셨다.

바느질감이 없을 때 어머니는 용기를 내어 시장바닥에 떡장사를 나가신 적이 있었다. 시루떡을 쪄서 그것을 머리에 이고 나가, 장터

한 모퉁이에서 한 조각씩 떼어 파는 일이었는데, 한 시루를 다 팔아도 번번이 원가에도 못 미치는 밑지는 장사를 하셨다. 요즈음 같으면 일정량을 포장하여 가격을 정해 놓았기 때문에 그것을 모두 팔면 생산가와 판매가 사이의 이익이 얼마가 생기는지 분명하지만, 그 시절에는 떡 장수가 시루 속의 떡을 적당히 썰어주는 것이었다. 그때 옆으로 비스듬히 얇게 썰면서도 넓적하게 커 보이도록 썰어주어야 이문利文이 생기는 것이었지만 나의 어머니는 그 얇게 써는 기술이 없어서 다 팔고 나면 결국 본전을 찾지 못하셨다. 어머니는 그 떡장수 노릇을 세 번도 못하고 때려치우고 말았다. 고생은 고생대로 했으나 그것이 어머니의 활로는 아니었다.

이렇게 근근이 중학교 2학년이 끝나갔다. 그런데 참으로 놀라운 일이 벌어졌다. 1952년 종업식이었다. 중학교 2학년의 성적표를 받아 보니 놀랍게도 석차가 1등으로 기재되어 있는 것이 아닌가? 성적표를 나누어주시던 젠틀맨 별명의 담임 임명진林明鎭 선생님은 빙긋이 웃으시며 "열심히 했구나, 3학년 올라가서도 그래야 돼!" 이렇게 격려해 주셨다. 이 1등은 우수반의 1등이니까 결국 전체 학년에서 1등을 했다는 뜻이었다. 나는 지금도 그렇게 생각하지만, 그때 내가 공부를 잘한 것이 아니라, 다른 친구들이 공부에 열심히 하지 않았기 때문이라고 생각한다. 다른 친구들은 어수선한 시대 분위기에서 피난생활에 쫓기며 공부는 학교에 나가는 것으로 다행이다 싶은 심정으로 다녔기 때문이었을 것이다.

어쨌거나 나는 2학년 전체의 1등으로 1952년 4월, 3학년에 진급하였다. 집에서는 어머니가 어찌어찌 세끼 밥은 끓여 주셨지만, 이미 어머니는 삯바느질에 한계를 느끼시고, 정말 아주 재주 없는 몸으로 노동판으로 진출(?)하셨다. 그 노동판은 때로는 미군부대의 다리미질

꾼이었고 때로는 부두에서 이미 하역이 된 군용휘발유 드럼통을 한 곳에서 다른 곳으로 굴려 옮기는 일 같은 것이었다. 다리미질이야 여자들이 항용恒用하는 일이었지만 드럼통 굴리는 일은 중노동 중에도 중노동일 터인데 그런 일까지도 마다하지 않으셨다.

그나마도 그 일은 새벽에 나가 일용직으로 뽑혀야 일을 하는 날품팔이 작업이었다. 여자의 몸으로 어머니는 이러한 노동판에 한계를 느끼지 않으실 수 없었다.

이와 같은 가정형편에도 나는 중학교 3학년에 올라간 것이 한없이 고맙고 신기하였다. 선생님이나 친구들이 아무개는 공부 잘하는 아이로 인정해주는 것이 한편 놀랍고 한편 고마운 일이라고 여겼기 때문이었다. 3학년에서는 2반이 우수반으로 편성되었다. 그런데 교장 선생님은 우수반을 편성하는 것으로 그치지 않으셨다.

3학년 2반 중에서도 또 20명의 학생을 선발하여 교장 선생님 댁에 자그마한 교실을 꾸미고 방과 후에는 그 특별반에서 과외공부를 시키셨다. 나도 물론 그 20명의 한 사람으로 교장 선생님 댁의 과외공부에 참여하였다. 당연히 과외비 같은 것을 내는 일은 없었다. 거기에 수업을 맡은 선생님들도 별도의 수당을 받으신 것 같지는 않았다.

그 수업에 들어오신 선생님들은 한결같이, 교장 선생님의 뜻을 잘 받들어 여러분들은 우리나라의 훌륭한 일꾼이 되어야 한다고, 참으로 침통하고 진지하게 충고하고 격려하셨다. 그런 분들이 과외 수당을 별도로 받으셨다고는 생각되지 않는다. 아마도 교장 선생님의 열정에 감복하여 별도의 봉사를 하셨으리라고 나는 지금도 그렇게 믿고 있다.

그 3학년 1학기 과외반에서 우리는 수학의 미적분을 배웠던 것으로 기억된다. 중3에서 미적분이라니, 이것은 학생들의 능력이 미치는 한, 문교부가 정한 보통의 교과과정은 무시해도 좋다는 교장 선생님의 뜻을 수학 선생님들이 충실히 협조하셨기 때문이었을 것이다.

이렇게 3학년 1학기가 끝나갈 무렵이었다. 어머니의 노동판 행각은 한계가 있었다. 몸살을 앓아누우시고 말았다. 그런 형편에 내가 계속해서 학교를 다닐 수는 없었다. 마침 이웃에 사시는 정씨丁氏 아저씨(이름은 잊었다)가 어머니와 나에게 조심스럽게 제안을 해오셨다. 그 분은 연안延安에서 피난을 온 피난민으로, 그 연백지구 피난민들이 모여 형성된 국민학교의 교사이셨다.

그 연백지구 피난 국민학교는 인천 시공관市公館(시립 공회당) 뒤편에 있는 부속건물을 개조하여 신흥국민학교의 분교형식으로 운영되는 학교였다. 정씨 아저씨는 그 연백국민학교에 급사 한 사람이 필요한데 마침 우리 집 형편을 이해하고 나를 그 학교 급사로 취직을 하게 하면 어떠냐고 권하셨다. 그 학교 직원이 되면 배급 쌀도 받을 수 있고 무엇보다 거기에 야간부 중·고등이 있으니까 밤에는 그 야간 중학엘 다닐 수 있다는 것이었다. 어머니와 나로서는 저절로 굴러온 행운이 아닐 수 없었다.

나는 그 신흥국민학교 연백지구 분교分校에 급사가 되기로 하였다. 그런데 그때가 1학기 말 시험이 며칠 남지 않은 때였다. 아마 7월 초순쯤이었을 것이다. 나는 학기말 시험이나 치고 학교를 중단하는 것이 낫겠다 싶어 그 사정을 말하였더니 분교의 교감(교장은 신흥국민학교 교장이 맡고 있었다.) 선생님이 충분히 이해한다면서 시험을 잘 치고 오라고 격려까지 해 주셨다. 그때 3학년 담임은 기하幾何를 담당하셨던 함완식咸完植 선생님이셨다. 함咸 선생님은 내 이야기를 들으시더니 눈만 끔벅끔벅하시며 내 손을 잡으실 뿐, 아무 말씀도 하지 않으셨다. 나는 그럭저럭 1학기 말 시험을 보았다. 그리고 그다음 날부터 시공관市公館 뒤에 있는 신흥학교 분교로 출근하는 급사 생활을 시작하였다. 2학년에서 전학년 1등을 했던 내가 3학년 한 학기를 겨우 끝내고 학교를 중퇴한 것이었다. 그러고 보니 2년 반 동안에 나는 세 학교를 전전한 셈이었다. 처음엔 인천상업중학교仁川商業中學校 야간부夜間部, 그리고 항도중학교港都中學校 1학년 수료, 그다음 해 인천중학교仁川中學校로 자동편입하여 2학년과 3학년 1학기까지 1년 반을 인천중학교 학생으로 살았다.

나는 율목동 우리 집에서 시공관까지 30분 정도의 길을 출퇴근하면서 끈질기게 인중仁中 교모校帽를 쓰고 다녔다. 비록 저녁 시간에 야간부 중학반에 앉아 있기는 했으나 내가 지금도 인중 학생이어야 한다는 집념은 내 의식에서 지울 수가 없었다. 그렇게 인중 학생의 정신으로 급사 생활을 하면서 그해를 넘겼다.

그리고 그다음 해 1953년 3월 어느 날이었을 것이다. 직장에서 돌아와 우리 집 대문 앞에 이르렀을 때 놀랍게도 거기에 인중 3학년의 담임이신 함완식 선생님이 서 계신 것이 아닌가?

"너를 기다리고 있었다."

선생님은 내가 무어라 말씀드릴 틈도 주지 않고 이렇게 인사 겸 말문을 여셨다. 나는 그때 처음으로 어떻게 몸가짐을 하며 손·발을 놀리고 어떻게 입을 열어 말을 해야 할지 전혀 방도가 없이 쩔쩔매는 자세를, 정말 처음으로 경험하였다.

"선생님…."

그저 이 말밖에 다른 말은 할 수가 없었다. 그때 선생님은 내게 둥그렇고 가름한 통하나를 내밀며 말씀하셨다.

"이거 네 졸업장이여, 교장 선생님이 심沈군에게 중학교 졸업장은 주어야 한다고 하셔서 이 졸업장을 만들 수 있었다. 수업일수가 모자랐지만 전쟁 중에는 모두 특별한 경우가 많으니까 교장의 특권으로 결정하신 일이다. 그 통속에 성적표도 들어 있다."

이렇게 말씀하시며 내 등을 두드리시더니 그냥 우리 집 대문 밖에서 휘적휘적 골목을 돌아 나가시는 것이었다.

그때의 내 표정이 어떠했을까? 선생님께는 미안하고 황송한 마음, 그리고 한편으로 무언가 당황스럽고 고마운 마음, 이런 착잡한 느낌이 가슴을 묵직하게 누르고 있었을 것이다. 나는 중학교 3학년 1학기 중퇴자라고만 생각하며 인중 모자를 죽으라고 쓰고 다녔는데, 이제 합법적으로 인중 졸업생이라니, 기쁨인지 무언지 알 수 없는 감정이 북받쳐 입술을 깨물었는데 그때 입안으로 피가 고였다.

그다음 날에도 나는 평소와 다름없이 인중 모자를 쓰고 직장으로 출근하였다. 내가 직장에서 하는 일은 아주 쉬운 일들이었다. 시간에 맞추어 수업의 시작종과 마침종을 치는 일, 그리고 선생님들의 잔심부름을 하는 일, 또 가끔은 학생들에게 나누어 줄 프린트물이 있을 때, 원지原紙를 철판(그때는 '가리방'이라는 일본말을 사용했다.)에 놓고 그 안내문을 쓰는 일. 사실 이 철판에 글을 쓰는 것은 겨우 중학 졸업생인 내 처지로서는 좀 과분한 업무였을 것이다. 그런데 선생님들은 내 글씨가 예쁘다고 하시며 그런 일을 시키셨다.(정말로 나보다 글씨를 못 쓰시는 여女 선생님도 계셨다.) 그리고 점심시간에 맞추어 교감 선생님 댁으로 가서 찐빵을 날라 오는 일이었다. 점심을 못 먹는 학생들에게 급식용으로 나누어 주는 빵을 교감 선생님 댁에서 매일매일 찌면 그것을 학교로 가져오는 일이 나의 가장 중요한 업무였다.

그리고 업무가 아닌 봉사가 하나 있었다. 우리 집엔 언제부터인가 머리 깎는 바리캉이 하나 있었는데 그것을 가지고 학교에 가서 쉬는 시간에 그 초등학교 학생 중에 머리가 긴 학생의 머리를 깎아 주는 일이었다. 이발소에 갈 돈이 아쉬운 어린이들이 즐겨 나에게 와서 머리를 깎았다.

그리고 일과가 끝나면 이제는 야간학교 고등부에서 수업을 들었다. 물론 나는 돈을 내지 않는 특수 신분의 급사였으므로 정식 학생은 아니었다. 아마 청강생聽講生 신분이 아니었을까? 그래도 그 고등부 반에서 나는 다른 학생들보다 아는 것도 많고 실력이 낫다는 것이 자꾸만 드러 났다. 그곳은 지금 생각해보니 무인가 야간 중고등부가 아니었나 싶다. 그리고 학생들도 대부분 나보다 서너 살은 더 나이 많은 연백 피난민 형님들이었다. 그 형님들 가운데 한 분과의 인연이 또 나의 운명을 바꾸게 할 줄이야.

4. 나의 중 · 고등시절(3)
-6년 동안 6학교를 다닌 이야기-

1952년 4월 인천중학교 3학년 진급(2학년 성적 전학년 1등)
7월 〃 3학년 1학기 중퇴
1953년 3월 〃 3학년 졸업장 받음
무인가無認可 야간 고등부 청강생 1학기
8월 인천공업고등학교 건축과 1학년 편입
1954년 1월 인천고등학교 상과 1학년 전학(잠시 정학)
4월 〃 상과 2학년 편성 편입
1955년 4월 〃 상과 3학년 진급
1956년 3월 〃 상과 3학년 졸업
4월 서울대학교 입학

1953년의 봄이 가고 여름이 되었다. 야간 고등부에서는 늘 내 옆에 앉아 내 노트도 보고 베끼고 자기가 못 알아들은 것을 나에게 묻기도 하는 형님이 있었다. 나이는 나보다 족히 너덧 살은 더 들어 보였고, 몸집도 뚱뚱한 편의 형님이었다. 이름을 강우영이라 하였다. 이 형님은 배다리 시장 입구에서 라이터 만년필萬年筆 같은 것을 수선하는 좌판 노점을 운영하고 있었다. 수업이 끝난 뒤에 나는 교실 정리를 끝내고 사무실도 열쇠로 잠근 다음 교실 건물을 한 바퀴 둘러보고 막 집으로 돌아가려던 참이었다. 어디선가 불쑥 강우영 형이 나오더니

"이제 끝냈어? 같이 갈까하고 기다렸지."하면서 집으로 가는 길을 잡고 앞서 걸어갔다.

그날 귀갓길에 강형은 아주 아주 조심스럽게 나에게 엄청난 제안을 하였다.

지난 반년간 야간 고등부를 다니면서 너를 지켜보았다. 그렇게 명민하고 똑똑한 아이가 이 피난민 초등학교의 급사給仕 생활이나 하는 것이 너무도 안타까워 보였다. 이런 재주 있는 아이가 편하게 공부를 계속할 수 있으면 얼마나 좋을까. 그런 생각을 많이 하였다. 그리고 내가 힘이 없지만 무슨 방법이 없을까 생각하다가 내가 버는 돈에서 조금씩 떼 내어 저금을 해왔다. 물론 내 생활비를 아낀 것은 아니다. 나는 어머니 한 분을 모시고 있을 뿐 다른 가족이 없으니 두 식구 밥 먹는 것은 내 좌판 가게로도 문제없다. 오히려 조금 저축이 가능하기 때문에 그 저축의 일부를 너를 위해 따로 저금을 해왔다. 그런데 어제 우연히 시장 한쪽 벽에 학생모집 광고를 보게 되었다. 꼭 너를 오라고 부르는 광고였다. 그 광고는 인천공업고등학교仁川工業高等學校에서 편입생을 모집하는 것이었다. 내가 그 입학금은 모았으니 우선 그 돈을 믿고 편입시험을 보아라. 당연히 합격이 되겠지만 합격이 되면 네가 지금 급사 생활로 버는 수입이 없어서 걱정이 되겠지? 그 문제도 해결이 될 것이다. 지금 서울신문사 인천지사仁川支社에서 신문 배달원이 한 사람 꼭 필요하다고 한다. 한 달 후면 그만두는 사람이 있어서 그 뒷자리를 내가 너를 추천하기로 하고 꼭 잡아두라고 부탁하여 놓았다. 그러니 아무 걱정 말고, 이 급사 생활 청산하고 신문 배달하면서 고등학교 다녀라. 나는 앞으로도 큰돈은 못돼도 네 학비는 보태줄 수 있다. 너 같은 아이가 공부를 못하면 이 세상이 어찌 되겠니?

이것이 그날 밤에 집으로 오면서 강형이 나에게 들려준 말이었다.

당연히 나는 거절하였다. 그러나 그다음 날도 또 그다음 날도 퇴근시간에 어디에 숨어 있었는지 불쑥 나타나 집으로 가는 밤길에서 내 마음을 돌리라고 강요하였다. 나는 어머니와 상의하고 그런 은인의 뜻을 거역하는 것도 세상사는 일이 아닐 수도 있다는 결론을 얻었다.

"우영이 형, 형의 말을 들을게요. 그런데 신문 배달 자리는 확실한 것인지 그게 걱정이네요."

드디어 내가 이렇게 후속대책을 근심하는 말을 하게 되었다.

"걱정 말고 편입시험이나 잘 치도록 하라구."

이것이 우영이 형의 대답이었다.

7월 더운 어느 날, 나는 주안朱安에 있는 공업고등학교工業高等學校로 가서 편입시험을 보았다. 예정했던 것처럼 한 주일 뒤에 합격통지를 받았다. 우영이 형이 마련해준 입학등록금을 들고 학교를 찾아가니 또 놀라운 일이 기다리고 있었다. 편입시험 성적이 우수하기 때문에 입학금入學金을 면제해 준다는 것이었다. 나는 준비했던 돈을 우영이 형에게 가져다주었다. 우영이 형은 펄펄 뛰며 "그 돈은 이미 네가 써야 할 것이었으니, 당연히 너의 살림에 보태야 할 것 아니냐. 하늘이 네게 보태 주신 것인데 그걸 왜 내가 다시 받느냐." 하면서 야단도 치고 또 정말 신나는 일이라고 기뻐해 주었다. 그 사건으로 어머니와 우영이 형 어머니가 만나 우리 에미들도 의형제처럼 지내자고 인사를 나누던 장면도 또렷하게 떠오른다.

계산해 보면 정확하게 1년의 공백空白이 있었다. 물론 무인가 야간부에 무등록 청강생 노릇을 하기는 했으나, 3학년 1학기를 마치고 학교를 중퇴했고, 고등학교 1학년 1학기를 전혀 다니지 않았는데, 고등학교 1학년 2학기에 정식 학생이 되었으니 어찌 보면 1년을 월반越班한 셈이었다. 어쨌거나 나는 인천공업고등학교 건축과 1학년 학생이 되어 율목동 집에서 주안朱安의 학교까지 시오릿(6㎞쯤)길을 걸어 다니며 저녁이면 신문 배달을 하였다. 공고工高까지의 시오릿길은 꼭 1시간이 걸렸다. 때로 뛰다시피 속력을 내어 걸으면 40분쯤 걸리기도 하였다. 그렇게 학교를 다니는 것이야 학생이면 누구나 하는 일이지만 나는 저녁의 신문 배달업무가 하나 더 있었다.

그때 내가 배달한 신문은 그 당시 석간으로 발행되던 '서울신문' 이었다. 학교를 마치고 부지런히 서울신문사 인천지사로 가면 5시 전후였는데, 그 시간이 서울에서 기차편으로 신문이 내려오는 시간과 맞아 떨어졌다. 내가 담당한 부수는 중간에 늘기도 하고 줄기도 했지만 평균 120부였다. 인현동, 내동, 전동, 중앙동 등이 내 구역이었는데 그 구역에 120부를 배달하는 시간은 대략 2시간이었다. 한 집 배달에 평균 1분이 걸린 셈이다. 이렇게 매일같이 아침저녁으로 뛰고 걸으니 신발이 아주 쉽게 닳았다. 그때는 새 운동화 한 켤레를 평균 한 달 신으면 구멍이 뚫리곤 하였다.

그 당시의 신문은 보통 4면 발행이었다. 특집을 발행하는 날이라도 8면이 고작이었다. 요즈음은 32면을 발행하는 세상이 되었으니 참으로 격세지감隔世之感이 있다. 그러니까 그때의 120부 신문의 분량은 지금 32면짜리 15부에 불과한 분량이었다. 옆구리에 끼고 충분히 뛰어다닐 수 있었다.

학교공부는 독일어를 제외하면 힘든 것이 별로 없었다. 학교공부를 시작한 2학기 초가 나로서는 고등학교 1학년의 시작인데 제2외국어 과목인 독일어는 이미 1학기가 끝난 뒤여서 나로서는 기초공부의 기회가 없이 15과인가 16과부터 들었으니 난감한 일이 아닐 수 없었다. 신문 배달을 하면서 정관사定冠詞 변화變化와 자인(sein)동사변화動詞變化를 중얼거리며 외웠다. 억지로 진도를 따라가기는 했으나, 이 독일어만큼은 흥미를 느끼지 못했다. 그러나 정말 기적 같은 일이 또 발생하였다. 2학기 중간시험 성적이 전 학년에서 1등이었다. 편입하여 두 달 공부한 놈이 다시 학년 전체에서 가장 우수하다니, 참 어이가 없었다.

그렇게 학교의 주목을 받으며 왕복 2시간의 학교 다니는 시간과 신문 배달 2시간을 합치면 하루 4시간을 매일같이 걷고 뛰고 하였으니 신체단련은 저절로 되었을 것이다. 그 덕분인가 평생 걷기에는 자신이 있고, 또 잰 걸음걸이를 유지하였다. 가난한 고학생에 부수적으로 따라붙는 이로움이 이러한 신체단련이 아닐까 싶다.

11월이 되니 해도 많이 짧아지고 날씨도 꽤 선선해진 가을이 되었다. 역시 정확한 날짜는 기억할 수 없다. 학교공부를 끝내고 서둘러 교실을 나오는데 담임 선생님(성함은 잊었다.)이 교무실에서 찾는다는 연락을 받았다. 방금 종례를 끝낼 때까지 별말씀이 없었는데 교무실로 따로 부르는 것은 무언가 심상치 않은 일일 것이었다.

교무실로 들어가 선생님을 뵈었더니 앉으라고 의자를 권하셨다. 불안하기 그지없었다. 무엇보다 신문 배달시간이 늦으면 안 되기 때문이었다.

"그래, 네 사정이 조급한 거 다 안다. 바로 그 문제로 의논할 일이 있어서 잠시 오라고 하였다."

이렇게 운을 떼신 선생님은 정말로 난감한 문제를 꺼내셨다. 그것은 내가 '도내 중고등부 학년별 학술경시대회'에 고등학교 1학년 대표로 뽑혀 나가게 되있는데 그 날짜가 12월 초 이틀간 수원水原에서 개최하게 되어 있으니 내가 신문 배달을 이틀만 대신할 사람을 구해놓아야 한다는 말씀이었다.

잠시 '학술경시대회學術競試大會'가 무엇인지 설명을 해야 하겠다.

이것은 1953년도의 우리나라 학생들의 학업성적을 높이기 위한 그 당시 문교부의 교육정책의 하나였다고 생각된다. 아마 1952년도 말에도 있었을 것이나, 나는 그때 중3을 중퇴하고 급사 생활을 할 때였으니 그해에 학술경시대회가 있었는지도 모른 체하고 지나간 일이었고, 고등 1년의 끝인 1953년 말은 내가 다시 정식 고등학생이 되었으니까 이런 시험이 있는 것을 알게 된 것이었다.

전쟁통에 피난 다니느라고 공부는 제대로 하지 않고 학년만 올라가는 분위기에서 차분하게 학력을 기르기 위한 특별 조치로 이런 대회가 나타나게 되었을 것이다. 그것은 각 학교에서 성적이 우수한 학생 한 명 또는 두 명씩을 선발하여 그 학생들에게 시험을 치게 하고, 그 성적으로 그 학교의 학업 성취도를 평가하는 제도였다. 공부 잘하는 선수가 모여서 시험성적으로 그 학생 및 학교의 명예를 판가름하는 공부 시합이 곧 학술경시대회였다. 내가 고등 2학년 말에는 그런 얘기를 듣지 못했으니 아마 1953년에 시행되는 것으로 그 행사는 더 이상 지속되지는 않은 것 같다.

아무튼 나는 공부 잘하는 학교 선수로 뽑혀서 수원水原으로 가서 하룻밤을 자며 이틀간 시험을 보게 되었다. 그 시점이야 잘 치건 못 치건 대표로 뽑혔으니 최선을 다하여 시험을 보면 그뿐이지만 문제는 선생님이 걱정하시는 것처럼 내가 매일 저녁 신문 배달을 하는 학생이니 그 일을 대신할 사람이 큰 걱정이었다. 담임 선생님은 동업자同業者 고학생苦學生 중에 그 일을 맡을 사람이 없는지 그것을 미리 준비하라고 나를 부른 것이었다. 나는 난감하기 그지없었다. 경시대회 일자가 한 열흘 남기는 했으나, 아무리 그래도 갑작스럽게 그것도 이틀만 하면 끝나는 일을 대신할 사람을 구한다는 것이 가능이나 한 일인가? 나는 신문사에 가서 그 사정을 얘기했고 어머니하고도 상의했으나 묘안이 나오지 않았다. 그렇게 2, 3일을 보내고 초조한 심정으로 신문 배달을 마치고 들어온 저녁에 어머니는 근심 어린 표정으로 말씀을 건네셨다.

"누구, 좋은 사람 구했니?"

"그랬으면 얼마나 좋겠어요. 하늘에서 천사가 나타나면 모를까?"

이런 대화를 나누는데 정말 천사의 음성이 들렸다.

"형! 내가 해보면 안 될까?"

그동안 어머니와 내가 걱정하는 소리를 듣던 동생이 이렇게 말참견처럼 제안을 하였다. 어머니와 나는 동시에 깜짝 놀라 내 동생을 바라보았다. 그때 내 아우는 초등학교 5학년이었다. 초등학교 5학년 자기 반에서 반장을 하고 있는 똑똑한 아우이기는 했으나 이제 겨우 11살 나이였다. 어머니와 나는 마주 쳐다보면서 '그래, 너라면 할 수 있을 거야.' 이런 눈빛을 주고받았다.

그다음 날 저녁부터 나는 동생을 데리고 다니며 신문 배달을 같이 하였다. 1번 집에서 120번 집까지 골목을 휘젓고 언덕을 오르내리며 큰길을 가로지르기를 몇 번씩 하면서 그 집을 순서대로 기억하는 것은 글쎄 11살 어린이에게 쉬운 일이었을까? 어려운 일이었을까? 그러나 내 아우는 사흘 만에 자기가 앞서고 내가 뒤따르게 하면서 훌륭하게 120집의 신문을 제대로 배달하였다. 나는 아우의 도움으로 수원水原에서의 학술경시대회를 무사히 마치고 돌아왔다. 시험 친 과목은 국어, 영어, 수학은 분명하고 그 외의 과목은 무엇이었는지 기억이 불분명하다.

이 글을 쓰면서 나는 내 아우 ○○○교수가 그리워 목이 메인다. 이렇게 같이 고생하며 공부하여 서울대학교에서 나란히 형제兄弟 교수教授라는 소리를 듣던 내 아우는 정년을 몇 해 남기고 2004년 가을에 이 세상을 하직下直하였다.

겨울이 다가오면서 해가 점점 짧아졌다. 밝은 저녁에 신문 배달을 시작했지만, 배달을 다 마치고 나면 어두운 밤이 되었다. 어머니는 나의 귀가 시간에 맞추어 더운밥을 지어 주셨다. 그리고 매번 “얼마나 힘들었느냐. 부모 잘못 만나 고생이 많구나.” 이런 말씀으로 나를 위로하셨다. 그때마다 내가 드렸던 말씀은 한결같았다.

“건강한 몸을 주시고 공부 열심히 할 수 있는 머리를 주신 것을 감사합니다. 더 바랄 것이 없습니다. 초년初年 고생은 돈을 주고도 못 산다는데 아무 걱정 마십시오. 이번에 막내가 신문 배달한 것 좀 보십시오. 우리 형제들이 정신 차리고 살면 좋은 날이 오겠지요.”

이렇듯 식구들이 서로 위로하고 격려하면서 고등학교 1학년을 거의 마쳐가는 1953년 12월 어느 날이었다. 학술경시대회 성적도 좋게 나왔다고 선생님들이 무척 흡족해 하셨다. 고등부는 인문계와 실업계가 나뉘어 채점을 했는데, 나는 공업고등 건축과建築科 학생이니까 실업계 고등학교 학생으로 분류되었고, 전체 1등을 인문계가 차지했지만 실업계에서는 내가 1등을 했다는 것이다. 그렇게 1학년을 마무리하는 12월 어느 날, 신문 배달을 같이하는 친구 중에 인천고등학교 상과商科에 다니는 친구가 있었다. 그 친구가 불쑥 나에게 이런 제안을 하였다.

“너 우리 학교로 전학 오지 않을래?”

“이제 모처럼 편입編入해서 몇 달 다니지도 않았고, 또 학술경시대회에 학교 대표로 나가 성적도 좋다고 칭찬을 하는데 어떻게 학교를 옮기냐?”

우리 두 사람이 이런 대화를 나누게 된 데는 또 그럴만한 사연이 있었다. 인천고등학교는 바로 내가 처음 들어갔던 인천상업중학교가 학제 개편으로 고등학교가 된 학교이고, 우리 집에서는 코앞에 있다고 해도 좋을 만큼 가까운 거리였다. 우리 집에서 학교 뒷문까지는 직선거리가 1km가 채 되지 않았다. 어떤 때 학교에서 수업을 시작하는 종이 울리면 그 소리가 우리 집 대문 밖 몇 걸음 안에서 들릴 때도 있었다. 그래서 나는 그 친구에게,

"너는 참 좋겠다. 너의 집은 학교 담을 사이에 두고 바로 길 건너에 있으니 나처럼 학교 다니느라 아침저녁 1시간씩 두 시간을 소모하지 않는구나. 나도 너희 학교에 다닌다면 참 좋겠다."

이렇게 가능하지 않은 희망사항을, 신문사 사무실에서 신문이 도착하기를 기다리며 이야기를 나눈 적이 있었기 때문이다.

"내가 우리 반 담임 선생님께 네 이야기를 했더니 한번 나에게 데려오라고 했어!"

"글쎄 네 말은 고맙다만, 너의 담임 선생님을 어떻게 뵙겠니?

우리 둘은 이 비슷한 대화를 그 후에도 한두 번 더 진행시켰고, 결국 나는 그 친구의 담임 선생님인 윤기선尹基善 선생님을 만나 뵈었다. 윤 선생님 말씀은 이미 교장 선생님께 "본인의 결정만 있다면 받아주겠다."는 언약을 받으셨다는 것이었다.

나는 사실 공업고등학교보다는 인천고등학교가 더 좋은 학교라는 것보다 아침저녁 통학시간 두 시간이 통째로 절약된다는 것이 더 매력이었다. 어머니는 저녁 귀가 시간이 늦으면 아예 대문 밖이 아니라 골목 어귀에 나와 서 계셨다. 나는 고민스러웠다. 그러나 학교를 옮기고 싶은 마음은 굴뚝같았나. 성탄절聖誕節이 가까운 때였던 것으로 기억된다. 내일모레면 겨울 방학이 시작될 참이었다. 결국 공고工高의 담임 선생님을 교무실로 찾아뵈었다.

"왜? 무슨 일이야?"

선생님은 밝은 표정으로 나를 맞으셨다. 학교의 대표학생이니 반겨하지 않을 수가 있었으랴. 나는 참으로 어려운 말씀을 더듬거리며 아뢰었다.

"인천고등학교는 저희 집에서 1, 2분도 안 걸리는 코앞에 있습니다. 신문 배달은 시간이 생명인데 학교를 마치고 부지런을 피워도 요즈음엔 신문사에 도착하는 시간이 늦어서 배달에 어려움을 느낄 때가 많습니다. 마침 신문 배달을 같이 하고 있는 인천고등 친구가 자기 학교로 나를 전학시키는 것이 가능한지 자기 학교 선생님에게 알아보았다고 합니다. 그랬더니 공고工高에서 허락하고 본인이 원하기만 하면 가능한 일이라고 하였습니다. 그래서 선생님을 뵙게 되었습니다."

이렇게 힘들고 어려운 말씀을 겨우겨우 더듬거리며 아뢰었다. 선생님은 눈을 감고 한참 있으시더니 천천히 입을 떼셨다.

"네 개인 사정은 충분히 이해한다. 그런데 보통 학생이면 무슨 문제가 있겠니? 너는 우리 공고의 대표학생 아니냐? 그것이 문제로구나. 또 한 가지 네가 아직 어린 나이에 실리實利를 쫓아 행동을 가볍게 하는 것에 재미가 붙으면, 그것은 인생살이에 결코 좋은 일은 아니지. 그것이 또 하나의 걱정이다. 내가 허락하고 우리 교장 선생님이 허락해도 너의 행동 결단에는 가까운 이익을 찾아 가볍게 움직이는 사람이라는 딱지가 붙을 수 있다. 그러나 어쩌겠니. 네가 우리 공고에서 마음이 떠나 있으니…. 너의 일생에서 이런 일이 두 번 다시 일어나지 않도록 하여라. 내일 교장 선생님께 전학 인사드리도록 하자. 그래 가 보아라. 신문 배달시간 늦겠다."

그때 공고 담임 선생님(아, 어째서 선생님 성함이 생각나지 않는가.)의 이 말씀은 평생토록 내 삶의 지표 같은 것이 되었다. 당장은 손해가 되어도 신의를 지키는 것이 더 중요하다는 것을. 그렇지만 나는 그 후에도 이 가르침에 어긋나는 행동을 전혀 하지 않은 것은 아니었다.

아무튼 나는 공고工高 건축과建築科 1학년에서 인고仁高 상과商科 1학년 학생으로 변신하였다. 인고에서는 별일 없이 학교수업을 받을 수 있을 것으로 생각하고 즐거운 마음으로 학교를 나갔다. 그런데 교장실에서 부른다는 것이다. 불안한 마음으로 교장 선생님을 찾아뵈었다.

"거기 앉아라."

교장 선생님은 이 말씀을 하시더니 한참을 뜸을 들이고 다음 말씀이 없으셨다. 나는 교장 선생님의 다음 말씀을 기다렸다.

"참. 난감한 일이 생겼다. 인천지구 교장회의에서 내가 우수학생을 빼 오는 부덕한 교장이라고 지탄指彈을 받았구나. 공고의 교장 선생님이 네 전학 건을 가지고 나에게 불만을 토로하셨다. 그분 말씀은 온건했지만 우리 교장들끼리 그것은 멱살잡이 싸움이나 같은 일이었거든. 그래서 말인데 내가 너를 학교로 부를 때까지 집에서 당분간 쉬고 있어라. 그 기간이 길지는 않을 것이다."

아주 한참 뒤에 알게 된 일이지만, 이렇게 내가 일시 정학 처분을, 그것도 전학하여 며칠이 지나지도 않아서 일어나게 된 것은, 그 당시 학술경시대회로 학교 간의 학력 경쟁이 생기고 학교의 등급이 암암리에 세상에 공표되니까 일부 학교에서는 은밀히 공부 잘하는 학생을 스카우트하는 일이 있었다고 한다. 아마도 그 결과에 따라 문교부에서 별도의 혜택도 있었을 것이다. 나의 전학이 바로 그런 케이스의 하나로 지목되어 교장 회의에서까지 논의가 되고 인고 교장은 그 책임을 뒤집어쓸 수밖에 없게 되었던 것이다.

나는 할일없이 저녁에 신문 배달만 하면서 학교에서 소식이 오기만 기다렸다. 1953년은 넘어가고 1954년도 1월, 2월이 거의 다 지나갔다. 그러나 그 기간은 겨울 방학 기간이니까 정학 기간이라고 해도 수업을 참석하지 못하는 것은 아니었다. 내일모레가 개학인데 그 개학날짜에 맞추어 등교하라는 통지가 왔다. 학교에 가니, 나는 상과 2학년 1반에 반편성이 되어 있었다. 이렇게 나는 고등학교 1학년을 무인가 야간 고등부에서 인천공업고등학교 건축과建築科 1학년을 거쳐 1학년 마지막을 인천고등학교 상과商科 1학년으로 적을 옮겼다가 두 달간 정학처분을 받아 쉬고 2학년이 되면서 인고仁高 상과商科학생으로 안착한 것이다. 1년 사이에 역시 세 학교를 숨 가쁘게 옮겨 다녔다.

1954년 4월에서 1956년 3월까지 인고 상과 2학년과 3학년은 나의 고등학교 생활에 별다른 변화 없이 순탄하였다. 3학년 1학기까지는 부지런히 신문 배달을 하였고 2학기에는 그래도 이젠 대학을 가야하지 않겠는가 하는 욕심이 생기는 때였는데, 우연치 않게 신문 배달의 수입보다 두 배나 많은 보수를 약속하는 가정교사 자리가 생겼다. 그래서 그 집에서 중3 학생(김경중金京中)을 가르치며 신문 배달을 졸업할 수 있었다.

5. 나의 대학시절(1)
-입학 전후 이야기-

1) 입학 전

나의 대학 생활은 만4년으로 1956년 4월에서 1960년 2월에 걸친다. 대학을 가겠다고 마음먹은 고등학교 시절, 어머니의 삯바느질로는 학자금學資金을 낼 형편은 아니었다. 가정교사 자리를 구하면 해결이 되겠지 하는 막연한 각오와 기대로 내 대학진학의 꿈은 영글고 있었다. 더구나 내가 대학을 가는 것만이 아니라 내 아우도 당연히 대학을 가야 한다는 불문율도 겸하여 세우고 있었다. 내 아우와 나는 다섯 살 터울, 내가 고2 때 내 아우는 초6의 졸업반이었다.

우리는 인천에서 살고 대학은 서울대학교 문리과대학文理科大學이 목표인데 선대부터 세거지世居地인 인천에서 서울대학교를 다닌다는 것은 기차통학을 의미하는 것이요, 서울에서 인천간 기차운행은 그 시절 보통 2시간. 그 시절엔 많은 사람들이 서울로 기차통학을 하였지만, 그렇다고 해도 집에서 인천역, 인천역에서 서울역, 서울역에서 동숭동 문리대까지의 왕복 소요시간은 줄잡아 6시간, 하루에 6시간을 길에서 허비하고 학교를 다닌다는 것이 하루 이틀도 아니요, 4년간 계속한다는 것이 용이한 일은 아닐 터.

그래서 나는 인천 집을 팔고 서울에서 값싼 전셋집을 얻기로 하고 이사를 하는 것이 어떻겠느냐고 어머니와 상의하게 되었다. 상의라고는 하지만 무언중에 어머니의 희망과 내 의지가 일치하는지라 대학에 합격하면 집을 내놓기로 결정을 하였다. 대학에 들어가기만 하면 학자금도 생계비도 모두 해결될 방법이 있으리라 막연한 믿음을 굳히면서 진정 마음만은 그런 자세였다.

이러한 내 의사를 어머니는 무조건 지지하고 신뢰하셨다. 그리고 이와 같은 내 계획은 내 아우가 중학교에 들어가는 일부터 시작되었다. 내가 고2를 마치고 고3으로 올라가는 해에 내 아우는 초등학교를 졸업하고 중학교에 들어가는 해였다. 나는 내 아우를 서울중학교에 들어가도록 계획을 잡았다. 서울 아현동阿峴洞에 외갓집(외삼촌 댁)이 있으니 중학교에 합격하면 외갓집에서 1년여만 한 살 아래의 초6년의 외사촌 동생(한기창韓基昌)의 공부를 봐주며 숙식을 해결하는 것이 복안이었다. 이 복안은 순탄하게 진행되었다.

내 아우는 반에서만 일등이 아니라 전교 1등을 하는 아이이니, 서울중학에 합격하는 것은 별로 걱정이 없고 외갓집에서 호응만 하면 해결될 문제였다. 사실, 외삼촌과 외숙모는 당신네 아들이 큰 고모 댁 형들처럼 공부를 잘하면 얼마나 좋으냐고 늘 부러워하는 말씀이 있었으므로 "우리 재룡在龍이 1년만 숙식을 부탁해요."하면 거절하지 않으리란 믿음이 있었다. 그리고 이 계획은 마음먹은 대로 진행이 되어 내 아우는 서울중학교 1학년을 서울 외갓집에서 다녔다.

1956년 3월, 나는 서울대 문리대 입학시험을 치르기 위하여 시험 하루 전날 외갓집을 찾았다. 외삼촌 내외는 내가 오리라는 것을 예견하셨으므로 "왜 2, 3일 전에 오지 지금 오니?" 하시는 것이었다. 입학시험을 치르던 날, 아현동阿峴洞 마루터기 전차 정류장에서 종로 5가까지는 댕댕거리는 전차 소리를 들어가며 30분을 갔을까 40분을 갔을까? 그 전차는 마포麻浦 종점에서 서대문西大門을 지나 동대문東大門까지

동서 횡단을 하는 노선인데 지금 생각해 보면 참으로 만만디[慢慢的]의 운행이었다. 아마도 이 전차는 1960년대 어느 해쯤 없어진 듯하다.

날씨가 꽤 쌀쌀했고 구름이 많이 낀 흐린 날로 기억된다. 시험은 특별히 쉬웠다 어려웠다는 기억은 없고, 단지 국어國語 문제에서 한자漢字 쓰기로 '질서秩序'를 쓰라는 항목이 있었는데 시험을 치고 나온 사람들이 그 한자를 못썼노라고 걱정하는 소리를 회심의 미소를 머금고 듣던 기억이 남아 있다.

합격자 발표가 있던 날은 4월 초였는데 그해에는 그때까지 눈이 와서 눈길에 발이 푹푹 빠지는 걸음으로 역시 외삼촌 댁에서 하룻밤을 자고 동숭동東崇洞 문리대 마당으로 합격자 방榜을 보러 갔다.

2) 입학 후

종로 5가에서 전차를 내려 동숭동東崇洞까지 걸어가면서 "만일 불합격이면?"이라는 생각을 하지 않을 수 없었다. "후기대학에 남대문에 있는 문리사범대학文理師範大學을 생각해 보기로 하자. 떨어지면 남대문에 가서 문리사대 입학원서를 사지 뭐." 이렇게 생각을 정리해 가며 동숭동 교정에 들어섰다.

65년의 세월이 흐른 지금은 대학본부 자리에는 문예진흥원文藝振興院이 들어섰고 대학정원大學庭園은 '마로니에공원'이란 이름으로 탈바꿈하여 도심 녹지 노릇을 하고 있다. 문리대 및 대학원이 자리 잡은 붉은 벽돌 3층 집은 온데간데없고, 문리대 교수연구실과 도서관, 박물관 자리도 흔적이 묘연하다. 물론 운동장 옆에 있던 강의동 붉은 벽돌집 2층 건물은 흔적이 없기는 마찬가지. 그곳은 지금 매우 번화한 고급상가와 주택촌으로 변모하였다.

나는 운동장 옆에 동서로 뻗쳐 있던 강의동 2층 외벽에 붙어 있는 합격자 방榜에서 내 이름을 볼 수 있었다.

"그래. 합격했네. 자 이제 무엇부터 해야 하나?"

외갓집에 들러 외삼촌 내외께 합격 소식과 그동안의 신세 진 것을 감사한다고 수인사修人事를 마치고 서둘러 인천으로 돌아왔다. 어머니는 나를 보더니 빙긋이 웃으시며 "집을 내놓았는데 빨리 팔려야 하겠지?" 이렇게 말씀하셨다. 합격을 믿고 있으셨음이 분명한 어조이셨다.

사실 그때의 우리 집 형편은 대학입학금과 등록금을 편하게 낼 처지는 아니었다. 몇십 년 세월이 흘러 기억이 가물가물한데 하여간 그때 입학금과 등록금을 합하여 총 25,000원인가를 내었던 기억이 난다. 그 돈을 어떻게 마련했는지도 가물가물하다. 분명 어머니가 한두 푼씩 모아 놓은 돈이었던 것으로 기억된다. 어쨌건 합격하고 등록을 했으니 학교는 다녀야 하는 것!

대학 생활이 무엇인지도 모르는 처지에서 일단 기차통학이 시작되었다. 그런데 궁즉통窮則通이라 했던가? 기적이 발생하였다. 집이 팔린 것이다. 우리 집은 대지垈地라 해봤자 총 50평坪이 안 되었고, 네 칸짜리 초가집인데 아들이 서울대학에 들어간 복가福家니까 사는 게 좋다고 소문이 나서 거금(?) 20만원(역시 돈의 단위는 삭막하다.)에 팔린 것이었다.

우리는 서둘러 서울 서대문구西大門區 현저동峴底洞에 10만원짜리 전셋집을 마련하였다. 나머지 돈으로는 우선 생활비로 쓰면서 차후대책을 세운다는 마음가짐으로. 모든 일은 속전속결이었다. 내가 태어나서 자란 집이건만 이사할 때 챙긴 짐은 트럭 한 대에 얼마간 여유가 있었던 것 같다. 나는 한 달 남짓한 기차통학을 청산하고 현저동에서 전차를 타고 종로 5가까지 가서 거기서는 걸어 다니는 통학이 시작되었다.

현저동 집은 독립문獨立門을 지나 영천靈泉 전차종점에서 서대문 형무소를 끼고 언덕을 올라가다가 중간쯤에 있었는데, 어머니는 대문 옆에 '한복전문韓服專門'이란 간판(?)을 문패 두어 배쯤 되는 크기의 종이에 써 붙이고 신장개업을 선포하셨다. 어머니 말씀은 "'배운 도둑질'이니 한 번 또 해보자."고 하셨고, 나는 어딘가 좋은 가정교사 자리를 얻으려고 동분서주東奔西走 하였다.

그 동분서주는 사실 내가 고등학교 때 사회 과목을 담당하셨던 신현덕申鉉德 선생님이 서울고등학교로 자리를 옮겨와 계셨는데, 그 선생님을 3, 4일에 한 번씩 뵈러 가서 좋은 자리가 생겼는가를 확인하는 것이었다. 신申 선생님의 소개는, 선생님이 그렇게 관심을 가지고 챙겨주셨어도 성공을 거두지 못했다. 늘 하시는 말씀이 "내가 소개하는 곳은 모두 문제가 있는 아이다. 네가 부당하다고 생각하면 언제든 그만두겠다는 마음을 가져야 한다."고 전제를 하는 문제 학생이었다. 이 가정교사 생활이 1년하고 몇 달 계속되었다. 그중에 가장 짧게 근무한 집이 딱 일주일, 그리고 보통 한 달을 채우고 더 이상 버틸 수 없어서 좋은 말로 사직을 청하는 형식을 취했다.

신申 선생님은 장기로 일할 집을 찾고는 있으나 그것이 힘들다고 나를 만나기만 하면 너털웃음을 웃으시며 금일봉을 주시기도 하였다. "집에 가서 뜯어봐. 가정교사 비결을 적었으니…." 이렇게 말씀하시면서.

이렇게 지낸 대학교 1학년. 학교는 그 당시 교양 학부제를 시작하면서 1학년을 고등학교처럼 문과·이과 1반, 2반, 3반하는 식으로 분리하였는데, 나는 국문과, 중문과, 종교학과의 3과로 구성된 문과 1반에 속하였고, 강의실은 문리대와 법대 사이에 있는 중앙공업연구소 뒤쪽에 강의동을 마련하고 그곳으로 강의를 들으러 다녔다.

이 교양학부 반 생활은 고등학교의 연장 같기는 했으나 훨씬 자유분방하였고, 국문과의 전공과목인 국문학개론國文學槪論과 국어학개론國語學槪論의 두 강좌는 문리대 강의실로 찾아가는 것이었다. 국어학개론은 첫 학기에 이희승李熙昇 선생님, 둘째 학기에 이숭녕李崇寧 선생님이셨고, 국문학개론은 첫 학기가 구자균具滋均 선생님, 둘째 학기에 이병기李秉岐 선생님이셨다. 그때는 1학년에 국문학과 국어학을 둘 다 필수로 듣게 되어 있었다.

이렇게 1학년을 보냈는데, 이때 꼭 한 가지 덧붙일 말이 있다. 현저동에서 동숭동을 다니다가 같은 현저동 언덕 위에 있는 고모 댁에서 문리대를 다니는 사학과 친구 이성무李成茂(전前 국사편찬위원회國史編纂委員會 위원장委員長) 군君을 사귄 일이다. 이성무 군과는 평생지우平生之友가 되었는데 고만 그 친구는 연전年前에 세상을 떠났다.

6. 나의 대학시절(2)
-서울대 문리대 생활-

1950년대와 60년대에 서울대 문리대文理大를 다닌 사람들은 그들 나름의 특별한 자부심이 있었다. 그것은 깊이 생각해 보면 헛된 자부심의 요소가 없지 않았으나, 그 우월감의 근거가 아주 없는 것은 아니었다. 그들 문리대 사람들은(물론 '나'도 그중 한 사람) 전全 서울대학교 공용 배지 'Veritas Lux Mea(진리는 나의 빛)'이라는 원형의 교표校標를 가슴에 붙이는 것이 아니라, 가로 장방형長方型의 '문리대'라고만 쓴 배지를 더 선호하였다. 그리고 스스로 문리대는 서울대 중의 서울대라고 공언하였다.

이러한 기개는 신입생이 들어오면 선배로부터 전수되어 내려오는 것이었는데, 그 근원은 바로 문리대의 전신이 경성대학京城大學이요, 그 경성대학은 일제시대에 경성대학 법문학부法文學部라는 것이었다. 이 경성대학 법문학부만이 서울대학교의 중심축이요, 핵심이라는 자만이었다. '서울대학교령'으로 종합화된 여타의 농·공·상과대학들은 원래 전문학교였으므로 그 대학들은 법문학부와 동렬에 설 수 없다는 것이 그 문리대 사람들의 주장이요, 이론이었다.

이러한 주장은 '문·사·철'이라는 소위 인문·사회과학만을 학문의 성섬에 누려고 하는 전근대적 사고를 바탕에 둔 것으로, 이과계인 자연과학 조차도 얼마간의 편견을 갖고 보는 아주 편협한 사고에 근거한 것이었다. 그런데 참으로 흥미로운 점은 그 문리대 사람들은 그러한 그들의 주장과 자만심이 스스로도 허망한 것이요, 또 사회적 공인을 얻지 못한다는 사실을 너무나 잘 알고 있으면서도 그들은 그 모순을 사랑하였다. 이것이 그 당시 문리대 기질이었다.

그러나 다른 한편, 그 문리대 기질은 문리대 캠퍼스 안에서 매우 긍정적인 현상으로 나타나기도 하였다. 그중의 하나가 도강제도盜講制度(?)였다. 문리대 안에 개설된 강의는 그것이 어떤 강의이건 수강신청을 하지 않고도 마음대로 입실하여 청강할 수 있는 풍습이 관례로 된 것을 도강이라 불렀는데, 그것을 일종의 제도처럼 생각하여 도강제도라는 이름을 붙인 것이다.

강의를 담당하신 선생님은 수강신청을 하고 듣는 학생과 그냥 들어와 듣는 학생들을 구별하지도 않고, 의식하지도 않으셨다. 출석부는 선생님이 강의실에 들어올 때 갖고 오셔서 학생들에게 내어 주면 학생들은 자기 이름을 적고 해당 날짜에 자기 사인을 하는 것으로 출석 점검을 하는 것이 통례였다. 그러니까 강의 첫 시간에 작성한 출석부가 수강신청한 학생들이 자진 신고하는 절차이고, 두 번째 수강부터는 그 출석부에 자기 이름에 사인을 하는 것인데, 선생님은 거기에 등록된 학생과 수강하는 학생 수가 일치해야 하지만, 어떤 선생님이나 그런 것은 전혀 의식하지 않으시고 강의실에 들어와 출석부를 학생들에게 건네고 선생님은 당신의 강의에만 열성을 보이셨다.

인기가 좋은 강의는 당연히 수강신청한 학생보다 도강생盜講生이 더 많은 경우가 비일비재非一非再하였다. 이 도강제도는 어찌 보면 문리대 사람들의 자유분방한 기질과 폭넓은 상식의 원천이었다. 그때의 필수 이수 학점은 졸업 때까지 160학점이었는데, 실제로 수강한 강의를 모두 학점으로 환산한다면 200학점도, 300학점도 될 수 있는 분량이니 결국 문리대 사람들은 세상 지식에 관한 한 어느 누구보다도 폭넓은 식견識見을 가질 수밖에 없는 구조였다고 하겠다.

나의 경우 4년 졸업까지 160학점을 이수하였는데, 그 내역은 다음과 같다. 1학년은 1·2학기 각각 21학점, 이것은 교양과목과 전공필수과목으로 이미 지정된 것이어서 내가 선택한 것은 하나도 없었다. 2학년부터가 전공필수와 일반선택이 자유로웠는데, 전全학기 성적이 B학점 이상이면 24학점까지 수강신청을 할 수 있어서 나는 2학년 1·2학기, 3학년 1·2학기 4학년 1학기 도합 다섯 학기 내내 24학점을 취득하여 총 162학점을 얻었는데, 4학년 2학기는 등록을 해야 하니까 등록 후에 여분으로 4학점을 더 얻었기 때문에 166학점으로 졸업을 하였다. 요즈음은 학칙이 바뀌어 136학점 이상이면 졸업을 할 수 있으니 지금 기준대로라면 30학점이나 더 많이 이수한 셈이다.

사실 이렇게 충실하게 학점을 취득하기는 했으나 그간의 내 사생활은 그야말로 시간 쪼개 쓰기의 연속이었다. 학점 취득과 관계없이 더 듣고 싶은 도강을 하는 것과 가정교사 아르바이트를 적절히 안배해야 했기 때문이다. 학점과 무관하게 들은 강의로는 박종홍朴鍾鴻 선생님의 '한국철학사'와 '논리학', 이병도李丙燾 선생님의 '한국사', 신사훈申士勳 선생님의 라틴어, 희랍어 강의 등이었다. 물론 시간이 생기면 중간중간에 도강한 '문학비평론', '미국사', '미학의 이해' 등이 기억되는데, 그 외에도 몇 개 강의를 더 들은 것으로 기억된다. 중국 선진문학先秦文學 강의시간에는 워낙 학생이 4~5명밖에 되지 않아 내가 도강생이라는 것을 차마 말씀드리지 못하고 강의실에 앉아 있던 기억이 새롭다.

문리대 사람들의 낭만은 겉보기에 공부하는 것 말고는 전혀 없는 사람들 같았다. 흔히 비군부내에서 흘러나온 국방색 작업복을 검세 물들인 것으로 평상복을 해 입고, 강의실 아니면 도서관을 왕복하는 것으로 보였다. 그 시절, 그렇게 공부하지 않으면 다른 방도가 있을 수도 없었다.

그 당시 국민소득은 100불이 안 되었고, 대부분의 백성들은 문자 그대로 적빈赤貧의 상태가 아니었던가. 그러나 그래도 젊은이의 대학가이니 그 나름의 낭만이 없을 수는 없었다. 그 첫째는 '지금 여기(hic et nunc)' 있는 그대로의 사물을 새로운 시점으로 미화하고 승화시키는 것이었다. 그 일례로 학교 입구의 정문 다리를 '미라보 다리'라고 명명命名하는 따위이다.

그때 동성고등학교東星高等學校 입구, 혜화동惠化洞 로터리 옆에서 이화동梨花洞 입구 법과대학이 있는 곳까지는 폭이 4m는 넘을 정도의 개천이 있었다. 지금은 모두 복개되어 그 흔적도 찾을 수 없으나, 그 시절에는 여름철이면 오물 냄새가 꽤 심한 개천이었다. 이 개천에 문리대 정문, 공업연구소 정문이 다리로 연결되어 있었는데, 문리대 사람들은 그 학교 정문에 있는 다리를 '미라보 다리'라는 것이었다. 그 냄새 나는 개천이 개천이 아니라 프랑스 파리의 '센느강'이라는 논리에서 이런 식의 어처구니없는 역설이 말하자면 문리대 사람들의 낭만이요, 기질이었다.

'미라보 다리'의 정체성을 덧보태는 또 하나는 교정에 있는 마로니에 나무였다. 마로니에 나무가 파리의 가로수이기 때문이다. 여름철에 녹음이 우거지고 가을에 단풍이 곱게 물드는 이 마로니에 나무의 칠엽七葉들은 문리대 교정의 상징이기도 하고, 문리대 사람들이 학교 캠퍼스를 생각하면 곧바로 연상되는 첫 번째 물건이기도 하였다.

그러나 실질적인 문리대의 낭만은 캠퍼스와 마주하고 있는 의과대학 쪽 길가에 그 근거지가 있었다. 그 하나는 다방茶房이요, 또 하나는 음식점이었다. 다방은 '대학다방大學茶房'(이곳은 지금도 있다.)과 '학림學林다방'이었고, 음식점은 '진아춘進雅春'(이곳도 지금 자리를 조금 옮겨 상존한다.)과 '서흥각瑞興閣'이라는 중국음식점과 이름은 잊었는데 한식집이 하나 있었던 것으로 기억된다. 시간 여유가 좀 있고 전주錢主가 있기만 하면 다방이나 중국집에서 객기 어린 한담, 아니 그때는 청담이라고 생각한 토픽들이 화제가 되는 것이었다.

그러나 그것보다 더 실질적 낭만은 뒷골목에 있었던 '막걸릿집'에서 연출되었다. 막걸릿집은 상호를 잊었는데 그중 하나는 '쌍과부집'이라는 막걸릿집이었다. 그들 주모가 실제로 과부였는지 정말 자매였는지, 하여간 두 여인이 대학생들의 농담을 재치 있게 받아넘기며 외상도 잘 주는 푸짐한 집이었다.

이런 집이 몇 군데 더 있었는데 내 기억에는 이 '쌍과부집'이 제일 인상에 남는다. 나야 정말이지 어쩌다가 친구들과 한두 번 어울린 경험밖에 없으나, 그 골목이 문리대의 야간 야외수업장이 아니었나 싶다.

지금 돌이켜보면 문리대에서의 학부 4년간은 정말 꿈결같이 흘러갔다. 커피 마실 돈이 없어 다방 출입이 그렇게 자유롭지는 않았으나 그래도 다방에 앉아, 혹은 대포 집에서 개인의, 사회의, 국가의, 아니 인류의 미래를 논하던 그 지성, 기개, 열정은 얼마간 어설프기는 했어도 참으로 진지하고 정성스러운 것이었다. 객기客氣라고만 하기에는 참으로 사랑스런 애정이 서려 있었다.

내가 만약 학년이 1년쯤 늦어서, 1960년 2월에 졸업을 안 하고, 1960년을 4학년에 있었다면? 나는 이런 생각을 가끔 한다. 왜냐하면 1960년 4월에 4·19가 일어나고 그때 문리대 학생들이 얼마나 많이 길에서 젊음을 불태웠던가! 그리고 얼마나 많이 목숨을 잃었던가!

나는 그때 막 졸업하여 고등학교 교사 생활 1개월을 넘기는 시점이었다. 4·19의거가 일어난 날, 그 소식이 학교에 전해지자, 우리 애송이 교사들은 서로서로 눈빛만 맞추며 그 후문에 신경을 곤두세웠던 기억만이 새로울 뿐이다. 이렇게 나의 대학 4년은 마무리되었다.

7. 나의 대학원(석사과정) 시절
-군복무와 석사학위-

1960년 3월 대학원 입학
1960년 4월 서울고 교사 취임
1961년 6월 서울고 교사 사임
1961년 7월 결혼
1961년 8월 군 입대
1962년 2월 대학원 2년 수료
1963년 4월 큰딸 출생
1964년 2월 석사학위 취득
1964년 4월 군 제대

나는 1960년 3월 대학원 석사과정에 입학하고 1964년 2월에 석사학위를 받았다. 만 4년이 걸렸다. 2년에 걸려 이수학점을 모두 취득하고 논문을 써서 학위를 받는데 또 2년이 걸린 셈이다. 그런데 그 기간은 우리나라 현대사에서 숨 가쁜 소용돌이를 겪은 때가 아니던가! 그 파노라마의 흐름 속에 나의 석사과정이 중첩되어 있다.

1960년 2월에 학부를 졸업한 나는 계속 공부하는 것이 나의 인생행로라는 생각으로 대학원 진학을 결심하였다. 시험을 치고 합격이 되자 나에게는 또 더 큰 근심이 다가왔다. 공부만 할 처지가 아니었기 때문이다. 어느 시절인들 다를까마는 그때도 학부를 졸업하고 바로 취직이 된다는 것은 하늘의 별 따기 같은 세월이었다.

그때 내 아우가 서울고등학교 3학년에 재학 중이었는데, 어느 날 지나가는 말처럼 "형! 우리 학교에 국어 선생님 자리가 하나 있대." 하는 것이었다. 나는 그 정보를 가지고 일석一石 이희승李熙昇 선생님과 심악心岳 이숭녕李崇寧 선생님을 찾아뵈었다. 그 무렵엔 선생님들이 제자의 취직을 위해 그야말로 발분망식發憤忘食하시던 시절이었다. 또 선생님의 명성과 권위가 어느 정도 통하던 시절이기도 하였다.

나의 두 분 선생님도 시간을 내시어 그 당시 서울중·고등학교 교장이시던 조재호 선생님을 만나셨다. 나중에 들은 얘기지만 일석·심악 두 분 선생님은 나를 추천하시면서 그해 졸업생 가운데서 가장 우수한 학생이라고 허풍(?) 선전을 하셨다고 한다. 그런데 조 교장 선생님의 반응이 참으로 기묘하였다. 즉 나를 꼭 채용하고 싶기는 한데, 그때 마침 자리 빈 것을 알고 문교부에서 압력을 넣으며 천거하는 사람이 있어서 그 문제가 근심스럽다고 말씀하였다는 내용이었다.

그렇다면 채용을 하시겠다는 것인가? 거절하는 핑계의 말씀인가? 나는 두 분 선생님께 고생만 하시게 하고, 심려를 끼쳐 죄송하다는 말씀을 어눌하게 표현했던 것 같다.

"이 사람! 그런 말 하지 마! 문교부 쪽 인사가 마음에 안 들어 그렇게 말한 것이니까 좀 기다려 보자구!" 이것은 심악 선생님의 말씀이었고, "조 교장의 태도로는 채용할 뜻이 분명히 있는 것 같았는데, 어쩌겠나 좀 기다려 볼 수밖에." 이것은 일석 선생님의 말씀이었다.

나는 대학원 강의를 듣는 일 이외에 아무것도 하지 못하고 세월을 낚고 있었다. 그렇게 달포가 지났을까? 우리나라에 천지가 바뀌는 대사건이 터진 것이었다. 4·19학생 민주화 혁명이었다. 그때는 이승만李承晩 대통령의 자유당 정권이 집권연장을 위해 정·부통령 선거를

3월 15일로 앞당겨 실시하면서 여러 가지 부정을 저질러서, 선거가 끝난 3월 15일 저녁부터 마산에서부터 부정선거를 규탄하는 시위가 전국으로 확산되어 정국이 매우 뒤숭숭하였었다. 그런데 시위 중 실종되었던 김주열이란 학생의 시신이 마산 앞바다에서 발견되자 시위는 더욱 격렬해지고 서울에서는 경무대景武臺(지금의 청와대)로 향해 돌진하는 학생들 여럿이 사망하는 사태가 일어났었다.

그 소용돌이 속에서 4월 26일에는 이승만 대통령이 하야下野 성명을 발표하였다. 바로 그 무렵, 서울고등학교에서 나를 채용하기로 결정되었다는 통보를 받았다. 세상이 바뀌어 문교부의 압력이 사라졌으므로 조 교장 선생님은 마음 놓고 적임자를 선택한 것이었다. 이렇게 하여 대한민국 민주화 과정의 현대사가 내 첫 번째 취직을 가능하게 해주었다.

나는 애송이 교사 노릇과 대학원 수강이라는 두 가지 일을 열심히 하였다. 그때의 대학원 강의는 시간에 쫓기는 것은 아니었다. 일석 선생님은 일정한 요일과 시간에 철저하셨지만 심악 선생님은 우리들이 사정이 있어 한 주일 쉬자고 하면 못이기는 체 넘어가 주시기도 하였다. 일석 선생님은 주로 영어 원서강독을 하셨고, 심악 선생님은 학부 때와 마찬가지로 서구 언어학言語學의 음운론音韻論 이론을 소개하셨는데 학부 때보다 심화된 내용을 다루셨다. 그리고 그 시절엔 국어학 전공의 학생에게도 국문학 분야의 과목을 필수로 듣게 되어 있었다. 가람 이병기李秉岐 선생님의 강의와 고려대 구자균具滋均 선생님의 강의도 필수에 포함되어 있었다. 이 두 분 선생님의 강의는 학교의 강의실로 출석하는 것이 아니라 선생님 댁을 방문하는 것이었다. 가람 선생님 댁은 재동齋洞에 있었고 구 선생님 댁은 고려대 정문 건넛마을에 있었다. 두 분 모두 약주를 좋아하시기로 소문난 분들이어서 댁을 방문할 때에는 가끔 약주 병을 들고 가기도 하였다. 가람 선생님은 그 무렵에 건강이 많이 안 좋으시어 찾아뵈면 "내가 뭐 할 말이 있는가? 난초나 구경하고 가시게." 하시는 것이었고, 구 선생님은 작취미성昨醉未醒일 때가 잦아서 수강카드에 도장만 찍고 어물어물 도망쳐 나오고는 하였다. 이렇게 문학강좌도 건성으로 학점만 취득하는 세월을 보냈지만, 지금 돌이켜보면 그때 들은 풍월風月이 어학에서 느끼는 치열한 논리적 탐구에 덧보태어 멀리 보며 여유를 갖는 풍치를 곁들이게 해주었다고 생각된다.

1960년, 대학원의 1년이 꿈결같이 지나갔다. 해가 바뀌고 1961년 봄이 되었다. 서울고등학교에서는 중학교 2학년을 담임하고 학과목은 중2의 국문법과 고2의 한문을 맡았다. 지난해에 햇병아리 선생으로 열성을 내다가 한 주일 만에 목이 쉬어 쩔쩔맸던 일을 추억으로 떠올리며 제법 수업에 느긋한 자신감이 붙어 갔었다. 공립학교이어서인지 학과주임과 교무주임이 눈감아주면 어느 하루 오후 한나절은 슬쩍 학교를 빠져나가는 외출이 가능하였다. 그 외출은 대학원 강의를 듣기 위한 것이었다. 특히 일석 선생님은 그때 대학원장을 하고 계셔서 대학원장실로 찾아뵙고 강의를 들었다.

이렇게 대학원 3학기가 한참 진행되던 5월이었다. 그 5월 16일이 되었다. 그 날은 어떤 날이었는가? 5·16군사 쿠데타가 일어난 날이 아니던가? 5월 17일 이후 학교의 분위기는 어수선하기 그지없었다. 그리고 그 5월이 다 가기 전에 나에게는 청천벽력靑天霹靂 같은 소식이 들려왔다.

사실 나는 그때까지 군복무를 뒤로 미루며 입영을 연기하고 있었는데 새로 들어선 군사정부는 공직에 있는 사람으로 병역미필자는 이유 여하를 불문하고 그 공직에서 해임解任하라는 명령을 내렸다. 나처럼 입영을 연기하고 있던 젊은 선생들 몇 명은 망연자실茫然自失하여 서로 얼굴만 쳐다보며 돌아가는 형편을 기다리고 있었다. 학교에서는 군사 쿠데타가 일어난 지 정확하게 1달이 지난 6월 16일에 나에게 해임을 통지하였다. 이렇게 하여 우리나라 현대사의 또 하나 분수령인 5·16사태는 나를 서울고등학교 교사직에서 면직시켰다.

나는 병역을 연기해 온 사실을 후회하며 대책을 강구할 수밖에 없었다. 그 대책은 하루라도 빨리 군에 입대하여 병역의무를 마치는 일이었다. 부랴부랴 자원입대를 신청하였다. 그런데 입영통지를 기다리며 한 가지 고민에 빠지게 되었다. 그 무렵 나는 지금의 내 아내와 결혼을 생각하며 서로 왕래하고 있었다. 그 여인을 생각하고 또 내 앞날을 생각해 보니 이제 군복무 3년을 마치고 또 몇 년을 보내며 결혼준비를 한다는 것은 무한정 결혼을 늦추어야 하는 것으로 느껴졌다. 아주 난감한 일은 그 여자 친구가 경기도 평택平澤 옆 마을 서정리에 있는 효명고등학교의 교사로 복무 중이었는데, 그 시골 동네에 결혼도 하지 않은 육군 졸병이 찾아가게 될 일이 문제였다. 나는 특단의 결정을 할 수밖에 없었다. 결혼하지 않은 육군 졸병이 여女 선생의 집을 방문하는 것이 아니라 결혼한 육군 졸병이 여 선생 집을 찾는 것이 오히려 떳떳한 일이 될 것이라고 생각하였다.

그래서 입영 일자가 8월 1일로 통보되자, 그 엿새 전인 7월 26일에 결혼식을 올리기로 결정하였다. 그리고 일정대로 결혼식을 올리고 입대하였다. 그때가 대학원 3학기를 마치는 것과 같은 때였다. 석사과정에 필요한 이수학점은 3학기까지 모두 마쳤으나 등록은 4학기까지 해야 하므로 일석一石 선생님 강좌 하나만 여분餘分으로 신청하고 그 과목 평가는 리포트로 대신해 달라는 청을 선생님께 드렸다. 선생님이 내 사정을 이해하시고 허락하셨기 때문에 나는 대학원의 네 번째 학기와 군복무 처음 기간을 겹쳐 보낼 수 있었다.

8월 1일에 논산훈련소에 입소하여 6주간의 기초 군사훈련을 받은 나는 9월 하순에 경기도 포천 북단에 있는 한 포병부대로 배속이 되었다. 햇볕이 쟁글쟁글하게 내리 쪼이는 가을날, 우리 신병들은 들로 산으로 막사를 지을 건축자재를 모으러 돌아다녔다. 돌도 가져오고 싸리나무도 해오고 흙을 져 나르기도 하였다, 그 자재를 가지고 부대에서 내준 목재를 덧보태어 우리 신병들은 일주일 만에 20여 명이 잠잘 수 있는 막사 하나를 거뜬히 지어냈다. 그런 다음에야 우리 신병들은 부대 내에서 각각 부서를 배당받아 자기 고유의 임무를 갖게 되었다. 나는 본부중대의 통신과通信課로 배정이 되었다. 나의 주특기가 통신병으로 분류되어 있었기 때문이었다. 이렇게 정상적인 군복무에 들어가 한 달쯤 흘러갔을 때, 건축자재 사역을 나갔다가 몰래 일반우편으로 부친 편지를 받고 아내가 부대를 찾아 나를 면회하러 온 것이었다.

어느 날 개울에서 빨래를 하고 있는데 우리 통신과의 선임하사가 나를 찾기에 급히 달려갔더니 "심 이병! C.P.(대대장실 지휘소)에서"너를 찾고 있으니 빨리 가 봐!"라는 것이었다. 나는 언덕 위에 있는 C.P.로 뛰어 올라갔다. 거기에는 대대장(중령)과 아내가 마주 앉아 있다가 웃으며 나를 반기는 것이 아닌가!

"신병 심재기는 대대장실로 호출 명령을 받고 왔습니다."

이렇게 큰소리로 외치며 거수경례를 하고 나서야 거기에 아내가 앉아 있는 것을 알아보았다. 아내는 10월 9일 한글날 공휴일을 이용하여 면회를 왔다고 하였다.

C.P.에서 신병이 어떻게 아내를 만날 수 있었는가? 여기에는 또 그럴만한 사연이 있었다. 나는 아내에게 편지를 보낼 때 부대를 잘 찾을

수 있게 아주 자세한 설명을 해 두었었다.

"도평리 버스 종점에서 하차下車하여 양 갈래 길에서 왼쪽 서북쪽 방향의 길을 따라가면 왼쪽으로 KMAG(주한미국군사고문단) 부대를 끼고 '형제고개'라는 고개를 넘게 됩니다. 낙타의 등 두 개가 있는 것처럼 등성이 두 개가 나란히 있어서 '형제고개'라고 합니다. 그 형제고개의 두 번째 등성이를 넘어 1km쯤 걸으면 또 왼쪽으로 자동차가 다니는 작전作戰도로가 나타납니다. 그리로 꺾어 걸어오시면 됩니다. 그 길은 부대 정문과 맞닿아 있는, 약간 오르막의 외길입니다. 그 길도 약 1km 쯤될 터인데 거기에는 중간쯤 오른쪽에 오두막 한 채의 민가가 있습니다. 그 민가를 지나 조금 더 걸으면 부대 정문이 됩니다. 거기에 가서 면회 신청을 하세요."

그런데 아내가 두 번째 형제고개를 넘어, 타박타박 걸으며 왼쪽으로 난 부대 방향의 외길로 접어들었을 때 뒤에서 지프차의 경적소리가 들렸다고 한다.

그리고 중령 표지의 모자를 쓰신 분이 차에서 내리더니 "젊은 여인이 이 길로 들어선 것을 보니, 누구 면회를 오신 것 같군요." 이렇게 먼저 말을 붙였다는 것이다. 그래서 아내는 "결혼한 지 엿새 만에 입대한 남편이 00부대에 배속되었는데, '도평리'에 내려서 부대를 찾으면 올 수 있다고 하여 물어물어 찾아오는 길입니다." 편지로 위치 정보를 알았다는 말은 조심스러워 숨겼다고 하였다.

"그러시군요, 그러면 내 차를 타세요. 부대 정문 위병소에서 수속을 하려면 복잡합니다. 이 차로 나와 함께 들어가서 내 사무실 C.P.에서 남편을 만나시지요."

사실, 이것도 엄격하게 따지면 절차를 무시한 것이지만 대대장님은 그 정도의 아량과 여유를 가지고 있는 분이셨다. 그날 저녁부터 그

다음 날 일과 시간이 끝나는 시간까지, 그러니까 꼬박 24시간을 나는 특별휴가를 얻어 부대 밖에 있는 민가에서 아내와 오붓한 시간을 가질 수 있었다. 이것은 말하자면 나의 신혼여행인 셈이었다. 대대장님의 특별한 배려였다. 아내가 집으로 돌아가고 나는 부대로 들어가 선임하사, 통신 과장, 본부 중대장과 대대장들에게 차례로 감사의 신고를 하였다.

그리고 며칠 뒤에 나에게 문서 연락병의 직함이 하달되었다. 우리 부대에서 문서 연락병의 임무는 부대의 '보고서'를 1군사령부에 접수시키고 오는 일이었다. 우리 포병부대砲兵部隊는 사단이나 연대에 소속되지 않고 독립된 부대여서 모든 군사 행동과 명령체계는 1군사령부와 직접 연락을 취하는 부대였기 때문이다. 그래서 문서 연락병 몇 명은 교대로 1군사령부가 있는 원주에 문서를 가지고 가는 인편 발송을 하는 제도가 운영되고 있었다.

내가 포천抱川에 있는 부대에서 출발하여 서울에서 1박하고, 다음 날 원주原州에 있는 1군사령부로 가서 문서를 전달하고 그 날로 서울로 돌아와 또 1박을 한 다음, 그다음 날 부대로 들어가는 것, 이것이 부대에서 1군사령부까지 왕복하는 한 번 행보의 일정이었다. 출발에서 귀대歸隊까지 꼭 2박 3일이 걸리는 일이었다. 가령 월요일 문서를 가지고 부대를 출발하여 그날 밤 서울에서 하룻밤을 자고 화요일 하루에 원주를 다녀와 그 밤을 또 서울에서 지낸 뒤에 수요일 중으로 귀대하면 되는 일이었다.

이처럼 문서 연락병이라는 직책은 군대에 있으면서 부대 밖을 나다니며 서울에서 이틀 밤을 잘 수 있는 특권이 있었다. 군대에 간지 석 달 만에 일주일에 한 번꼴로 서울 집에서 이틀 밤을 잘 수 있는 군대 생활이라니, 이것은 정말 특별한 사례가 아닐 수 없었다.

나는 이것을 하늘이 나에게 선물한 큰 기회요 은혜라고 생각했다. 서울 체재滯在기간을 이용하면 대학원 과정을 계속할 수 있지 않은가! 4번째 학기는 리포트 하나만 쓰면 끝나니까 문제는 석사논문 집필인데, 이것이 얼마간 가능하리라는 희망을 갖게 되었다. 참으로 놀라운 기회가 아닐 수 없었다.

그런데 한두 번 1군사령부(원주原州) 행보를 하면서 나는 또 하나의 가능성을 검토하게 되었다. 그것은 평택平澤에서 교사 생활을 하는 아내를, 시간을 쪼개어 만날 수 있겠다는 것이었다. 처음엔 아내를 서울 집으로 오게 하여 만날까 생각하다가 일정을 조절하는 묘안妙案이 생각되었다. 그것은 첫째 날 부대(포천)에서 출발하여 서울에서 1박을 하지 않고 그날 밤으로 원주 1군사령부로 가서 거기 여관에서 1박을 하고 둘째 날 사령부에 들어가 문서접수를 완료한 다음 부지런히 서울로 돌아왔다가 그날 저녁까지 평택으로 아내를 찾아갈 수 있겠다는 계획이었다. 그러니까 서울의 2박을 원주 1박과 평택 아내의 집에서의 1박으로 조정하면 서울 집은 옷이나 갈아입고 곧바로 귀대가 가능할 것이었다. 물론 나중에는 서울 1박과 평택 1박의 일정으로 조정되어 거의 제대할 때까지 그러한 일정이 지속되었다.

세 번째 원주 행보를 그렇게 새 일정에 따라 하기로 작정한 11월 초순 어느 날, 저녁 늦게 나는 아내의 집 대문을 두드릴 수 있었다. 아마 11시쯤 되었을 것이었다. 아내는 대문을 열어 주며 입가에 묘한 웃음을 띠고 있었다. 나는 부대로 면회를 다녀 온 지 한 달 만에 또 신랑을 만난다는 기쁨의 표정이라고만 생각하였었다. 그러나 그 웃음의 의미는 실로 엉뚱하고 놀라운 것이었다.

"그 대대장님이 약속을 지키셨네요."

방에 들어가 좌정한 뒤에 아내가 꺼낸 첫마디였다.

"그게 무슨 소리요?"

"내가 면회 간 날 C.P.에서 우리를 면회시켜 준 사연은 당신이 다 알고 있는 것이구요."

이렇게 운을 뗀 아내는 그 C.P.에서 대대장과 아내가 내가 들어가기 전까지 나눈 대화를 그제서야 공개하였다. 다음은 대대장과 아내가 나누었다는 대화의 요지이다.

"저희는 7월 26일 결혼식을 올리고 엿새 만에 남편이 입대하였습니다. 대한민국 남자로 군복무를 해야 하는 것은 신성한 의무요 영광스런 일입니다. 입대를 그동안 미루었던 것을 남편은 많이 후회하였습니다. 그러나 이제 군복무를 시작하였고 제대하기까지 건강하고 무고하기만 빌겠습니다. 그런데 제 남편은 현재 서울대학교 대학원 국문과에 재학 중입니다. 이번 학기로 학점 이수는 끝나지만, 이제 막 학위 논문을 준비해야 하는데 입대하게 된 것입니다.

대대장님! 남편이 군대에 복무하면서도 공부할 시간을 얻을 수는 없을까요? 군복무로 젊은 인재가 학업이 중단되는 것은 참 안타까운 일이 아닙니까? 무슨 방법이 없는지 대대장님의 선처가 있으면 감사하겠습니다."

"신병 심沈 이병의 주특기가 통신으로 되어 있군요. 통신병이 시간을 내어 서울로 출장도 가는, 외출이 가능한 방법이 있습니다. 1군사령부로 문서 연락병이 되어 출장을 다니면 가능합니다. 현재 군사령부 담당 문서 연락병 한 사람이 곧 제대除隊를 하게 되어 그러지 않아도 적당한 후보자를 물색 중이었는데 심 이병이 그 문서 연락병 선발 시험에 합격하면 됩니다."

내가 문서 연락병이 된 것은 부대 내에서 일상적인 절차에 따라 선발된 것인 줄 알았는데 그 이면에는 아내가 면회 왔을 때 대대장님과의 모종의 밀약密約(?)이 있었다는 것을 그제야 알게 된 것이었다.

문서 연락병은 무엇보다도 기차고, 버스고 공공교통기관을 완전히 무료로 무임승차하는 특권이 부여되어 있었다.(지금도 그럴 것이다.) 왼쪽 팔뚝에 '문서연락' 이라는 완장을 차고 어깨에는 문서 가방을 둘러메면 대한민국 온 천지에 갈 수 없는 곳이 없었다.

물론 나는 '포천 - 서울(1박) - 원주 - 서울(1박) - 포천'이라는 고정된 루트만을 무임승차할 수 있는 것이지만 내 나름대로의 수정 노선인 '포천 - 서울(1박) - 원주 - 서울 - 평택(1박) - 서울 - 포천'으로 둘째 날 서울 1박을 평택 1박으로 조정하면서 서울 - 평택 간의 기차나 버스를 무임승차無賃乘車 한 것이 규정 위반이라면 위반이랄 수 있는 것이나, 내 나름대로 이것은 신혼 생활 속에 군대 생활이 끼어든 것을 하느님이 보상해 주시는 것이라고 합리화하였었다.

이렇게 1961년이 저물어 갔다. 그 겨울부터 나는 군 복무와 신혼 생활과 학위논문 준비의 삼중 생활로 숨 가쁘게 뛰어다녔다.

나는 대학원에 진학하기 전부터 의미론意味論에 관심이 많았다. 대학원에 진학한 뒤에는 내 전공을 막연하게 의미론 쪽에 두고 있었다. 그 무렵 의미론에 관한 지식은 울만(Ullmann 1957)의 의미론원론意味論原論(Principle of Semantics)에 집약되어 있었다고 할 수 있다. 내가 이 책을 구입한 것은 대학원에 진학하고 얼마 지나지 않아서였다. 그러나 그것을 독파하는 것은 정말 지지부진遲遲不進이었다. 읽겠다는 마음만 있지 그 책을 붙들고 차분히 읽어나갈 틈이 좀처럼 나지 않았었다. 그 책을 건성건성 반쯤 훑어보았을 때, 서울고등학교에서 쫓겨나고(?) 곧바로 결혼이다 입대다 하였으니 책은 어디에 놓았는지 모를 형편이었다.

문서 연락병으로 몇 달을 지내고 어느 정도 요령이 생겨 책을 읽을 수 있겠다 싶은 1962년 어느 날 새해 인사 겸 이기문李基文 선생님을 찾아뵈었다. 부대에서 나와 서울에서 하루 이틀 묵을 수 있는데 그때 가능한 한 공부를 해보겠노라고 더듬거리며 말씀을 드렸었다. 선생님이 나의 지도교수이어서만이 아니라 나는 웬일인지 선생님이 형님 같기도 하고 삼촌 같기도 한 묘한 육친의 정을 느끼고 있었다. 선생님이 나에게뿐만 아니라 모든 학생들에게 두루 친절하고 자상하시지만 나는 선생님이 나에게 더 큰 애정을 지니고 있으시다고 믿었다.

"자네, 언제 또 나올 수 있겠나?"

"서울 나오는 것이야 거의 매주 1번꼴입니다만, 오늘처럼 시간을 내어 선생님을 찾아뵙는 것은 그때그때의 사정에 따릅니다. 한 달 안에는 뵐 수 있겠지요."

"그래? 그럼 다음번에 내가 책 하나를 빌려주겠네."

이러한 대화가 오고 간 뒤에 내가 선생님 댁을 재차 방문하였을 때 나는 선생님으로부터 스티븐 울만(Stephen Ullmann)의 《의미과학서설意味科學敍說》(Semantics; An Introduction to the Science of Meaning 1962)을 빌려 올 수 있었다. 이 책은 울만의 먼젓번 책, 원론(Principle)보다 훨씬 평이하게 서술된 책이었다. 나는 이 책을 부대에까지 가져가서 틈틈이 읽었다. 읽을수록 흥미가 나서 아예 번역을 해볼까하는 생각이 들 정도였다. 그러나 이 책을 읽는 가장 가까운 목표는 석사논문을 쓰기 위한 것이 아니었던가! 나는 그 책에서 낱말의 의미변화를 조직적으로 분석하고 해설한 부분을 감탄하며 읽다가, 드디어 이 책에 설명된 내로 우리말의 예를 찾아 정리하면 좋겠다는 결론에 이르렀다. 만일에 이것이 잘 정리된다면 그것이 나의 석사논문이 될 것이었다.

그렇게 세월이 흘러갔다. 내 계급은 이등병(신병)신세에서 어느덧

일등병, 상병, 병장으로 진급이 되었고 부대 생활, 신혼 생활, 대학원 공부의 삼박자 생활이 차질 없이 진행되었다. 아내는 첫 아이를 가졌다. 출산예정일이 1963년 4월 초라고 하였다. 해가 바뀌어 1963년에 들어섰다. 그러던 어느 날 부대에서 대대장님을 만났다. 1963년 2월이었던 것으로 기억된다.

"어! 심 병장, 지금 나 좀 볼 수 있을까?"

"예. 대대장님, 저는 대대장님의 부하입니다."

이렇게 건방진 대답을 하고 C.P.로 들어가 대대장님과 마주 앉았다. 1년 반쯤 전에 아내가 앉았던 그 소파, 그 자리였다. 대대장님은 매우 쑥스러운 듯 머뭇거리시더니 나에게 부탁이 하나 있다고 하였다. 사실 부탁 건이라면 이미 서울 출장길에 대대장님 댁으로 조금 사적인 심부름을 한 두 번 한 적이 있는 터라 그렇게 절차에 신중할 필요는 없는 처지였다.

"말씀하시지요. 뭐 제가 할 수 있는 것 아니겠습니까?"

"물론, 할 수 있다고 생각하지. 그런데 말이야…."

이렇게 뜸을 들이시더니 당신이 부득이 결혼 주례를 하게 되었는데, 내가 국문과 출신이라 문장력이 좋을 듯해서 부탁하는 것이니 주례사主禮辭를 멋지게 하나 써주면 좋겠다는 것이었다. 나는 허락하지 않을 도리가 없었다. 결혼식에 참석하여 들었던 말들을 떠올리며, 해당 신랑·신부의 인적사항에 맞추어 주례사를 써드렸다.

그런데 그 결혼 주례사가 의외의 성과를 거둔 모양이었다. 대대장님은 결혼식이 끝난 뒤에 혼주와 하객들로부터 그렇게 멋진 주례사는 처음 들었노라며 군인이 어떻게 결혼 주례까지 그렇게 잘하느냐 소나기 같은 인사를 받았다고 하였다. 그것이 인연이 되어 나는 주례사 이외의 다른 글도 더러 써드리는 대대장님의 쉐도우 라이터(shadow writer)노릇을 하였다. 이러한 평소의 사귐은 아내의 출산이 임박했을 때 특별한 포상휴가로 연결되었다. 3월 어느 날 또 C.P.에서 호출명령이 하달되었다. 나는 C.P.로 올라갔다.

"어. 심 병장, 며칠 후에 중대 대항 웅변대회가 있을 거야. 본부중대 대표로 나가서 우리 부대원들에게 사자후獅子吼를 터뜨려!"

이것이 대대장님의 명령이었다. 나는 며칠 동안 끙끙거리며 무슨 말을 할까 고민에 고민을 거듭하였다. 그런데 막상 웅변대회 날이 되어 4개 중대의 대표 네 사람이 연설을 하고 난 결과는 나에게 판정승으로 돌아왔다.

알파, 브라보, 촬리의 각 중대 대표들이 먼저 하고 나는 맨 나중이 되었는데 앞사람들이 중학교 학생들의 웅변처럼 책상도 두드리고 목소리도 높여 말을 했고 나는 학생들에게 강의하듯 차분히 얘기를 풀어나갔으니 전 부대원들이 나의 얘기에 경도되는 것은 당연한 일이었다. 나는 그때 '희생의 고귀함'을 '노블리스 오블리주(Noblesse Oblige)'에 결부시켜 얘기했던 것 같다.

나는 이 웅변대회 덕분에 특별 포상휴가 20일과 정기휴가 20일을 연이어 누리는 특혜를 받았다. 그 기간은 4월 1일부터 5월 10일까지였다. 대대장님은 나의 아내 출산예정에 맞추어 나에게 휴가 기간을 두 배로 늘려 베푸신 것이었다. 우리 큰딸은 내가 휴가를 나온 지 사흘만인 4월 3일에 태어났다.

내가 아내의 산후조리를 돌볼 수는 없었지만 나는 산후조리보다 더 중요한 임무를 수행할 수 있었다. 시골 고등학교여서 출산휴가 중에 공백이 생기는 수업을 대신하는 선생을 구하기 힘든 처지였는데, 내가 아내를 대신하여 한 달간 대리교사 노릇을 할 수 있었기 때문이었다. 학교에서도 대환영이었고 학생들도 좋아하였다. 나도 아내도 똑같이 국문과 출신의 국어교사였던 것이 이렇게 큰 효험을 볼 줄이야, 아내도 나도 우리 큰딸이 태어나기 전까지는 상상도 못했던 일이었다.

그 기간 중에 나는 아내의 수업만 대신한 것이 아니었다. 그때가 아니었으면 어떻게 집중적으로 내 석사논문의 얼개를 짜놓을 수 있었을 것인가! 나는 그때부터 약 반년 동안에 내 석사논문 〈국어國語 어의語義 변화變化의 구조적構造的 연구研究〉를 완성할 수 있었다. 논문 제출 기한에 맞추어 대학원 교무과에 갔을 때의 광경이 지금도 선명하다.

"아니, 육군 사병이시네, 군대에서 어떻게 논문을 썼지요?"

교무과 직원이 문서 연락병 차림의 내 모습을 보고 의아한 표정으로 던진 말이었다.

"대한민국 육군 아닙니까? 대한민국 군인이 못하는 게 어디 있어요?"

나는 이렇게 여유로운 농담으로 응답하였었다. 그리고 1964년 2월, 나는 첫돌이 가까운 우리 큰딸이 엄마 품에서 줄기차게 칭얼대고 우는 가운데, 석사 가운을 입고 동숭동 학교 마당에서 아내와 나란히 기념사진을 찍었다. 군 제대는 그로부터 또 두 달 뒤였다. 그러나 그때도 특별휴가 명목으로 3월 초에 동국고등학교에 취직을 하였다. 동아일보 사장으로 계시던 일석 선생님의 추천을 받은 김영훈 교장이 무조건 나를 채용했기 때문이었다.

어느새, 이 모든 일이 50년이 넘는 옛날이 되어 버렸다.

(2013년 12월)

제2부

질로한담
耋老閑談

〈질로한담耋老閑談〉은 《한글+漢字文化》라는 잡지에 실었던 글입니다. 이 잡지는 어떻게 하면 우리나라에 한자교육漢字教育이 활성화되어 한맹漢盲으로 말미암아 생기는 불편한 어문생활, 어문현상이 줄어들 것인가를 고민하여 발행하는 책입니다.

글의 내용이야 그야말로 잡담 같은 것이지만 한자교육이 민족의 미래에 희망의 등대燈臺라는 것을 표현하고자 안간힘을 쓴 것들입니다. 웃으며 읽어주십시오.

1. 교아구선教我九仙
-나를 키우신 아홉 분의 은사恩師님-

스승의 은혜恩惠는 하늘 같아서
우러러 볼수록 높아만 지네
참되거라 바르거라 가르쳐주신
스승은 마음의 어버이시다
아아 고마워라 스승의 사랑
아아 고마워라 스승의 은혜

나는 가끔 스승의 은혜恩惠를 생각하면서 이 노래를 부릅니다. 초등학교 6년, 중·고등 6년, 대학 4년, 공식적인 교육연한 16년 동안 나는 여러 분의 스승님들을 모셨습니다. 일제 강점기 말기에 초등학교에 입학하여 처음 접한 선생님은 일본인 여선생 山崎(야마사키)라는 분이었는데, 매우 친절하고 자상한 면이 있다고 기억되지만 나하고 특별한 인연因緣을 맺지 않고 광복이 되어 헤어졌으므로(사라지셨으므로) 기록할만한 이야깃거리가 없습니다. 그래서 광복 후 3학년 때부터의 담임선생님부터 회상해 보고자 합니다.

1) 초등학교분初等學校分

◎ 3학년 담임 : 오영석吳榮錫 선생님

풀 밑에 귀뚜라미 우는 가을밤에
기럭 기럭 기러기 날아갑니다
가도가도 끝없는 넓은 하늘로
엄마 엄마 부르며 날아갑니다

이 노래를 가르쳐주신 선생님! 어느 날 선생님은 나에게 방과 후에 잠깐 남아 있으라고 말씀하셨습니다. 그날 다른 아이들이 모두 교실을 떠나고 빈 교실이 될 즈음, 선생님은 나를 교탁 앞으로 오라고 눈짓을 하셨습니다. 그러시더니 교탁 옆에 놓여있던 풍금風琴으로 다가가 풍금의자에 앉으면서, "이 옆으로 가까이 와."하시는 것이었습니다.

"오늘부터 이렇게 방과 후에 며칠간 노래연습 좀 해야겠다."

이것이 선생님이 제게 하신 말씀이었습니다. 저는 아무 말도 못하고 멈칫거렸습니다.

"다음 주에 반班 대항對抗 노래시합이 있거든. 그래서 너를 그 시합에 나가게 하기로 했다."

이렇게 시작된 노래연습은 반 대항 노래시합 전날까지 계속되었습니다. 그 시합에서 내가 몇 등을 했는지, 친구들이나 선생님들의 반응은 어떠했는지는 전혀 기억에 없습니다. 단지 그때 불렀던 노래만 기억합니다. 앞에 적은 것이 그 노래의 가사입니다. 내용이 처량하기 그지없습니다. 아마 일제강점기에 억압받는 민족의 설움을 부모 찾는 기러기에 가탁한 것이 아닌가 생각됩니다.

이 노래를 가르치시고 반 대항 노래 경연에 나를 내보내셨던 선생님이 오영석吳榮錫 선생님입니다. 동그스름한 얼굴에 보통 남자 어른으로는 조금 작은 키의 선생님. 그런데 목소리는 아주 낭랑하였습니다. 점심시간이 되면, 선생님은 언제 점심 식사를 마치셨는지, 우리들이 도시락을 꺼내 점심을 막 먹으려고 할 때는 "얘들아! 밥 먹으면서 들어." 그러시고는 장발장 이야기, 스크루지 구두쇠 이야기 등을 해 주셨습니다. 그것이 프랑스 소설 《레미제라블》이고, 영국소설 《베니스의 상인商人》이란 것을 안 것은 한참 뒤, 그러니까 중학교 학생이 되었을 때였을 것입니다. 결국 우리는 초등학교 3학년 때에 선생님 덕분에 세계명작소설을 감상할 수 있었던 것이지요.

우리는 그 후로 초등학교도 졸업하고 중학교도 졸업하고 고등학교 2학년이 된 때였습니다. 여름 방학에 무슨 계기가 있었는지 초등학교 한 반 동창이 다섯 명인지 여섯 명인지 모여서 선생님 댁을 방문한 적이 있습니다. 그때는 선생님이 경기도의 서북쪽 광탄에 살고 계셨는데 6·25 격동기에 피난길에서 따님을 잃었기 때문에 그 따님을 찾아 헤매다가 깨달은 바가 있었다고 합니다.

"내 딸만 딸인가? 전쟁 중에 고아가 된 여아女兒들은 내 딸이 아닌가?"

이렇게 생각하고 광탄에서 자그마한 고아원을 운영하고 계셨습니다. 그 후로 다시 찾아뵙기로 하고 헤어졌는데, 반동창들이 제대로 모이지 않아 더는 찾아뵙지 못하고 말았습니다. 구순을 바라보는 지금도, 나는 가끔가끔 장발장, 스크루지와 함께 선생님의 낭랑한 음성이 그립습니다. 내 목소리가 뭐 대단해서 나를 반 대항 노래경연에 대표로 뽑으셨는지, 그것은 지금도 의문으로 남아 있습니다.

◎ 4학년 담임 : 오인영吳仁泳 선생님

어렸을 때 살던 고향 돌아와 보니
우는새 웃는 꽃 잔잔한 바람
들 앞에 맑은 시내 흐르는 소리
정답게 뛰어놀던 고향故鄕의 폐가廢家

8·15 광복 이후 3년차의 해, 1947년. 어째서 이 해까지 학교에서는 망가진 고향을 그리워하는 우수의 노래를 가르치고 배웠는지 나는 가끔 이 어린 시절에 배운 노래를 읊조리며 초등학교 시절과 고향 마을, 그리고 우리 집을 떠올립니다.

이렇게 처량한 노래를 가르쳐주신 선생님은 의외로 활기차고 의욕적인 분이었습니다. 훤칠한 키에 늘 밝은 표정의 얼굴은 우리들 어린이의 마음을 매우 편안하고 너그럽게 하였다고 생각됩니다.

"너희들, 나라의 새싹들이요, 미래를 책임진 나라의 보배들이다."

"너희들, 앞을 보아라. 앞만 보아라. 그리고 나아가라. 전진이란 말야. 전쟁터에서 군인들이 적진敵陣을 향하여 돌진하듯이 말야."

대체로 이런 말씀이 선생님의 말씀 요지要旨였다고 기억됩니다. 나는 언제나 조용하고 수줍음 타는 모범생模範生(?)이었으니 선생님이 나에게 특별히 관심을 두거나 훈계 말씀을 할 계제는 없었을 터이지만, 학년 말에 성적표를 받아든 나는 그것을 집에 가서 어머니께 보여드리기 전에(그때 이미 아버지는 돌아가시고 아니 계셨다. 아버지의 타계他界는 1946년 1월, 그러니까 2학년 말, 아직 3학년이 되기 전이었다.) 혹시나 하는 심정으로 조심스럽게 펼쳐보기로 하였습니다. 그때의 성적표는 세로 7cm, 가로 25cm쯤의 가로로로 된 거무스름하고 도톰한 갱지

更紙였는데 그것을 반으로 접게 된 것이었습니다. 헌데 이게 웬일이지요. 통신란에 쓰인 문구 :

"1등입니다. 많이 칭찬해 주십시오. 그리고 건강에 특별히 유념해 주시기 바랍니다."

이 글을 읽으면서 나는 선생님이 나에게 각별한 관심과 배려를 하셨음을 새삼스럽게 느끼며 몸이 오싹하게 조여드는 것 같았습니다.

"아하, 선생님은 나를 세심하게 살피고 지켜보셨구나."

부모의 마음에 앞서서 학생을 보살피신 분이 바로 이 오인영吳仁泳 선생님입니다. 선생님은 그 후로 대학大學에 진학하셔서 우리 동창들이 대략 2학년 때인 1957년, 그러니까 선생님과의 인연이 있은 지 꼭 10년이 되는 해에 이화여고梨花女高의 선생이 되어 있으셨습니다. 우리 한 반 동창 서넛이 이화여고로 선생님을 뵈러 간 적이 있으니까요. 그때도 선생님은 옛날이나 다름없이 쉼 없이 노력하라는 말씀을 하셨던 것으로 기억됩니다. 그때 이후로 역시 또 뵙겠다는 인사를 드리고 헤어졌는데 친구들과 어울려 다시 찾아뵌 기억은 없습니다.

◎ 5, 6학년 담임 : 문동윤文東潤 선생님

낮에 나온 반달은 하얀 반달은
햇님이 쓰다 버린 쪽박인가요
꼬부랑 할머니가 물길러 갈 때
치마 끈에 달랑달랑 채워줬으면

이 노래의 맨 끝에 있는 낱말이 '채워줬으면'인지 '채워뒀으면'인지, 이 노래를 재생再生하여 부르다가 의문이 생겼습니다. '채워줬으면'이나 '채워뒀으면'이나 의미상의 차이를 생각하지 않는다면 노래를 부르는 데에는 아무 문제가 없으니까 가사 내용에 신경을 쓰지 않고 편하게 노래를 불러 왔다고 생각합니다. 왜 노래의 낱말 문제를 처음 꺼냈는지 모르겠네요. 이 노래를 가르쳐주신 분이 문동윤文東潤 선생님입니다. 5학년 한 해와 6학년 2학기 초까지입니다.

선생님은 6학년 2학기 초 그러니까 1949년 늦가을이 아닐까 싶습니다. 그 무렵 선생님은 학교를 결근하시더니 어느 날 덜컥 돌아가셨다는 소식을 듣게 되었습니다. 그때 우리 반 친구들의 느낌과 표정이 어떠했는지는 기억에 없습니다. 나는 선생님의 어글어글한 눈매와 조금은 두툼한 듯싶은 입술 모습만 어렴풋하게 생각납니다. 몸에서 풍기는 너그러움과 함께요. 미인박명美人薄命이라지만 선인박명善人薄命이란 말도 있을 법하다고 그때 생각한 듯싶습니다.

그때는 "착한 사람도 일찍 죽는 법인가?"라고 구체적인 언어적 명제를 생각했다고는 기억되지 않습니다. "아니! 우리 선생님 같은 분이 어떻게 돌아가신단 말인가?" 아마 이런 생각을 가졌던 것 같습니다. 나는 3학년 초에 이미 아버지의 선종善終을 경험했으니까, 인간의 죽음이 무엇인지는 막연하나마 체득하고 있었으니까, 선생님의 타계他界를 내 나름으로는 마음으로 삭여냈으리라고 생각됩니다.

6학년이 되어 중학교 진학을 위해 공부에 힘을 기울여야 할 때에 담임이 없는 반이 있을 수 있겠습니까. 그러나 학교에서는 급하게 새 담임을 결정하고 임명任命할 처지가 아니었던 것 같습니다. 그래서 학교의 결정은 우리 반을 산산조각내는 것이었습니다. 우리 반 친구들이 모두 몇 명이었는지는 모르겠는데 우리 반을 다섯 쪽으로 나누어 다른 반에 덧붙이는 방식을 학교는 취했습니다. 우리 학교(인천 창영국민학교)는 그때 한 학년이 대개 6개 반이었습니다.

남녀공학男女共學이라고 해도 남자반과 여자반은 엄격히 구별되어 남자 4개 반, 여자 2개 반이 있었습니다. 그때 우리 반은 6학년 4반이었는데, 이 4반 학생 전원 60여 명이 5개로 쪼개져서 12명 또는 13명씩 나뉘어 1, 2, 3 남자반과 5, 6반 여자반에 배정配定되었습니다. 아마 번호순으로 기계적인 갈라치기 분반分班이었다고 생각됩니다. 그러니까 앞번호 학생은 남자 반에 들어가고, 뒷부분의 5분의 2에 속한 학생은 여자 반으로 배속配屬될 수밖에 없었겠지요. 그때 나는 61번이었습니다. 거의 끝부분에 내가 속해 있었습니다. 그러니까 나는 6학년 6반 여자 반으로 떨어질 수밖에 없었지요.

지금 같으면야 그런 풍경이 아무것도 아니지만 그때 우리 소위 5분단 친구들은 여자 반에 들어가 곁방살이하는 것이 참으로 못마땅하였습니다. 그러나 모든 사정이 그것을 감내해야 한다는 것도 우리들은 알고 있었으니까 불만은 마음속으로 삭이고 아무도 그것을 불평하여 말하거나 내색하지는 않은 듯합니다. 그래서 4반의 61번이었던 나는 우리 반 친구들 10여 명(아마 12명)과 함께 6반, 여자반으로 파견 공부를 하게 되었습니다. 졸업이 임박하여 4반이 다시 모일 때까지 나는 그 6반에서 남자분단의 분단장 노릇을 하였습니다. 원래 4반에서 나는 부반장이었기 때문에 남자분단의 분단장이 되는 것은 아주 자연스러운 일이었습니다.

이 곁방살이 공부가 내 인생에는 또 하나의 기적적인 해프닝을 감추고 있었습니다. 그 6반의 반장이 지금의 내 아내이니까요. 하하! 이렇게 쓰고 보니 돌아가신 문文 선생님이 우리 내외의 결혼에 매파, 아니 매야媒爺가 아니신가! 문文 선생님은 저세상에서 우리 내외의 매야 노릇한 것이 참 잘된 일이구나 하고 웃으실 것입니다. 그 어글어글한 눈매와 느긋하게 느껴지는 걸음걸이가 지금도 내 눈앞에 선연鮮姸히 떠오릅니다.

2) 중학교분中學校分

◎ 심명섭沈明燮 선생님

인천상업중학仁川商業中學 야간부夜間部에 입학하여 처음으로 맞이한 선생님이 종씨宗氏 삼촌 항렬의 심명섭沈明燮 선생님이었습니다. 목소리에 약간의 금속성이 가미된 목소리의 주인이셨습니다. 생김새는 눈이 크고 볼이 조금 두툼해서 너그러운 인상인데 의외로 목소리가 쟁쟁錚錚 울리는 듯한 느낌을 주어서 겉으로 느끼기에는 좀 까다롭다는 인상印象을 풍기셨습니다. 그러나 나를 대하시는 것은 아주 각별했습니다.

다른 학생들이 듣지 않는 자리에서 은근히 내게

"공부 못하는 심씨沈氏 없단다. 열심히 해!"

라고 말씀하시고는 내 어깨를 툭툭 치시곤 했습니다. 심 선생님께서 담당하신 과목은 '물리物理'였습니다. 세월이 좋았다면 이 삼촌뻘의 선생님과 특별한 인연因緣이 생겼으련만, 그만 입학하고 얼마 안 된 때, 그러니까 한 주일인지 열흘인지 그 정도 되었을 때 6·25가 났습니다.

6·25가 발발勃發한 1950년은 새 학년 새 학기가 6월이었습니다. 피난을 나간다고 괴나리봇짐을 지고 인천仁川 시내市內를 빠져서 무조

건 남쪽으로 향한다고 그때 군자君子인지 소래蘇萊인지 그 방향으로 우리 식구가 걸어가던 어느 날, 우리는 길에서 인민군을 만났습니다.

그때 내 기억으로는 나보다 서너 살쯤 더 되어 보이는 소년병少年兵이 총을 어깨에 메고 질질 끌다시피 걸어가는 것을 목격한 것입니다. 세 명인지 네 명인지 그것도 기억 속에 확실치 않습니다. 그들은 우리들 피난민에게 집으로 돌아가라고 권변했던 것 같습니다.

"집으로 돌아가시라요. 해방이 다 됐으니까니."

아마 이렇게 말했다고 기억됩니다. 그리고는 9·28 수복(인천에서는 9·15 상륙입니다)으로 다시 평화가 찾아왔습니다. 그래서 다시 학교를 다니게 되었는데 그때는 심명섭沈明燮 선생님이 다른 반을 맡으셔서 나와의 인연은 끊어지고 말았습니다. 그리고 곧 학제개편學制改編이 있어서 우리는 인천중학교仁川中學校와 합쳐서 나는 인천중학교 학생으로 변신(?)이 되었습니다.

그러니까 심명섭 선생님과는 그 열흘 남짓한 만남이 전부입니다. 그래도 다른 선생님들은 전혀 기억에 없는데 선생님만은 종씨宗氏에 또 내게 각별하셨다는 느낌 때문에 이렇게 오래오래 내 추억의 인물로 살아계십니다.

선생님! 아저씨 선생님. 선생님은 지금 살아계신다면 일백하고도 십이삼 년(113세?)되실 것입니다. 그 카랑카랑한 금속성 목소리가 그립습니다.

"공부 못하는 심씨沈氏 없단다."

지금도 그 음성이 내 귓가를 맴돌고 있습니다.

◎ 임명진林明鎭 선생님

임林 선생님은 '젠틀맨'이라는 별명이 있었습니다. 6·25 직후의 그 험난했던 시절에 선생님은 아주 산뜻한 옷맵시를 자랑하셨으니까요. '자랑'이란 표현을 했습니다만 사실 선생님에게는 그 옷맵시가 특별히 자랑거리로 생각되는 않았을 것입니다. 인천仁川 금곡동金谷洞에서 이름난 치과병원 집 아드님으로 태생 자체가 여유餘裕있는 집안의 아드님이라 어려서부터 옷 잘 입고 모양 잘 내는 것이 일상적인 분위기에서 성장하셨을 터이니, 훤칠한 키에, 몸에 잘 맞아 어울리는 옷을 입은 것이 특별히 차려입은 것이 아니고 늘 그렇게 입고 살았을 것이기 때문입니다.

아무튼 선생님은 별명에 어울리는 분이셨습니다. 담당과목은 역시 옷차림과 어울리는 외국풍! 그러니까 영어였습니다. 그런데 참 이상합니다. 선생님한테서 영어를 배운 기억이 전혀 없습니다. 어느 분한테서 영어를 배웠는지 하여간 선생님이 우리 반 담임인데 선생님한테서 영어를 배웠다는 영어 시간의 기억이 전혀 없습니다. 기억나는 것은 학년 말에 성적표를 나누어 주던 때의 한 장면뿐입니다.

"1등이야. 계속 열심히 해야돼!"

아마 이러한 칭찬과 격려의 말씀 한마디가 아닌가 싶습니다. 사실 그 무렵 선생님은 교단教壇을 떠나기 위해 남모르게 피나는 노력을 하시고 있었을 것입니다. 우리 반 담임擔任을 끝으로 선생님은 결국 학교를 떠나셨으니까요. 어디로 가셨느냐구요. 그것은 '젠틀맨'이란 별명에 어울리는 곳이었습니다. 외무부外務部입니다. 아마 선생님은 교사 생활을 하면서 외교관시험 준비를 하셨던 것 같습니다.

선생님이 학교를 떠나신 뒤의 소식은 영국인가 프랑스인가 유럽 어느 나라에 외교관으로 파견되셨다는 것이었습니다. 그 뒤로 우리는 선생님을 기억에서 사라지게 해야 하는 것이지만 우리들은 기회만 있으면 "젠틀맨이 지금 영국 근무 하신데." 한다든가 "본부에 들어오셨다던데." 한다든가 하는 뒷소문을 한참동안 나누었던 것으로 기억됩니다.

그 시절에 우리는 중학교 선생님들 가운데에 본래 비상飛翔을 준비하는 잠룡潛龍들이 계시다는 것을 확실하게 깨달았습니다. 선생님을 통해서 우리는 '교사가 학생을 가르치는 것만이 아니라, 학교를 떠남으로써 학생들에게 더 큰 교훈을 남길 수 있다는 사실'을 알게 되었습니다.

◎ 함완식咸完植 선생님

중3 때의 담임선생님 성함이 함완식咸完植입니다. 참으로 순수한 분이셨습니다. 기하幾何를 담당하셨는데, 그 기하의 첫 시간이 지금도 생생합니다.

"기하幾何는 영어의 geometry를 한자漢字로 음사音寫한 것이란다. 원래 기하는 토지측량에 쓰였던 기술을 가리키는 말로 'geo-'는 땅, 곧 토지를, metry는 1m, 2m, 하는 미터 곧 측량測量의 뜻이었거든. 그런데 'geo-'를 그 소리 비슷한 글자로 바꾼 것이 '기하幾何'예요. 우리는 '기하'라고 발음하지만 중국음中國音으로는 '지허〔jǐhé〕'가 돼요."

기하幾何의 첫 시간에 기하라는 말이 생긴 유래부터 이렇게 풀이를 하셨는데 그 토지측량에 이차원의 다양한 원형 가운데 가장 기본이 되는 것이 삼각형이라는 것도 그때의 설명에 들어 있었습니다. 우리는 이렇게 기하幾何의 기본개념을 익혔습니다.

그때의 선생님은 "요 각角과 조 각角이 보각補角이란 말이야." 하시면서 칠판에 그린 도형을 가리키다보면 선생님의 저고리 소매는 분필가루가 허옇게 묻어나곤 하였습니다. 그래서 우리는 순박함과 대범함 같은 분위기를 선생님한테서 체취體臭로 배운 셈입니다.

이 선생님이 나에게 중학교 졸업장을 주신 분이기도 합니다. 나는 중中3 첫째 학기를 끝내고 2학기가 시작되는 가을부터는 학교를 중퇴하고 급사 생활을 했었거든요. 그때 내 사정이 그랬습니다.

그런데 선생님은 그때 교장 선생님(길영희吉瑛羲 선생님)과 상의하셔서 중퇴생中退生인 내게 졸업장을 주시기로 결정하셨던 분입니다. 이런 분을 저는 그 후로 한 번도 찾아뵙지 못했습니다. 생각해보니 저도 참 딱한 학생이요, 인간입니다. 지금에 와서는 그저 후회하고 답답해하는 마음 미안한 마음만 키우면서 늙어갑니다.

3) 고등학교분高等學校分

◎ 윤기선尹基善 선생님

고등학교高等學校에 들어와 처음으로 모시게 된 담임선생님이 윤기선尹基善 선생님입니다. 키가 자그마하셨고 안경을 낀 동그스름한 동안의 선생님이었습니다. 담당 과목은 주산珠算이었습니다. 내가 소속된 반이 인천고등학교의 상과반이었기 때문입니다. 나는 그때 처음으로 주판을 사서 주판 쓰는 법을 배웠습니다. 처음에는 두 자릿수

(12, 34, 56…)의 합산부터 시작해서 나중에는 세 자리, 네 자리, 다섯 자리로 차차 발전했고 그 중간 중간에 빼기, 곱하기, 나누기도 배웠습니다. 그렇지만 주산의 기본은 합산合算이 아니었나, 그렇게 기억됩니다. 공부에서 다른 친구들에게 뒤지는 것이 없었던 나는 이 주산 시간만 되면 주눅이 드는 것이었습니다.

내 손놀림은 도저히 선생님이 부르는 숫자를 따라잡을 수가 없었습니다. 그런데 담임이신 선생님 과목이 주산이니 나로서는 참으로 난감하기 이를 데 없는 것이었습니다. 그래도 선생님과의 관계는 아주 좋았습니다. 지금도 가지고 있는 사진첩에 선생님을 가운데 앉으시게 하고 좌우와 뒤에 다섯 명이 서서 찍은 졸업기념 사진이 있습니다. 그 사진을 보니 한영일韓英一, 신석휴申錫休, 이찬우李燦宇 이렇게 세 친구는 이미 고인이 되었군요. 나와 박명호朴明浩 두 사람만 살아 있는 것입니다. 정말 유수流水요 전광석화電光石火요, 무정한 세월입니다.

선생님은 우리의 졸업 후에도 한동안 재직하셨는데, 언제부터 찾아뵙기를 멈췄는지 그것도 까마득하게 기억에 없습니다.

◎ 김응도金應燾 선생님

고高2로 진급해서 담임으로 모셨었는데 그 인연은 졸업 때까지 계속되었습니다. 선생님은 개성開城 태생으로 개성에서 중학을 졸업하시고 일본 유학을 하신 분입니다. 일제 강점기에 중학과 대학을 다니신 분이라 상당히 고루할 것이라는 우리의 예상과는 달리 아주 진취적이고 개방적인 분이었습니다. 담당 과목은 '영어Ⅱ'였습니다. 우리는 그때 영어를 두 과목으로 나누어 배웠는데 그것을 '영어Ⅰ',

'영어Ⅱ' 로 불렀습니다. 선생님은 동도대학東都大學 상학부商學部 출신이라 사실 우리 고등학교에 계시기는 아까운 분이었습니다. 우리 학생들은 그것을 모두 알고 있었으므로 은근히 선생님을 존경·인정(?)하고 따랐습니다.

딱 한 가지 흠(?)이라면 종례시간終禮時間이 긴 것이었습니다. 사실 그 종례시간은 선생님 나름으로는 우리 반을 사랑해서 특별히 특강(?)을 해주시는 것이었는데 속히 집에 가고 싶은 마음뿐인 친구들에겐 귀찮은 잔소리쯤으로 들렸을 것입니다. 그렇지만 나는 달랐습니다. 그 종례시간이 은근히 기다려지고 기대되는 것이 있었습니다. 그 종례의 내용이 출석점검에 그치는 사무가 아니라, 그때의 나라사정과 국제정세, 미래 인류의 생존문제 등 참으로 많은 주제들을 그 시간에 말씀하셨기 때문입니다. 흥미 있게 들은 얘기로 개성開城 사람들이 일제시대에 어떻게 개성에서는 일인들이 발을 붙이지 못하게 개성상권開城商權·상권商圈(?)을 보호했는가 하는 일화같은 것이었습니다.

우리를 졸업시키고도 선생님은 학교에 남아계셨습니다. 그런데 우리가 대학 4년이 됐을 때입니다. 어느 날 동창 몇 명이 모일 기회가 있었는데 그때 한 친구가 선생님 소식을 전하는 것이었습니다. 선생님은 학교를 그만두시고 서울에 있는 어느 무역회사에 전무로 일하신다는 소식이었습니다. 우리는 그 회사會社를 수소문하여 찾아갔습니다. 회사는 남대문로南大門路에 있는 성보실업주식회사成保實業株式會社였습니다. 우리가 찾아간 그 날, 선생님은 그 근처의 일식점日食店으로 우리를 데리고 가서 그 비싼 일본음식을 생선회를 곁들여 푸심하게 대접해 주셨습니다.

그 후로 나는 또 선생님의 특청을 받아들이게 되었습니다. 선생님의 큰아들이 서울상대를 지망하고 공부 중인데 나에게 그 아들의 공부, 특히 국어과목을 지도해 달라는 것이었습니다. 나는 물론 그 청을 받아들여 이른바 선생님댁의 가정교사가 되었습니다. 그 아들은 서울상대에 무난히 합격했고 나는 가끔 찾아뵙고 일식집 음식을 대접받는 제자식객 노릇을 하였습니다.

이 식객 노릇을 얼마나 했는지 모르겠습니다. 내가 서울대 교수가 되고도 한참 뒤까지 그 남대문 통通의 선생님 회사를 찾아뵙고 예정된 코스인 양 일식집으로 가서 맛있는 '스시'를 곁들여 밥을 얻어먹었습니다. 이렇게 선생님과의 인연을 얘기하노라니 새삼스럽게 입가에 군침이 돌며 그 시절에 얻어먹은 '스시'의 맛이 입안에 감도는 듯합니다.

그리고 또 세월이 흘렀습니다. 선생님의 타계他界 소식을 들은 것입니다. 선생님이 생전에 당신 회사에 불러들여 부하직원으로 일을 시켰던 동창 박명호朴明浩 군으로부터 들은 소식이었습니다. 그때 우리는 사모님이라도 뵈러 가자는 얘기가 나왔는데 고만 시간 약속을 못하고 헤어진 뒤로 그 일은 유야무야有耶無耶가 되었습니다. 모두 어느새 60년이 훌쩍 넘은 옛날 이야기입니다.

4) 대학부大學部

◎ 이기문李基文 선생님

	금일소춘우수절
오늘은 봄 부르는 우수절雨水節 인데	今日召春雨水節
	조조휴전명문자
이른 아침 전화에 문자文字 울려서	早朝携電鳴文字
	개독득지서은사
열어보니 은사恩師 님 돌아간 소식消息	開讀得知逝恩師
	당대사계대학자
이 시대에 이름난 학자이셨네	當代斯界大學者
	불배적조수재여
소식 없이 지낸지 여러 해인데	不拜積阻數載餘
	우수전변우수야
우수雨水 날이 바뀌어 우수憂愁 날 됐네	雨水轉變憂愁耶

분주히 상복喪服 입고 빈소殯所 찾으니
영정影幀 안의 얼굴은 웃음 띈 어른
(2020년 2월 19일)

분 주 복 상 도 빈 소
奔走服喪到殯所
영 정 내 안 함 소 야
影幀內顔含笑爺

늦게나마 이 책이 햇빛을 보게 된 것은 그동안 여러분께서 염려와 격려를 끊이지 않으셨고, 또 심재기沈在箕 씨 외 몇 분이 부록附錄과 교정矯正에 있어 직접으로 힘을 보태주신 덕분이다. 여기에 적어 깊은 감사의 뜻을 표하는 바이다.(1962년 4월 저자)

위의 첫째 글은 선생님의 부음訃音을 듣고 빈소가 차려진 삼성병원으로 달려갔다 온 저녁에 쓴 나의 글이고, 둘째 글은 선생님이 출판하신《속담사전俗談辭典》의 서문 끝에 쓰신 헌사獻辭의 한 부분입니다.

선생님과의 인연은 1957년으로 거슬러 올라갑니다. 내가 대학 2학년 때입니다. 선생님은 그때 고려대학교高麗大學校에 전임專任으로 계시면서 강사로 출강하여 국어계통론國語系統論을 강의하셨습니다. 우리 한국어가 알타이어족의 한 갈래로 만주·퉁구스어·여진어와 친족관계가 있음을 실제의 어휘를 대조, 분석하시며 해설하셨습니다. 그때의 설명을 회상하면 우리 학생들은 그 호한浩澣한 식견과 차분하신 말씨에 대개는 넋을 잃었다고 해야 올바른 표현일 것입니다.

그 다음에 이어진 강의는 3학년이 되어 듣게 된 국어학특강國語學特講(국어사개설國語史概說)이 아닌가 싶습니다. 그 무렵 나는 선생님 연구실에 자주 들락거렸습니다. 국어학을 전공하기로 한 두 친구인 이익섭李翊燮, 고영근高永根과 함께였다고 기억됩니다. 이렇게 세 사람이 나중에 모교 국어과國語課의 국어학國語學 담당교수擔當敎授로 35년 안팎의 근무를 하였으니 그 학연學緣이 보통은 아닌 셈입니다.

1960년 봄에 졸업한 나는 취직就職이 어려운 그 시절에 참으로 운 좋게 서울고등학교에 취직이 되었습니다. 졸업과 동시에 대학원大學院 석사과정碩士課程으로 진학을 하였기 때문에 고등학교를 근무하면서도 대학원 수강차 학교 근무 중에 살짝 학교를 빠져나오는 일이 있었습니다.

그렇게 1년을 마치고 2년 차의 초여름 5월, 저 유명한 5·16 군사정변이 일어났습니다. 그리고 정확하게 한 달 뒤인 6월 16일. 나는 병역미필자로 학교에서 면직되었습니다. 그리고 또 달포 뒤인 7월 26일 나는 결혼을 하였습니다.

결혼한 지 닷새만인 8월 1일은 군에 자원입대를 했구요. 이 숨 막히는 일정을 지켜보신 선생님은 나의 결혼 소식을 접하시고 사모님을 통해 그때로서는 큰 액수의 축의금祝儀金을 보내오셨습니다. 군복무 잘 마치고 돌아오라는 전언과 함께요.

아아, 참 왜 결혼식 참석은 안하셨느냐구요. 그건 내 결혼식을 그때 아내될 사람이 근무하는 평택에서 치렀기 때문이었습니다. 사실 결혼을 앞둔 때에 급히 식을 치르고 입대를 할 예정이란 말씀을 미리 드려놓았습니다. 제대하여 인사차 찾아뵈었을 때, 스티븐 울만(Stephen Ullmann)의 《의미과학서설意味科學敍說》(Semantics; An Introduction to the Science of Meaning 1962)을 되돌려 드렸습니다. “이걸 군대 생활중에 다 읽었어?” 하시면서 매우 흡족해 하셨던 모습도 새삼스럽습니다.

그 후 3년간의 고등학교 교사 생활을 청산하고 1968년 봄 드디어 모교 교수가 되면서 선생님과는 동료가 되는 영광을 누렸습니다. 선생님 가신지 어느새 3년입니다. 참으로 주마간극走馬間隙의 세월입니다.

5) 보유補遺

◎ 이인수李仁銖 선생님

교사教師가 강의講義를 강설講說함에 대체로 3단계가 있으니 그 첫째는 '구설口說'이요, 둘째는 '안설顔說'이요, 셋째는 '신설身說'입니다. '구설口說'이란 가지고 있는 지식을 단순히 입으로만 전하는 것이요, '안설顔說'이란 강의 내용을 얼굴 표정에 담아 조금 더 분명하게 전달하는 것입니다. 끝으로 '신설身說'이 있으니, 이것은 말하고자 하는 정보를 온몸으로 표출하며 설명하는 것입니다.

이인수李仁銖 선생님은 위의 세 가지 강의 방식 가운데에서 가장 역동적인 신설身說의 주인공이십니다. 강의의 내용이 무엇이건 그것은 입과 얼굴과 몸짓이 삼위일체三位一體가 되어 전달하고자 하셨습니다. 언젠가 육당六堂 최남선崔南善 선생의 〈백두산탐사기白頭山探查記〉를 가르치시는데 선생님은 곧바로 죽장망혜竹杖芒鞋로 산천山川을 유람하는 김삿갓으로 변신하시어 백두산白頭山 등반을 실연하시며 글 구절을 암송하셨습니다.

선생님의 강의를 한 학기도 채우지 못한 것이 못내 아쉽고 서운합니다. 선생님의 강의를 들은 것은 사실 3~4시간에 불과합니다. 중3 때 국어를 담당하신 임상흠林相欽 선생님이 결근하시자 그 보강으로 들어오셔서 몇 시간을 채워주신 것이 전부입니다. 그때 선생님은 교감 직분이셨으니까 아마 수업의 의무는 없으셨을 것입니다. 그 강의 시간의 한 장면, 곧 김삿갓의 행색行色을 지니시고 읊어 주셨던 시조의 한 구절은 70년이 지난 지금도 내 입에 붙어 술술 읊조리게 됩니다. 그것은 시조의 종장 한 구절句節인데 다음과 같습니다.

…사공沙工도 빙긋 웃으며 '날씨 좋소.' 하더라.…

나는 어느 날 이 낙구落句가 낙구로만 기억되는 것이 아쉬워서 거기에 군살이나마 덧대어 완전한 시조를 만들고 싶어 초·중장 두 줄을 다음과 같이 꾸며 보았습니다.

청산青山은 병풍屛風이요, 녹수綠水는 안석案席이라
경개景槪를 누리고자 나루터로 내려가니

자! 여기에 종장終章을 붙여 보면,

사공沙工도 빙긋 웃으며 '날씨 좋소!' 하더라

이렇게 꾸민 시조가 내 나름으로는 천의무봉天衣無縫이었으면 좋겠다는 심정입니다. 나는 비망록 한구석에 이 득의得意의 시조를 적어놓고 스스로 흐뭇해하던 어느 날, 아니 지난해(2022) 11월 16일에 이인수李仁銖 선생님의 제자들이 선생님의 따님 여섯 분에게 감사패를 증정하는 모임이 코리아 프레스센터 19층에서 열리게 되어 있으니 시간이 되면 참석하라는 소식을 듣게 되었습니다.

그 사정은 또한 정이 넘칩니다. 선생님께서 인천중학교仁川中學校 재직시在職時(1946~1953) 3년간 담임을 맡았던 반의 제자들이 아주 반가운 소식을 들은 것입니다. 선생님의 따님 여섯 분이 모두 미국에 이민하여 살고 있는데 한국에 일이 있어 모처럼 고국방문의 기회가 생기니까 미국의 여섯 자매들이 함께 다녀가기로 하여 한국에 나오기로(들어오기로?)했다는 것입니다. 이 소식을 들은 제자들이 서로 연락하여 그 옛 은사恩師의 따님 여섯 분에게 감사패를 드리자고 의견을 모은 것이었습니다. 무엇에 대한 감사일까요?

그것은 그 자매 여섯 분이 인천중학교 학생에게 매해 일정액의 장학금을 보내오고 있기 때문입니다. 돌아가신 아버님이 재직하셨던 학교에 그 따님들이 성금을 모아 불우학생不遇學生에게 장학금을 보낸다? 그것참 근래에 듣기 어려운 미담이 아닙니까? 그래서 그 옛날 제자들은 이 기회에 감사패 증정을 계획한 것입니다.

위의 시조는 그 증정식 자리에서 내가 축사를 하게 되어 그 인사말의 첫머리에 읊은 시조입니다. 그 시조 다음에는 선생님의 인상印象을 읊은 시조 한 수首를 덧붙였습니다. 이제 그 시조 두 수首를 이 말미末尾에 다시 한번 적어 봅니다.

청산靑山은 병풍屛風이요 녹수綠水는 안석案席이라
경개景槪를 누리고자 나루터로 내려가니
사공沙工도 빙긋 웃으며 '날씨 좋소'하더라
이인수李仁銖 선생님을 기억 속에 되살리면
여섯 시 오분 전의 갸웃둥 웃음 짓고
오늘도 은혜恩惠와 축복祝福 넘쳤음을 말씀하네

2. 불능감내참괴지심不能堪耐慙愧之心
-부끄러움을 이기지 못하여-

한담閑談이라고 하기에는 어울리지 않는 처연하고 쓸쓸한 이야기를 꺼냅니다.

'부끄러움'이란 것이 어떻게 사람을 옥죄어 죽음으로까지 몰고 가게 하는가 하는 것을 조금 깊이 생각해 보려고 합니다. 우선 세 가지 사례를 소개합니다. 모두 약관弱冠의 젊은이의 고뇌입니다.

1) 기일其一

이 젊은이는 부모가 미국 유학 중에 미국에서 태어났습니다. 부모가 금의환향錦衣還鄕하여 서울에서 일자리를 얻어 자리를 잡고 이 젊은이(그때는 어린 소년)는 귀국하여 외국인학교에서 중·고등을 마치고 곧바로 미국유학을 떠났습니다. 부모의 체면에 걸맞은 일류대학에서 공부하였습니다. 물론 좋은 성적으로 졸업하였습니다. 그 부모들은 귀국하지 말고 미국에서 자리를 얻어 일할 것을 권유하였습니다.

본인도 그것을 희망하고 그렇게 노력하며 자리를 찾았습니다. 신분상으로도 미국인이고 무엇하나 부족할 것이 없는데, 다만 혈통이 한국인일 뿐인 이 청년은 그렇게 마음대로 취직이 되지 않았습니다.

그러던 어느 날 그 부모는 이 청년의 슬픈 소식을 접하게 되었습니다.

2) 기이其二

이번 사례는 본인의 문제가 아니라 그 가정, 정확하게는 그 어머니의 처신과 깊은 관계가 있습니다. 이 친구는 나와 같이 입대하여 같은 부대에 근무하던 그러니까 전우戰友의 한 사람이었습니다.(벌써 60년 전의 일입니다.) 그는 편모偏母 밑에 네 명 누이동생이 있었습니다. 그는 취직해서 돈을 벌어 가족을 부양하다가 5·16이 발발하면서 병역 미필자로 면직이 되니까 자원입대하며 군복무를 하게 된 청년입니다. 어느 날 휴가를 얻어 집에 가 보니 그 어머니가 개가를 준비하고 있다는 사실을 알게 되었습니다. 자기가 입대하여 갑자기 생계에 위협을 느낀 그 어머니가 생각해 낸 해결책이 새 남편을 맞는 것이라 여겼던 모양입니다.

그 아들이 이런 정황을 보고 어떤 느낌을 받았을까요? 그는 귀대하여 음독하였습니다. 나는 그때 문서 연락병으로 서울을 자주 나갔는데 그때 이 사망 소식을 전하려고 그의 집을 찾아갔다가 그간의 사정을 알게 된 것입니다.

3) 기삼其三

이 사례도 어머니의 개가改嫁에 연결됩니다. 이 아들은 고등학교를 졸업할 무렵에 아버지가 돌아가셔서 편모슬하偏母膝下가 된 청년입니다. 이 청년도 큰아들이었고 그 밑에 세 명의 누이가 있었습니다. 집안이 특별히 어려운 형편은 아니나 아버지의 생존 때보다는 어려운 점이 많았을 것입니다. 그럭저럭 소상小喪과 대상大喪을 치른 어느 날 그 어머니가 새 아버지를 소개하겠다는 말을 꺼냅니다. 그 아들은 알아들었다고 대답을 하고 집을 나갔습니다.

그는 대학에 들어가기 위해 재수 중이었습니다. 그 어머니는 그가 공부방에서 나오지 않아 궁금해서 방문을 열려고 했으나 열리지 않았습니다. 문을 부수고 들어가 보니 그는 책상에 엎드려 긴 잠에 들어 있었습니다. 깨어나지 않는 잠이었습니다.

이 세 가지 사례의 공통점은 무엇일까 곰곰 생각해 보았습니다. 첫 번째 것은 자기의 능력과는 상관없이 사회적 여건이 자기를 받아주지 못한 벽에 부딪혀 실패한 것이고, 뒤의 둘은 어머니의 행태를 받아들이지 못하는 심리적 좌절 곧 부끄러움 때문이었습니다.

앞의 사례도 크게 보면 부끄러움입니다. 모름지기 사람은 부끄러움을 이겨내지 못합니다. 그러나 자기 자신의 잘못이 아닌 부끄러움이라면 그것이 가족의 문제요, 가문의 명예라 할지라도 냉엄하게 받아들이고 한 걸음 물러서서 여유를 갖도록 미리미리 그 젊은이들의 마음을 다스리고 수양을 쌓는 방도를 찾게 할 수는 없는 것일까? 생명수호보다 더 고귀한 행위가 인생에서 또 어디에 있겠습니까?

임종臨終이 가까운 나이에 고뇌하는 젊은이의 탈출구를 생각하는 이 늙은이의 심정이 정말 무엇인지 모르겠습니다. 나는 문득, 그리고 하릴없이 서양 철학자 에픽테토스(50~130?)의 생애를 생각해 냅니다.

4) 에픽테토스

서기 50년경 로마 대제국 시대의 소아시아(지금의 튀르키예) 히에라폴리스에서 탄생한 '에픽테토스'는 노예로 태어납니다. 그런데 아주 못된 주인主人을 만나 심하게 매를 맞아 다리를 절게 됩니다. 장애를 가지게 된 그는 훗날 해방 노예가 됩니다. 에픽테토스는 천성적인 낙천적 기질을 바탕으로 자신이 처한 불행한 인생을 비관하지 않고 학문에 전념합니다. 그리고 훗날 스토아 철학의 대가가 됩니다. 그리하여 인간승리의 본보기, 표양表樣이 됩니다. 에픽테토스 철학의 가장 중요한 주제는 다음과 같습니다.

> "인간人間은 내적으로 자유롭다. 다른 사람이 자신에게 상처 입히는 것을 허용하는 것은 그 사람 자신의 책임이다. 왜냐하면 온전히 자기 자신으로 있으면, 즉 자기중심을 가지고 있으면, 어느 누구로부터도 상처받지 않기 때문이다. 그럴 때 어느 누구도 그를 지배하지 못한다."

한마디로 인간이 자기중심을 잃지 않으면 결코 타인으로부터 상처받을 수 없다는 것입니다. 우리는 이 말을 한 사람, 에픽테토스가 노예였고 못된 주인에게 학대를 받았으며, 급기야及其也는 다리를 쓰지 못하는 장애자가 되었던 사람이었다는 사실을 잊지 말아야 합니다. 그런 슬픈 운명을 가지고 있었던 그는 고통스런 자신의 운명에 질질 끌려가지 않습니다. 자신의 비참한 운명을 거슬러 저항합니다. 그리고 결코 자신의 운명을 비관하지 않습니다. 그런 비관이 결코 자신의 인생을 희망으로 바꿀 수 없음을 알았기 때문입니다.

그는 끊임없이 도전합니다. 그리고 마침내 고통스런 인생을 바꾸어 놓습니다. 그랬던 그가 내놓은 말인 것입니다.

"다른 사람으로부터 상처를 받는 것은 본인 자신의 책임이다."

그렇습니다. 분명한 자신의 철학이 있고, 분명한 자기 자신의 중심이 있고, 분명한 자신의 인생관이 있는 사람은 쉽사리 상처받지 않습니다. 오히려 다른 사람이 상처를 주는 경우보다는 본인 스스로가 자기 자신에게 견디지 못해 본인에게 상처를 입히는 경우가 더욱 많습니다.

생각해 보십시오. 누가 나에게 상처를 입혔는가? 아니면 그 상처를 털어버릴 노력은 하지 않은 채, 끊임없이 상처를 들고 들어와 그 상처를 생각하고, 또 생각하며 곱씹고 또 씹어 상처를 키우지는 않았는가? 노예였던 에픽테토스는 다시 말합니다.

> "인생人生에서 분명 자기 자신의 자유의지를 가지고 생生의 의지를 불태우라고…. 자기 삶의 분명한 중심이 있으면 결코 주변 사람들이나. 주변 환경에 인간이 결코 지배당할 수 없다는 것을…!"

인간은 언제나 자유로운 존재로 창조되었다는 것을…! 그래서 우리는 오늘도 기쁨으로 사는 자유로운 인간입니다. 상처받고 살아가는 처지에 놓인, 그래서 오늘 하루도 떠오르는 태양이 너무도 고통스러운 슬픈 인생을 사는 모든 이들에게 에픽테토스의 말이 큰 위안이 되길 바라는 것입니다.

위대한 스토아 철학자 에픽테토스의 고향인 고대 로마의 대도시였던 '히에라폴리스'는 현재 튀르키예에 폐허가 되어버린 유적지로 남아 있어 화려했던 옛 모습은 사라지고 그때의 흔적들만 돌기둥들로 나그네를, 관광객들과 순례객들을 맞이할 뿐입니다. 그 도시는 찬란했던 영욕의 순간도 잠시뿐임을 우리에게 뼈아픈 교훈으로 말하고 있습니다.

히에라폴리스 아래는 로마 시대에는 '목화의 성'이라 불리는 하얀 석회암 물로 인해 형성된 신비한 모양의 자연경관自然景觀이 보는 이로 하여금 탄성을 자아내게 합니다. '파묵칼레'로 현재 불리는 그곳은 세계 유네스코가 지정한 인류가 지켜내야 하는 자연문화유산이 되었습니다. 그리고 고대로부터 계속된 자연 온천이 있어 피로에 지친 순례객들을, 나그네들을 반가이 맞이하고 있습니다. 그 온천들은 인생에서 지친 이들에게 따뜻한 쉼을 제공하며 위대한 철학자의 입을 통하여 이렇듯 말하고 있는 듯합니다.

"당신의 인생은 세상 그 무엇보다도 소중합니다. 그 소중한 인생은 다시 돌아오지 않습니다. 그러니 아주 작은 상처에 울지 말고, 인생에서의 상처를 더는 키우지 마시고 훌훌 털고 일어나십시오. 그리고 기쁨을, 희망을 사십시오. 자기중심을 세우십시오."

3. 촌가팔경村家八景

누가 나에게 "어디 사시오?" 하고 물으면 나는 "산에 살아요." 하거나 "시골 살아요."라고 대답한다. 내가 사는 곳은 시골 산속이기 때문이다. 경기도京畿道 포천시抱川市 신북면新北面 삼정리三政里가 내가 사는 마을인데 여기도 제법 경치가 볼만하다. 자고로 명승지를 팔폭八幅으로 나누어 말하는 풍습이 있어 소상팔경瀟湘八景이니 관동팔경關東八景이니 하는 전통에 기대어 우리 마을 삼정리도 8폭으로 나누어 '팔경八景'이란 이름을 붙여볼까 한다.

그것은 백림상청柏林常靑, 청천고운靑天孤雲, 평전낙치平田落甾, 원산만하遠山晩霞, 종현군막鐘峴軍幕, 연계유성沿溪流聲, 수상포곡樹上布穀, 촌가석연村家夕煙이다. 자, 이것들을 하나하나 감상하기로 하자.

첫째는 '백림상청柏林常靑'이다. 우리 동네는 사위四圍가 온통 잣나무로 둘러싸여 있다. 나는 어느 날 집 주위를 산책하다가 둘레의 풍광과 내 감회를 섞어 시 한 수를 꾸며보았다.

우리 집의 동서남북 모두 잣 수풀	오가사위개백림 吾家四圍皆柏林
이른 아침 새벽부터 늦저녁까지	자신조조지석만 自晨早朝至夕晚
뻐꾹새 가느단 울음 은은한 울림	포곡세명은은향 布穀細鳴慇慇響
신선한 풀향기도 창틈에 가득	신선초향창격만 新鮮草香窓隔滿
북벽 아래 자그마한 연못이 하나	북벽하저유소연 北壁下底有小淵
한여름 삼복三伏 중엔 샘물 넘치고	성하삼복천수용 盛夏三伏泉水湧

개구리와 마름풀 친구하는데 — 蛙群蘋藻和好友(와군빈조화호우)
무심한 구름과 노는 나의 그림자 — 無心浮雲交身影(무심부운교신영)

둘째는 '청천고운靑天孤雲'이다. 푸른 하늘의 외로운 구름이야 어디엔들 없겠는가? 그러나 우리 동네는 워낙 산촌이라 마을이래야 숲 사이로 흐르는 냇물을 끼고 듬성듬성 몇 채가 나뉘어 있어서 한 집에서 옆집 사람을 찾아 부르려면 수십 보를 걷고 소리를 질러야 가능하기 때문이다.

그리고 셋째는 '평전낙치平田落雉'이다. 넓은 들판에 날갯짓을 펄떡이며 내려앉는 꿩의 모습을 심심치 않게 볼 수 있기 때문이다.

넷째는 '원산만하遠山晩霞'이다. 저녁노을이 멀리 서남쪽으로 트인 들판 너머로 지는 노을이 정말 볼만하기 때문이다.

다섯째는 '종현군막鐘峴軍幕'이다. 우리 마을 종현산鐘峴山 꼭대기에는 군대 초소가 있어서 밤이면 반짝반짝 탐조등 불빛이 360° 회전하기 때문이다. 그러고 보니 그 산정山頂에서 휴전선을 조망하기 안성맞춤이라는 생각이 든다.

여섯째는 '연계유성沿溪流聲'이니, 개울 따라 흐르는 개울물 소리이다. 어느 곳 개울인들 물이 흐르지 않을까마는 우리 마을은 종현산鐘峴山으로 오르는 마을 길과 나란히 개울이 있어서 길을 걸으면 저절로 개울물 소리를 듣게 되어 있기 때문이다.

일곱째는 '수상포곡樹上布穀'이다. 나뭇가지 위에서 여름 내내 짝을 찾는 뻐꾹새의 울음을 만나기 때문이다.

끝으로 여덟째는 또 다시 온 마을 시골집에서 피어오르는 저녁연기이다. 요즈음은 세상이 변하여 시골집 굴뚝에서 밥 짓는 저녁연기를 보기 어려운 세상이지만, 우리 동네는 그 옛날처럼 굴뚝 연기를 가끔은 볼 수 있다. '촌가석연村家夕煙'은 정말 가끔 보는 풍경이다.

자! 이 정도면 소상팔경瀟湘八景과 벗할 수 있지 않겠는가! 어느 마을에나 성춘향과 이도령의 사랑이 있듯이 우리 마을도 진경산수眞景山水에 벗하는 삼정리三政里 촌가팔경村家八景이 있는 것이다. 풍광을 얘기했으니 거기에 인정 이야기가 없을 수 없다. 동네 사람 얘기를 모두 꺼낼 수는 없으니 윗집, 아랫집 한두 채만 소개해볼까 한다.

우리 집 바로 위에는 환갑이 넘은 박朴 노인老人이 살고 있다. 노인이래야 나보다 스무 살도 더 젊으니 노인이랄 것도 없는 60대 청춘이다. 더구나 평생 결혼도 하지 않고 숫총각(?)으로 혼자 산다. 집안사람들이 혼사를 주선하지 않은 것도 아니지만 그는 독신이 좋아 혼자 사는 것이라 한다. 늘 환하게 웃는 모습으로 아침저녁 인사가 깍듯하다.

그런데 요즈음은 어디를 갔는지 며칠째 집이 비어 있다. 이렇게 집을 비운 채 여러 날 출타하는 수가 많은데 그 연유를 물으니 몇 사람이 그룹을 이루고 일을 하는데, 그 일을 맡으면 함께 출장을 가는 것이라고 하였다. 무슨 일을 하느냐고 물어보면 그냥 웃기만 하고 "그저 일 다녀요."라고 대답할 뿐이다. 짐작컨대 토목공사의 목수 일을 하는 것 같다.

이제 아래로 내려가 보자. 우리 집 아래로는 두 채가 연이어 있는데 윗집은 김씨댁金氏宅이고, 그 아랫집은 노씨댁盧氏宅이다. 김씨네는 우리 집 내외보다 십여 세 아래의 70대 부부이고, 노씨네도 역시 비슷하지만 김씨네보다 조금은 더 젊어 보인다. 김씨네 부인은 음식 솜씨가 좋고 또한 인심도 좋아서 우리 집에 칼국수, 만둣국, 수제비 등 일상으로 먹는 음식을 가끔 나누어 먹자고 가져다주는데 그 맛이 정말 옛날 엄마 맛 그대로다.

그리고 노씨네는 그 근처에 전답田畓이 많아서 항상 밭일로 분주하다. 그 분주한 만큼 마음 씀도 넉넉하여서 우리 집에는 사흘이 멀다 하고 무, 배추, 감자, 고구마, 미나리, 상추 등을 한 바구니씩 놓고 간다. 그 노씨네 부부로 말미암아 돈후敦厚한 시골 인심을 만끽하고 산다. 이 시골로 이사 오지 않았으면 전혀 맛볼 수 없었을 것이다.

어느 날 아내가 노씨 부인을 집 앞에서 만나 수인사修人事를 하고 어디 가느냐고 물으니 놀러 간다고 하였단다. 그래서 어디로 놀러 가느냐고 다시 물었더니

"우리 밭으로요."

하더란다. 그래서 또 이렇게 물었단다.

"밭에서 무얼 하시게요?"

그 대답은

"잡초하고 놀지요."

"아니 잡초하고 놀다니요?"

"잡초 뽑는 것을 일이라고 하면 힘들지요. 같이 놀아야 힘들지 않아요!"

아내는 그만 그 인생철학에 압도되어

"아하! 시골 사람들이 그냥 농사꾼이 아니고 도인이구나. 도사들이야!"

아내는 가끔 이 이야기를 하며 그 부인과 아주 친숙하게 지낸다. 이것이 시골 사는 복인가 보다고 상찬賞讚하면서….

자! 이쯤해서 '촌가풍경村家風景'을 닫을까보다. '촌가팔경村家八景'에 '봉유도인逢遊道人'을 하나 더 보탰으니 '촌가구경村家九景'으로 제목을 바꿔야 할 것 아닌가!

4. 고택회상故宅回想

지나간 세월을 회고하는 방법 여러 가지 가운데 어릴 때 살던 집을 묘사하는 것도 들어 있을 것이다. 그래서 그 글 제목으로 '촌가회상村家回想'이나 '향가회상鄕家回想'은 어떨까 생각하다가 '고택회상故宅回想'으로 낙착落着을 보았다. 내가 살던 시골집이 시골이라면 시골이요, 또 고향임에는 틀림없으나 경작하는 전답이나 임야林野가 있고 일가친척이 모여 사는 이른바 씨족촌이 아니요, 개화기 개항과 더불어 형성된 항구도시 인천의 내지內地에 있던 집이라 그냥 '옛집'이란 뜻의 고택故宅이 낫겠다 싶었다.

그러나 그 고택이란 낱말도 한없이 외람스럽다. 고택이라면 으레 수십 칸 넓은 기와집이 연상되기 때문이다. 실제로 내가 살던 집은 자그마한 초가요, 그것도 고만고만한 집들이 몰려 있는 마을 안에 정말 평범하고 작은, 말하자면 오막살이(?) 초가집이기 때문이다.

그렇지만 이 집으로 찾아가 내 삶의 자취 편린片鱗들을 간추려 보고자 한다. 집이란 모름지기 크거나 작거나 초라하거나 호사스럽거나 사람이 거처하면서 거기서 성장하며 애환을 수놓은 보금자리가 아닌가! 자 타임머신을 타고 80여 년 전 고향마을로 들어선다.

거기는 인천직할시仁川直轄市 중구中區 율목동栗木洞 230번지. 이 집이 내가 태어나서 18살에 대학에 들어가기까지 살던 집이다. 지금은 '율목공원栗木公園'이라 부르는 큼직한 공원 언덕을 집 뒤에 두고 있어서 우리 집은 그 공원에서 보면 푹 파묻혀 있다시피 한 자리에 놓여 있었다. 그러나 그 지역 자체가 높직한 산 중턱이라 우리 집으로 들어서려면 아랫마을 큰길에서는 기역자로 세 번을 꺾어야 도달하는 골목길 안쪽, 비스듬한 언덕길에 그것도 우리 집 앞에 두 채의 집이 있을 뿐인 막다른 골목 끝에 있는 집이었다.

그러나 이 집은 지금 남아 있지 않다. 내가 이 집을 떠난 해가 1956년 봄이고, 인천을 내려갈 일이 있으면 가끔 시간을 내어 우리 집이 있던 동네를 한 바퀴 돌고는 했었는데, 어머니가 돌아가신 1990년 가을에 이 집을 찾아갔을 때, 그만 깜짝 놀라고 말았다. 우리 집을 포함하여 그 근처의 집들이 흔적도 없이 사라지고 없는 것이었다. 흔히 개발이란 이름으로 마을이 통째로 바뀌는 일이 많은 세상이지만, 그렇게 자취도 없이 사라진 동네에서 우리 집 자리를 어림하여 보는 것이 그날 내가 할 수 있는 일이었다. 그러니까 이 집은 완전히 내 기억 속에만 살아 있는 고향 집이 되었다.

옛날 옛날 아주 옛날에, 그 마을이 정말로 밤나무 무성한 밤나무골이었을 때, 언덕 밑이기는 하지만 아랫녘에서는 한참 올라와야 하는 산 중턱에 밤나무 숲을 지키는 산지기 집 자리가 우리 집이라고 하였다. 그 집의 처음 모습은 원두막園頭幕보다 나을 것이 없었겠지. 그러나 그 앞에 집들이 한두 채씩 들어차면서 원두막이나 다름없던 우리 집이 중창重創을 하여 집 꼴을 갖추게 되자, 그것을 아버지가 구입하셨다고 하였다.

아버지도 나도 본적지는 인천시仁川市 중구中區 용동龍洞 48번지로 되어 있으니까, 아버지가 인천仁川에 자리를 잡으셨을 때는 용동이었던 모양이다.(아버지는 원래 개성開城 태생의 개성 분이시다.) 우리 집은 모두 합해보아야 건평이 25평 남짓한 오두막집이었다. 채마밭과 뒤뜰까지 합해보아도 50평 안팎의 작은 집이었다. 집은 동북향으로 앉혀 있어서 여름에는 마루 중간쯤까지 햇볕이 들어왔으나 겨울에는 마루 끝 안마당까지만 볕이 들었다.

대문에 들어서려면 우리 집으로 들어오는 골목으로 접어들면서 돌계단 두 개를 올라와야 했다. 그러면 오른쪽에 228번지 개똥이네 집의 대문을 끼고 몇 걸음 더 걸어 다시 돌계단 하나를 오르면 역시 오른쪽에 229번지 홍주네 집을 거쳐 우리 집 대문에 이른다.

우리 집 대문 앞에도 역시 돌계단 하나가 놓여 있었다. 왼쪽은 227번지의 뒷담이 있고 그 집 안방의 뒷창문이 나 있는 벽체였다. 자! 대문을 들어서기 전에 대문 위를 쳐다보자. 오른쪽 문설주 위에 아버지의 성함姓銜이 적힌 문패가 있다. 그리고 내가 초등학교에 들어가기 1년 전인가, 아버지는 결 좋은 감나무 통판을 구해 오셔서 그것을 쪼개어 대패로 밀고 다듬어 아버지 문패 옆에 내 이름 석 자를 적은 문패를 나란히 붙여 놓으셨었다. 나는 아버지가 그 문패 쪽에, 먹을 갈아 정성들여 내 이름을 쓰시던 장면을 또렷이 기억한다.

"이 집은 내 집이라기보다는 우리 '재기在箕' 집이니까 문패가 있어야지."

이렇게 말씀하시고 그 문패를 당신의 문패 옆에 나란히 달아 놓으셨었다.(또 그 옆에는 주소가 적힌 문패도 있었다.) 겨우 여섯 살짜리 아들의 문패를 대문 위에 달아놓으시며 아버지는 그 아들에 대해 무슨 생각을 하셨을까?

"내가 재기 나이 스물이 되는 것을 지켜볼 수 있겠지?"

이렇게 평소에 입버릇처럼 말씀하셨다는데, 아버지는 내 나이 아홉에 돌아가셨으니 아버지는 내가 얼마나 속히 성장하고 나이 먹기를 바라셨을까? 그 문패는 내가 서울로 이사하여 셋방을 전전할 때에는 내 책 짐 갈피에 끼워 다니다가 집을 사서 어엿한 단독주택의 주인이 된 뒤에 그 문패를 대문에 달았었다. 그때마다 아버지에 대한 그리움이 자욱한 안개가 되어 내 눈앞을 흐렸다.

대문을 열고 안마당으로 들어서 보자. 왼쪽으로는 너덧 걸음 지나 이른바 푸세식 재래변소가 있고, 오른쪽으로는 한두 걸음 앞에 수채가 자리 잡고 있다. 수채 돌로는 밑둥이 조금 깨진 다듬잇돌이 놓였고, 그 아래로 토관이 묻힌 수챗구멍이 직경 15cm쯤 되는 크기로 뚫려 있다. 그 수챗구멍에는 철사로 엮은 그물망이 가려져 있다. 물은 빠져나가고 음식 찌꺼기나 덩이진 것들은 그 여과판에 거르게 하는 장치였다. 우리 집이 높은 위쪽에 있어서 그 토관으로 물건이 빠지면 곧바로 아래쪽으로 흘러 들어가서 찾을 길이 없었기 때문이다. 수채를 지나 또 서너 걸음 걸어야 속마당이었다.

이 속마당은 지붕이 덮여 있는 곳이기 때문에 '속마당'이라고 불렀는데, 안마당에 연이어 있는 한두 평 정도의 빈터로 안으로는 마루가 있고, 오른쪽으로는 부엌으로 들어가는 부엌문에 연결되어 있었다. 왼쪽에는 안마루에 붙여서 기다란 쪽마루가 지붕 덮인 속마당 끝에까지 뻗어 있었다. 이 쪽마루 끝에 기둥이 하나, 지붕을 떠받치고 세워져 있었다. 이 쪽마루 기둥을 붙들고 쪽마루 끝에 서서 수채를 향하여 오줌을 누는 일은 몇 살까지 하였던가?

부엌문은 앞으로 당기는 쪽문 두 개가 항상 열려 있었다. 부엌 문지방 턱이 조금 높아서 부엌으로 들어가려면 그 문지방 넘는 일에 신경을 써야 하였다. 그리고 부엌 문지방을 넘어 부엌으로 들어갈 때 또 주의해야 할 것이 하나 더 있는데, 그것은 부엌 바닥이 속마당 바닥보다 훨씬 깊다는 점이었다. 아마 한 30cm쯤은 더 깊었던 것 같다. 그래서 부엌 안에 발 딛는 작은 계단이 하나 있었다.

부엌 바닥은 왜 그렇게 깊었을까? 안방으로 불 때는 아궁이에 솥을

걸고 그 아래에서 불을 때야 하니까 안방 구들장보다는 아궁이가 낮아야 했을 것이다. 모든 옛날 집 부엌 바닥이 바깥마당보다 깊은 까닭을 이 글을 쓰면서 새삼 깨닫는다.

안방 쪽으로는 솥이 세 개가 걸려 있는 부뚜막이고 부뚜막 맞은쪽에는 2m 정도의 폭을 부엌 공간으로 하고, 또 약 1m 정도 폭으로 마루 쪽이 놓인 이른바 조리대가 설치되어 있었다. 부엌 바닥에서 조리대까지의 높이는 얼마나 됐을까? 어머니가 서서 편하게 요리를 하셨으니 1m 20cm 쯤이 아닐까? 거기에 찬장饌欌도 놓이고, 부엌 그릇들이 가지런히 놓여 있었다.

채마밭으로 통하는 부엌문은 부엌에서 밀치는 형식으로 두 쪽 문이 있었는데 이것도 속마당 쪽 부엌 들어가는 문처럼 항상 열려 있었다. 이 부엌문도 역시 계단 하나를 딛고 문지방을 조심해서 넘어야 30cm 높은 뒷마당 채마밭을 갈 수 있었다. 그 채마밭 쪽으로 부엌 조리대 위에 설거지용 큰 다라이(함지박 크기)가 놓여 있었는데 부엌에서 설거지하고 난 물은 채마밭 쪽으로 부엌에서 나가지 않고도 버릴 수가 있었다. 문밖 아주 가까이에 뒷마당 수채가 있었기 때문이다.

참, 채마밭 쪽 솥이 걸린 부엌 아궁이 앞에 두 지게들이 큰 물독이 놓여 있었다. 그 물독에 물을 채우는 일은 내가 중학생이 된 이후 그 집을 이사 나올 때까지 내 책임이었다. 물은 골목 밖에 있는 큰 우물이나 공동수도에서 길어 와야 하였다. 물론 어머니도 누이도 물을 길어오기는 했으나 물 긷기는 내 주전공이요, 담당이었다.

물지게와 물통의 위치는 속마당 부엌문 앞이었다. 그 부엌문에 물지게는 걸어 두게 되어 있었다. 그러나 그것도 다 내가 중학생이 된 이후의 일이다. 그전에는 특히 내가 아주 어렸을 때에는 물장수 아저씨가 길어오는 물을 사서 먹었다고 한다. 적어도 아버지가 돌아가신

지 한참 뒤까지 물장수 아저씨가 물지게를 지고 우리 집 대문을 들어오던 장면도 또렷이 떠오른다.

이렇게 옛날 고향 집의 모습을 그려내고 있으려니 그 시절, 그 공간에 함께 했던 식구들이 하나하나 떠오르는 것은 어쩔 수 없는 마음 끌림이 아닌가? 그 식구들은 아버지, 어머니, 나, 누이동생, 그리고 남동생 이렇게 다섯 식구다. 이렇게 다섯 식구는 광복光復된 그 이듬해 1946년 정월까지의 가족 모임이다. 정월 24일, 음력으로는 그 전해에 해당하는 을유년乙酉年 선달 스무 이튿날이다. 이날 아버지께서 돌아가셨다. 무인년戊寅年(1878)생이시니 병인년丙寅年(1946) 정월까지 아버지께서는 69년을 수壽하신 셈이다.

◎ **고향음**故鄕吟

당신 고향 어디요? 누가 물으면	或問何處汝故鄕 (혹 문 하 처 여 고 향)
노을 진 서녘 항구 가리킨다오	指夕落照西港灣 (지 석 낙 조 서 항 만)
개화시대 옛 이름 제물포濟物浦이고	開化舊名濟物浦 (개 화 구 명 제 물 포)
요즈음의 인구는 삼백만일세	近來人叢三百萬 (근 래 인 총 삼 백 만)
고향을 떠난 지도 60년 넘고	出關於焉過週甲 (출 관 어 언 과 주 갑)
내 머리칼 회백으로 바뀌었다오	吾髮亦變灰白色 (오 발 역 변 회 백 색)
그윽한 고향마을 돌이켜보니	回想故宅幽深村 (회 상 고 댁 유 심 촌)
홀연히 깨달았소 고단한 길손	忽覺孤單訪問客 (홀 각 고 단 방 문 객)

아버지는 우리 집 가승家乘을 보면 청송靑松 심씨沈氏로 24세世로 되어 있다. 그러니까 나는 25세가 되는 셈이다. 조상을 잠시 살펴본다면, 시조始祖는 '홍洪'자 '부孚'자요 표덕생졸행적급배위성씨병위실전表德生卒行蹟及配位姓氏竝爲失傳이라는 문구文句로 시작하여 고려

문림랑위위사승高麗文林郎衛尉寺承이란 관직을 밝히고 묘재청송부면서오리부내보광산수룡졸생墓在靑松府面西五里府內普光山戍龍卒生으로 묘墓의 위치를 밝힌 다음 후손 모某는 향로석香爐石을, 또 후손 모某는 상석床石과 표석表石을 고쳐 세웠다는 설명을 붙이고 있다. 그다음 2세 연淵도 표덕간병위실전表德竿竝爲失傳이요, 고려高麗 합문지후閤門祇侯의 벼슬에 묘재함열현동십리사면흘산하墓在咸悅縣東十里四面屹山下라는 묘의 위치표시에 누가 상석을 누가 묘갈문을 썼는지 등을 기록하였다. 3세世 룡龍 역시 표덕등表德等은 실전失傳이고 고려高麗 전리정랑典理正郎, 추봉문하시중청화부원군追封門下侍中靑華府院君의 관작을 밝히고 묘의 위치 등의 설명이 붙어 있다.

4세世 덕부德符부터는 행적이 매우 자세하다. 자는 득지得之요, 생몰은 언제요 벼슬은 음사蔭仕로 강화부윤江華府尹을 지냈고 왜구 토벌에 공이 있고, 이성계李成桂의 위화도회군威化島回軍에 함께하여 회군공신回軍功臣이라 청성백靑城伯이 되었음을 밝혔다. 5세 온溫부터는 벼슬과 행적이 정말 찬란하다. 대사헌리판대광보국숭록대부령의정大司憲吏判大匡輔國崇祿大夫領議政 청천부원군靑川府院君이라는 관작부터 안효공安孝公이라는 시호와 묘의 위치, 표석表石, 신도비神道碑 등의 찬자撰者가 자세하다.

6세 회澮는 따님이 세종비世宗妃인 소헌왕후昭憲王后이니 이른바 국구國舅였다. 돈녕부주부敦寧部主簿 지수충보사정난익대순성명량경제좌리공신至輸忠保社定難翊戴純誠明亮經濟佐理功臣 보국령의정輔國領議政 청송부원군靑松府院君 무자책익대훈이등제사戊子策翊戴勳二等第四 기축원상己丑院相 신묘책좌리훈이등제오辛卯策佐理勳二等第五 신미사궤장辛未賜机杖 계축정월십이일졸癸丑正月十二日卒 수칠십륙壽七十六 시공숙공謚恭肅公 묘재파주남십리회곡내곡墓在坡州南十里灰谷內谷 건

좌乾坐라고 되어 있고 신도비神道碑는 좌찬성左贊成 어세겸찬魚世謙撰이요 참의參議 허계許誡가 전자篆字로 병서竝書했다고 하였다.

이렇듯 옛사람들은 생전의 경력과 행적 및 후손의 이름과 직함職銜직함職銜에 이르기까지 자세히 기록하였다. 이렇게 7세 원湲, 8세 순문順門, 9세 연원連源, 10세 강鋼, 11세 인겸仁謙(우리나라 역사에서 동서붕당東西朋黨이 시작되자 서인西人의 영수領首로 행세한 의겸義謙은 바로 인겸仁謙의 아우요, 그 매씨妹氏가 곧 명종비明宗妃인 인순왕후仁順王后이다. 1567년 선조宣祖가 즉위하자 잠시 수렴청정垂簾聽政을 하였다.) 이렇게 이어간 우리 집 가계家系는 23세에 상자相字 필자弼字요, 24세에 원자元字 섭자燮字이니 이 분이 곧 나의 선친先親이시다.

무인년戊寅年(1878)에 태어나시고 을유乙酉 광복 다음 해인 병술년丙戌年(1946) 정월에 기세棄世하시니 수壽는 69세이셨다. 나는 이 선친先親의 둘째 아들이다. 첫째 형님이 을해생乙亥生(1935)인데 그만 유아 사망률이 높던 시절, 돌도 채우지 못하고 졸卒하니 그 뒤에 태어난 나를 부모님이 얼마나 애지중지愛之重之하며 키웠을지 짐작이 가고도 남는다.

내가 태어났을 때 아버님 연세가 물경勿驚 60세! 그러니까 나는 환갑 동이인 셈이다. 나도 어려서는 매우 병약하여 7, 8세 전까지는 "죽어 나갔다."는 소문이 두 번이나 생겼을 정도로 자주 앓고 연약하기 그지없었다. 지금 이 순간 구순九旬을 바라보는 나이가 되고 보니 어릴 적에 노심초사勞心焦思하며 키우셨을 부모님의 심중이 어떠했을지 짐작이 되고도 남는다.

여기에서 부모님이 부부가 된 사연을 꺼내지 않을 수 없다. 선친께서는 환갑이 가깝도록 자손이 없으셔서 50대 후반 어느 가을철에 서울 남산골에 매우 신령한 도사가 관상을 잘 보고 또 그의 말(예언豫言?) 역시 영험한 바가 있다고 하여 선친께서 그 도사를 찾아간 적이 있었다고 한다. 다음은 전해오는 그때의 이야기.

도사道士 : 선생께서는 후사後嗣 문제로 오셨군요?
선친先親 : 그렇소만, 더구나 나는 환갑이 내일 모래이니….
도사道士 : 그렇겠습니다. 허나 걱정하지 마십시오. 청주淸州 한씨韓氏 성姓을 가진 규수閨秀를 배필로 둔다면 아들 3형제를 두겠소이다.
선친先親 : 그렇습니까? 고맙소이다. 복채는 얼마나 드릴까요?
도사道士 : 선생께서 득남得男을 하거든 그때 듬뿍 가지고 오시오. 그때는 선선히 받으리다. 오늘은 그냥 돌아가시고….
선친先親 : 그래도 어디 그럴 수가 있습니까? 여기 조금 놓고 갑니다.

이렇게 말씀하시고 선친은 복채를 꽤 많이 놓고 나왔다고 어머니에게 아주 여러 번 말씀하셨다고 한다. 정말로 선친은 청주淸州 한씨韓氏인 어머니와의 사이에 아들 3형제를 두셨다. 내가 둘째 아들인데 첫째는 일찍 졸卒했으나, 나와 내 동생은 모두 잘 자랐으니 그 도사가 신통한 분임에는 틀림없는 것 같다. 허나 내 아우도 겨우 환갑을 넘긴 다음해에 세상을 버렸으니, 요즘으로 보면 역시 일찍 세상을 떠난 셈이다.

그 아우가 세상을 뜬지도 어느새 스무 해가 가까우니 참으로 세월은 유수流水요 인생은 무상無常이라, 우리 인생은 이래도 저래도 하늘을 두려워하며 박빙여림薄氷如臨으로 사는 것이 인지상도人之常道라 해야 할 것이다. 나는 이 순간도 내가 아직 건강하게 살아 있음을 천지신명께 감사하며 이 글을 쓰고 있다.

5. 어느 할머니의 염원
-내 병의 치료법-

우리나라 사람으로 남북통일을 염원하지 않는 사람이 어디 있겠습니까? 그래서 오늘 저는 그 민족의 비원 한 가닥을 풀어보려 합니다. 그 이야기를 다음의 시를 인용하면서 하겠습니다.

〈내 병의 치료법〉

평생 처음 팔, 다리 운동을 한다
심장에 좋다고
현미밥을 먹는다
변비에 좋다고
채소를 먹고 물을 마신다
지방간脂肪肝에 특효라고
그러나 내 병의 치료법은 나만 안다
함흥咸興 사과밭에 가서 사과 한 알 먹고
함흥냉면咸興冷麪 원조집에 가서 냉면 두 사발 삽시간에 먹고
일흔두 해 전 옛날로 돌아가
두만강豆滿江 둔치에서 오라비들이랑 썰매 타다가
백두산白頭山 산허리의 들풀이 되는 것
분단分斷 일흔두 해에 병든 산하山河
동강 난 내 허리 병.

내 병 치료법은 의사도 모른다.
나만 안다.

이 글은 올해 여든다섯이 된 늙은 할머니(숙명여대 명예교수 이인복李仁福)의 글입니다. 아내의 책상 위에 펼쳐져 있는 종이에 우연히 눈길이 머물러서 집어 읽은 글입니다.

이렇게 제 아내는 문득문득 1950년 이전의 세월로 돌아가 먼 허공에 눈길을 보내며 눈가에는 이슬방울이 맺히는 때가 있습니다. 그러면 저는 슬며시 아내의 시야를 벗어나 아내가 그 옛날을 반추反芻하도록 숨어줍니다.

제 아내는 인천에서 태어나 인천에서 자랐고, 대학을 다닐 스무살 전후까지 인천을 생활 근거지로 하였습니다. 그런데 저의 장인은 원래 함경도咸鏡道 함흥咸興 분으로 인천에서 사업을 하신 분이라 8·15광복 전까지는 기회가 닿으면 자녀들을 데리고 함흥咸興의 전장田庄과 본가本家가 있는 이른바 고향 집을 찾아가 여러 날씩 지냈다고 합니다.

그 집은 수천 평의 농원農園이었다고 합니다. 그래서 제 아내는 그 어릴 적에 친정아버지의 고향 집에서 추억을 가지고 있는 것입니다. 그 집 뒷마당에는 채마밭과 과수果樹가 여럿 있었는데, 그중에 사과나무도 서너 그루가 되었다고 합니다. 사과나무에 사과가 주렁주렁 달려 있었다면 아마 늦여름은 지난 초가을이었을 것입니다.

예닐곱 살이었다면 키가 1m 2, 30cm쯤 되었겠지요. 그 1m 남짓한 키의 얼굴에 사과알이 닿았다고 하니까요. 아내는 그 시절, 선채로 사과알을 손대지 않고 입에 물었던 기억을 지울 수 없다고 합니다. 그런데 6·25는 남북분단을 가져온 것뿐만 아니라, 그 그리운 아버지와 자기의 손위·손아래 오라비 둘을 한꺼번에 잃었습니다. 아내의 병은 이 이별의 아픔과 함경도咸鏡道 집의 추억이 한데 엉켜 있는 것입니다.

이 병은 사과가 익어가는 늦여름부터 깊어져서 사과 철이 다 지나가는 늦가을까지 지속됩니다. 아니 이 병을 1년 내내 달고 산다고 말해야 할지 모르겠습니다.

포천抱川 산골로 거처를 옮긴 뒤에, 그 우리 집 앞마당과 뒷마당에 사과나무를 심었으니까요. 앞마당에 세 그루, 뒷마당에 두 그루가 있습니다. 그 나무를 둘러보던 어느 날 아내는 이 시를 지었습니다. 그래서 저는 아내를 위로하는 의미에서 이 시를 한역漢譯하게 된 것입니다. 제목을 〈오병이어법吾病理御法〉이라 한 것은 성경의 오병이어五餠二魚의 이야기를 생각하고, 그 말의 패러독스(paradox)로 한자화한 것입니다. 다음이 그 한역漢譯입니다.

〈**오병이어법**吾病理御法〉

생전 처음 해보는 팔다리 운동	腕脚運動平生初(완각운동평생초)
심장에 이 운동이 좋다고 해서	心臟特效是行動(심장특효시행동)
현미 넣은 쌀밥으로 바꿔본 식단	食單改革玄米飯(식단개혁현미반)
평생 앓는 변비에 좋다고 해서	爲脫持病便祕痛(위탈지병편비통)
야채에다 물 마시기 즐겨하라네	選好菜蔬多飮水(선호채소다음수)
지방간脂肪肝을 고치려는 마음 있으면	所望治癒脂肪肝(소망치유지방간)
그러나 명의名醫 찾아 물어보시오	然而敢問尋名醫(연이감문심명의)
내 병을 고칠 사람 누구인가요	予病治者其誰何(여병치자기수하)
온 세상 둘러봐도 나뿐이에요	擧世皆無唯獨吾(거세개무유독오)

함흥咸興의 사과밭에 급히 달려가	함흥금원분주도 咸興檎園奔走到
사과 한 알 한 입에 듬뿍 머금고	임금일과함구순 林檎一顆含口脣
함흥냉면 원조집 물어 찾아가	탐심냉면원조가 探尋冷麵元祖家
두 그릇을 한 자리에 뚝딱 치우고	기면양기식일순 其麵兩器食一瞬
칠십 이년 그 옛날로 되돌아가서	약여칠십이년전 若如七十二年前
오라비와 자매들도 불러내어서	호형환제모자매 呼兄喚弟募姉妹
두만강변豆滿江邊 썰매타기 하고 나서는	승유설마만강변 乘遊雪馬滿江邊
백두산白頭山 허리에 들풀되는 것	종귀백산녹야초 終歸白山麓野草
칠십 이년 동강 난 수척瘦瘠한 산하山河	분단팔구수산하 分斷八九瘦山河
쪼개진 두 동강에 나의 허리병	양동분열오요통 兩棟分裂吾腰痛
내 병은 의사도 못 고친다오	여병요법의부지 予病療法醫不知
그것을 고칠 이는 오직 나일뿐	능완치인기오여 能完治人其吾歟

6. 어머니, 그 영원한 고향

오늘은 문득 친구 자랑을 하고 싶습니다. 늙어갈수록 세상살이에서 성공이니 실패니 하는 세속적인 판단이나 평가가 얼마나 하찮은 것인가를 깊이 느끼게 됩니다.

그리고 인연의 소중함만이 절실하게 다가옵니다. 그러니 육친가솔六親家率과 그동안 사귀어온 친구들이 새록새록 소중한 것입니다. 그래서 오늘은 친구 자랑을 하고자 합니다.

한평생 훈장 노릇을 해서 그런지 내 주변에는 시를 쓰는 친구가 몇 명 있습니다. 그들은 스스로 시인이라고 말하기를 부끄러워하는 사람도 있고, 또 시에 인생을 건 듯한 자세를 지닌 사람도 있습니다. 허나 그들은 모두 진지하게 시를 생각하며 성실한 삶을 누려온 사람들입니다. 어느 날 그들의 시를 읽다가 우연히 그들의 시에서 공통되는 소재 하나를 발견하였습니다. 그것은 '어머니'였습니다.

나이 80을 넘은 노인들이 청승맞게(?) 어머니를 그리워하는 것이었습니다. "아니, 청승맞다니…." 나는 스스로 화들짝 놀랐습니다. 내가 '원모재遠慕齋'라는 공부방의 당호堂號를 짓고 시묘살이의 기분으로 살자고 연전에 선산 아래에 집을 지어 이사한 것은 까맣게 잊어버리고 친구들의 추모의 마음을 청승맞다고 폄하하다니….

이제 송구한 마음으로 친구들의 '어머니 노래'를 소개하고자 합니다. 시를 쓰고 발표한 시기는 각각 다릅니다. 제일 처음 작품은 그 시에도 나옵니다만 60대의 것이고, 그다음은 70대, 그리고 마지막 작품은 바로 엊그제 80대에 쓴 것들입니다. 시기상으로 모두 2000년대 초반부터 요즈음에 이르기까지 거의 스무 해의 상거相距가 있습니다.

1) 기일其一

〈임진강 가에서〔思母曲〕〉
엄마는 내 손 만지면
나를 알아보실까
엄마는 내 눈 마주치면
나인 줄 아실까
엄마는 내 목소리 들으시면
나를 기억하실까
난리통에
열 몇 살 형제
강남으로 떠나 보낸지도
어언 오십년
육십 고개 넘은 광야에서
두 형제 입모아 부르면
하마 알아보실까

이 시가 실린 시집의 제목이 《방랑자의 노래》입니다. 시를 읽으며 곧바로 짐작이 되겠거니와 이 친구는 함경도咸鏡道 무산茂山 출신의 실향민失鄕民입니다. 그의 글 속에 피맺혀 흐르는 향수鄕愁는 우리의 가슴을 아프게 파헤칩니다.

연전에는 《기억 속의 풍경》이란 산문집도 한 권 간행하였는데, 그 글들도 70년 전 옛날, 함경도咸鏡道 고향마을에서 부모, 형제들과 단란했던 시절을 회상하는 것이었습니다.

나는 그의 아호와 이름을 머리글자로 하여 다음과 같은 시 한 수를 지어 보냈습니다.

북향한 창을 열고 산을 바라보니　　北向開窓望山峰(북향개창망산봉)
늙은이 나무 지고 개울 내려오는데　　村叟負樵下溪隅(촌수부초하계우)
어린 시절 불러오는 종소리 음악　　鐘聲管絃回少年(종성관현회소년)
교향곡은 향수를 연주합니다　　演奏交響曲鄕愁(연주교향곡향수)

2) 기이其二

〈밥상〉

엄마한테서 밥상 한번 받고 싶다
밥상 앞에 앉아서
내 밥술을 지켜보며
흐뭇해하는 엄마와
겸상 한번 하고 싶다
엄마는 지금도 서른셋
나는 일흔 살
엄마하고 있으면 나도 열한 살
일흔 살 아들이

아흔 둘 어머니께
밥상 한번 올리고 싶다
어머니 밥술을 지켜보며
겸상 한번 하고 싶다

이 시의 주인공은 애석하게도 연전에 이미 작고하였습니다. 친구들끼리 모인 자리에서는 언제나 조용히 친구들의 이야기를 귀담아들으며 말이 없던 친구였습니다. 《갈 곳 없는 바람》이라는 시집 1권을 낸 것이 전부입니다. 일기를 쓰듯 그렇게 일상을 적어간 것을 가까이 지내던 선배先輩(이 분도 작년에 세상을 떴음) 한 분이,

"내가 이 친구의 시집을 상재上梓하여 우리 문학사에 공로를 세우고 싶단 말일세. 정병욱鄭炳昱 교수가 자기 친구 윤동주尹東柱의 육필시집을 꼭꼭 숨겨 보관하다가 세상에 내놓은 일, 모두 아시지 않는가? 내가 이 친구 시집을 간행刊行케 하는 것은 내가 정 교수가 되고 이 친구로 하여금 제2의 윤동주가 되게 하려는 뜻일세!"

이렇게 강력하게 주장하고 종용慫慂하여 시집을 내게 한 저간의 사연이 있습니다. 나는 그의 빈소에서 다음과 같은 시를 지어 읽고 그것을 영전에 바쳤습니다.

갈 곳을 모른다던 바람의 시인詩人	부 지 거 처 풍 월 주 不知去處風月主
느긋한 발걸음에 어디 머무나	한 적 행 보 하 류 주 閑適行步何留住
주옥같은 시편詩篇과 비단 말씨가	시 편 주 옥 언 사 금 詩篇珠玉言辭錦
구름 속에 술 마시며 웃고 있구나	능 견 운 중 소 음 주 能見雲中笑飮酒

3) 기삼其三

〈어머니의 손목시계〉

재깍재깍
생전에 주무실 때도 늘 차고 계시던 어머니의 손목시계
고스란히, 서랍 속에 잠들어 있다가
문득문득 어머니 그리울 때마다
꺼내어 먼지 털고 밥 주자 다시 살아나
그동안 주무시다가 깨어난 듯
어머니의 손목시계
다시 재깍재깍
멈췄던 시간이 이어져
어머니의 맥박 소리
심장을 울리는
재깍재깍 재깍재깍 재깍재깍
살아계신 듯
멈추지 않아

한 달 전에 신간 시집詩集으로 받은 것입니다. 《백지》라는 제호題號를 붙인, 지은이의 스물네 번째 시집입니다. 두 해에 한 권 꼴로 꾸준히 시집을 펴낸 여든두 살, 노익장老益壯의 시인입니다. 어느 시인이 이 시인을 일컬어 "말하고 싶은 대로 말해도, 그것이 그대로 시의 법도를 벗어나지 않는 그런 시인"이라고 칭한 바 있습니다. 그래서 나도 그에게 다음과 같은 시로 답례를 하였습니다. 그의 이름에 '九(아홉 구)'자가 들어 있어서 "당신은 아홉 개의 없음〔無〕이 있다오."라는 뜻의 내용을 담았습니다.

	품 성 삼 무 사 구 욕
품성에는 간사, 허물, 욕심이 없고	稟性三無邪咎慾
	생 활 삼 무 쟁 략 산
생활에는 다툼, 책략, 계산이 없고	生活三無爭略算
	작 시 삼 무 과 식 지
시詩 짓는데 허세, 꾸밈, 멈춤 없으니	作詩三無誇飾止
	여 능 지 부 오 감 만
그대는 알겠는가 나의 감동을	汝能知否吾感滿

이 시를 쓰기 전에 "이 무식하고 무지한 사람 같으니…."라고 허두虛頭를 꺼내놓고 작시상作詩上 무식無飾하고 무지無止하다고 나중에 덧붙였던 것입니다. 그 글월을 받고 친구는 즉시 다음과 같은 회답을 보내왔습니다.

"'무식하고 무지한'의 일대반전一代反轉, '무식無飾하고 무지無止한'이라니 놀랍습니다. 대일무사大一無邪로 서두를 열어, 대팔무식大八無飾, 대구大九는 무지無止라니. 소인에겐 황공무지惶恐無地의 과찬입니다. 소인은 그저 무식무지無識無智한 소인이 맞지요. 무식무지無識無智한 소인을 무식무지無飾無止한 대인으로 추켜세우시니 소인의 지향점을 일깨우시는 찬사 아닌 지시로 알겠습니다. 부끄럽고 고맙습니다. 사형詞兄!"

늙어가면서 나는 이렇듯 착하디착한 친구들의 시詩 속에서 하루하루가 더없이 행복합니다.

제3부

시단
詩壇

〈시단詩壇〉은 나로서는 분分에 넘치는 부분입니다.

나 스스로 시詩를 쓰는 시인詩人이라는 생각을 해 본 적도 없으면서 시를, 그것도 한시漢詩를 쓴다고 했으니….

그러나 어쩌다 써 놓은 것을 버리기는 아까워서 이렇게 〈시단詩壇〉이라는 항목에 몇 수首의 시를 모아놓았습니다.

참으로 송구하고 민망하오나, 작시作詩를 공부하는 사람의 작은 정성이려니 생각하고 읽어주십시오.

1. 탐춘부 探春賦

가을바람 낙엽지니 온통 시들고	(추풍낙엽산야고) 秋風落葉山野枯
어지러운 찬 눈이 겨울 알리네	(한설난분고지동) 寒雪亂紛告至冬
엉성한 나뭇가지 풀줄기 같고	(영성수지여빈골) 零星樹枝如貧骨
길가는 사람들은 걸음 바쁘네	(노상행인보량총) 路上行人步踉蟌
그러나 봄이 멀다 말하지 말라	(연이불언춘래원) 然而不言春來遠
음양의 어울림은 하늘 이치니	(음양상합천리용) 陰陽相合天理用
연약한 가지 끝 살펴보아라	(약여세찰연지단) 若汝細察軟枝端
꽃 터뜨릴 새싹이 벌써 솟았다.	(이출신아장화용) 已出新芽藏花湧

2. 친구의 문자를 노래함〔故友文字頌〕

반평생 사귀어온 친구 있어서	아유고우반생교 我有故友半生交
매일 새벽 다섯 시에 문자 보내니	매신묘초송문자 每晨卯初送文字
전화 소리 들으며 일어나서는	청전화향시기침 聽電話響始起寢
그 문자를 읽는 것 아침 일이네	판독수신조조사 判讀受信早朝事
비록 웃는 얼굴은 볼 수 없으나	상면소안수불능 相面笑顔雖不能
가슴 속에 앉은 듯 정을 나누며	약좌흉중통정화 若坐胸中通情話
고단한 세상살이 힘이 들지만	혹잔고단속세무 或殘孤單俗世務
한줄기 훈풍에 용기를 얻네	일진훈풍용기가 一陣薰風勇氣加
오늘 아침 교훈에도 깨달았다네	금조득잠홀개안 今朝得箴忽開眼
“한걸음 뒤에 서면 편안해지고	일보후립점평화 一步後立漸平和
한 단계 아랫자리 더욱 기쁘리”	일단하위증심이 一段下位增心怡
문 나서며 가마 탄 듯 기분 좋구나	출문착환승어가 出門錯歡乘御駕

3. 재미 삼아 지어본 한시漢詩 해설解說〔戲作解說漢詩〕

〈**형식**形式〉

이 중 삼 명 위 일 구
두자 두자 석자로 한 구절을 삼고 二重三名爲一句
사 절 팔 율 오 칠 성
4행 절구 8행 율시 5언 7언 되는데 四絶八律五七成[1]
대 우 평 측 병 치 운
대구對句에 평측平仄에 아울러 운韻을 놓고 對偶平仄竝置韻
기 승 전 결 구 시 경
기승전결起承轉結 얼개로 시詩의 세상 갖춥니다 起承轉結具詩境

〈**내용**內容〉

기 구 발 화 설 원 경
첫마디 꺼낸 말로 먼 곳 얘기 펼치고 起句發話說遠景
승 어 초 행 첨 근 황
그 말을 이어받아 가까운 것 보태며 承於初行添近況
전 결 연 접 관 흉 금
휘돌아 마무리로 가슴속을 꿰뚫으니 轉結連接貫胸襟
감 흥 의 취 사 인 생
그 느낌 그 뜻으로 인생살이 그립니다 感興意趣寫人生

〈**예시**例詩〉

선 두 격 고 최 인 명
첫 머리는 '북소리 울리며 목숨을 재촉하네'요 先頭擊鼓催人命
차 함 회 수 일 욕 사
다음 턱은 '고개를 돌려보니 해는 벌써 기우는데' 次頷回首日欲斜
인데
회 경 황 천 무 일 점
돌린 목은 '저승길엔 주막도 없을 터이니'이니 廻頸黃泉無一店

---

1 四絶八律五七成 : 2자 3자로 오언시五言詩되고 2자2자3자로 칠언시七言詩됨을 말한다.

끝마무리 '오늘밤은 뉘 집에서 묵을 수 있으려나' 로다 末尾[2]今夜宿誰家

〈감상鑑賞〉

이 시의 원작자는 성삼문인데 此詩原作成三問
죽음에 임한 자세 참으로 의연하네 臨終姿態只毅然
오늘날 이 기막힘 또다시 당한다면 今日再當是慘劇
무슨 말을 읊으며 우리는 걸어갈까? 吾等步遊何吟詮

계사년癸巳年 납월臘月 율포노수栗浦老叟

---

2 末尾 : 두함경미頭頷頸尾는 기승전결起承轉結과 같이 쓰이는 용어임을 보여 준다.

4. 진공의 팔순 잔치를 축하함〔祝陳公八旬筵〕

맑은 바람 신선 풍채 겉모습이요	청풍선골외모현 清風仙骨外貌顯
범상하게 짓는 표정 숨은 뜻일세	범상용자의기은 凡常容姿意氣隱
장원급제 일산행렬 받을 만하고	산증유가논공상 傘證遊街論功賞
긴긴 세월 먹과 친해 명필이 됐네	수함친묵명필연 壽含親墨名筆緣
높은 산 험한 고개 자학字學의 모습이요	태산준령자학상 泰山峻嶺字學像
여름비 거센 여울 우람한 웅변일세	하우격단노도변 夏雨激湍怒濤辯
깨끗한 재물 던져 잡지 펴내니	정재쾌척간행지 淨財快擲刊行誌
복되고 경사스런 지운회 잔치로다	복조진경지운연 福祚進慶知雲筵

이 시詩는 세로로 첫 글자를 모으면 '淸凡傘壽泰夏淨福'이라는 축하祝賀의 뜻이 들어 있다. 이 글자들의 풀이 形式으로 쓴 것이 이 시의 숨은 맛이다.

제4부

고문언해산고

古文諺解散藁

《고문진보古文眞寶》에 실린 중국의 고대 명문名文을 번역하고 해설한 책은 여러 권이 있습니다. 그런데 여기에 또 덧보태는 것이 과연 옳은 일인지, 의견을 주는 분들이 있었습니다.

그래도 저는 이 글을 독자들에게 읽히고 싶습니다. 저는 이 번역에서 얼마간 7·5조풍調風의 외재율外在律을 의식하며 번역했기 때문입니다. 앞으로도 계속해서 이런 번역이 나오는 것이 고문의 진정한 부활復活이라고 믿기 때문입니다.

1. 도연명陶淵明의 〈귀거래사歸去來辭〉

동양東洋의 고문을 즐기는 사람으로 도연명陶淵明의 〈귀거래사歸去來辭〉를 좋아하지 않는 사람은 없으리라. 지금으로부터 1,600년이 훌쩍 넘는 옛날, 중국의 동진시대東晉時代 안제安帝 의희義熙 원년(A.D. 405) 도연명의 나이 41세에 지은 글이다.

도연명은 자가 원량元亮이며, 일명 잠潛이라 한다. 심양潯陽 시상柴桑(지금의 강서성江西省 구강현九江縣 서남부西南部) 사람이다. 그의 고향은 여산廬山과 파양호鄱陽湖가 가까이에 있고 사방이 전원으로 둘러싸여 자연경관이 매우 수려한 곳이다. 그가 〈귀거래사〉를 짓게 된 경위는 그 서문에 자세히 밝히고 있다. 간단히 요약하면 다음과 같다.

"나는 가빈家貧하여 생활 방책을 찾으려 하는데 마침 가숙家叔이 작은 마을의 벼슬자리를 마련해 주었다. 집에서 100여 리 떨어진 팽택현령彭澤縣令이었다. 그러나 벼슬살이가 체질에 맞지 않아 며칠 지나지 않아 집으로 돌아가고 싶은 마음이 생겼다. 그런데 누이동생의 상사喪事가 있어 바삐 가보고 싶은 마음에 사직을 결심하고 떠나는 것이다. 중추仲秋로부터 겨울에 이르기까지 80여 일 근무하였다."

또 《진서晉書》 〈도잠전陶潛傳〉에 따르면,

"군郡의 독우督郵가 현縣에 와서 아뢰기를 '속대束帶하고 군독郡督을 뵈오라.'라고 하자 잠潛이 탄식하여 말하기를 '내가 오두미五斗米 때문에 허리 굽혀 향리의 소인 앞에 나아가랴.'라고 하고는 그날로 인수印綬를 풀어놓고 사직하면서 귀거래歸去來를 노래하였다."

라고 기록하고 있다.

오늘날 회자되는 도연명의 대표적인 글은 〈귀거래사歸去來辭〉, 〈오류선생전五柳先生傳〉, 〈도화원기桃花源記〉 등이요, 150여 수에 이르는 시 또한 많은 사람의 사랑을 받고 있다. 그의 글은 전원 생활의 아름다움을 지극히 소박하고 평범하고 진솔하게 그려내고 있다. 특히 〈귀거래사〉는 중국은 물론이요, 우리나라에서도 애송을 넘어서 그 모방작模倣作, 이른바 화도사和陶辭라는 것이 150여 편에 이르는 것으로 조사되어 있다.

이제 우리는 〈귀거래사〉를 애송하는 마음으로 4·4조풍調風의 우리말 가사체歌辭體로 번역해 보고자 한다. 다음이 그 시역試譯이다.

돌아가리라 〈돌아가리라〉 — 歸去來兮(귀거래혜)
전원田園이 묵어가니 어찌아니 돌아가랴 — 田園將蕪胡不歸(전원장무호불귀)
어느새 내마음 떠날뜻을 굳혔으니 — 既自以心爲形役(기자이심위형역)
무엇을 근심하며 홀로슬퍼 하겠는가? — 奚惆悵而獨悲(해추창이독비)
지나간일 못고침을 드디어 깨달으며 — 悟已往之不諫(오이왕지불간)
앞일이나 올곧게 해야함을 알겠노라 — 知來者之可追(지래자지가추)
진실로 잘못든길 멀리는 안갔으니 — 實迷途其未遠(실미도기미원)
어제잘못 뉘우치고 지금에야 바로잡네 — 覺今是而昨非(각금시이작비)
조각배 흔들흔들 가볍게 흘러가고 — 舟遙遙以輕颺(주요요이경양)

바람은 살랑살랑 옷깃에 스미누나 風飄飄而吹衣(풍표표이취의)
길손을 붙들고 앞길을 묻노라니 問征夫以前路(문정부이전로)
희미한 새벽길이 한恨스로울 뿐이로다 恨晨光之熹微(한신광지희미)
고향집 처마끝을 저만치 바라보며 乃瞻衡宇(내첨형우)
기쁨을 못감추고 분주히 달려가니 載欣載奔(재흔재분)
집안의 동복僮僕들은 반가이 맞이하고 僮僕歡迎(동복환영)
자식놈은 문밖에서 〈목을빼고〉 기다린다 稚子候門(치자후문)
안마당 세갈래길 한없이 거칠지만 三徑就荒(삼경취황)
소나무와 국화꽃은 옛날과 다름없네 松菊猶存(송국유존)
어린자식 손붙들고 방안에 들어서니 携幼入室(휴유입실)
술동이가 있구나. 술이가득 찼구나 有酒盈樽(유주영준)
술병술잔 끌어당겨 내홀로 마시면서 引壺觴以自酌(인호상이자작)
흥겨운 얼굴로 뜰나무도 바라보고 眄庭柯以怡顔(면정가이이안)
남창에 기대어 편안히 앉아보니 倚南窓以寄傲(의남창이기오)
발뻗을 방한칸이 넉넉함을 알겠노라 審容膝之易安(심용슬지이안)
동산을 거니는것 흥취가 쏠쏠한데 園日涉以成趣(원일섭이성취)
대문이야 달렸으나 언제나 닫아두고 門雖設而常關(문수설이상관)
지팡이에 의지하여 마음대로 쉬어가며 策扶老以流憩(책부로이류게)
때때로 머리들어 주변경치 둘러보니 時矯首而遐觀(시교수이하관)
구름은 무심한듯 바위굴을 드나들고 雲無心以出岫(운무심이출수)
새들은 날기지쳐 보금자리 찾는구나 鳥倦飛而知還(조권비이지환)
햇볕은 뉘엿뉘엿 저물녘에 들어서니 影翳翳以將入(영예예이장입)
소나무를 쓰다듬고 그둘레를 서성인다 撫孤松而盤桓(무고송이반환)
돌아가리라 〈돌아가리라〉 歸去來兮(귀거래혜)
벗사귀며 노는일도 단연코 끊으리라 請息交以絶遊(청식교이절유)

세상과 맺은인연 훌훌털고 잊을지니	世與我而相違(세여아이상위)
또다시 수레타고 무엇을 언겠는가?	復駕言兮焉求(부가언혜언구)
친척들과 기쁘게 정담情談이나 나누면서	悅親戚之情話(열친척지정화)
가야금과 글읽기로 근심풀며 즐기는데	樂琴書以消憂(락금서이소우)
때마침 옆집농부 봄이왔다 알려주니	農人告余以春及(농인고여이춘급)
이제부터 서쪽밭에 할일이 많겠구나	將有事於西疇(장유사어서주)
수레도 몰게하고 조각배도 젓게하며	或命巾車或棹孤舟(혹명건거혹도고주)
구불구불 깊은산골 이리저리 찾아보고	旣窈窕以尋壑(기요조이심학)
험한산 언덕길도 휘적휘적 넘어가니	亦崎嶇而經丘(역기구이경구)
수풀속은 울울창창 꽃과열매 지천이고	木欣欣以向榮(목흔흔이향영)
샘물은 퐁퐁솟아 냇물되어 흐르누나	泉涓涓而始流(천연연이시류)
만물이 때를얻어 한없이 어여쁜데	善萬物之得時(선만물지득시)
내삶도 이쯤하여 쉬어야 할까보다	感吾生之行休(감오생지행휴)
이제는 다되었나? 〈모든것이 끝이났나?〉	已矣乎(이의호)
이몸의 세상살이 얼마나 남았을까?	寓形宇內復幾時(우형우내부기시)
어찌하여 가는세월 내버려 두지않고	曷不委心任去留(갈불위심임거류)
서둘러 어느곳을 찾아가려 하는가?	胡爲乎遑遑欲何之(호위호황황욕하지)
부귀富貴는 애초부터 바라지도 않았고	富貴非吾願(부귀비오원)
신선神仙이 되는것도 기약期約할수 없으니	帝鄕不可期(제향불가기)
좋은시절 돌아오면 내홀로 거닐다가	懷良辰以孤往(회량진이고왕)
지팡이 세워놓고 밭갈이나 챙겨보며	或植杖而耘耔(혹식장이운자)
동쪽언덕 올라가서 흥얼흥얼 노래하고	登東皐以舒嘯(등동고이서소)
맑은냇물 옆에앉아 시구詩句도 읊으면서	臨淸流而賦詩(임청류이부시)
애오라지 조화造化속에 조용히 돌아가리	聊乘化以歸盡(료승화이귀진)
천명天命을 즐길뿐 또무엇을 의심하랴	樂夫天命復奚疑(락부천명부해의)

2. 굴원屈原[1]의 〈어부사漁父辭〉

달아달아 밝은달아 이태백이 놀던달아
저기저기 저말속에 계수나무 박혔으니
은도끼로 찍어내고 금도끼로 다듬어서
초가삼간 집을지어 양친부모 모셔다가
천년만년 살고지고 천년만년 살고지고

21세기도 한참 지난 요즈음, 우리네 집안 어린이들이 이 노래를 부를까? 말 배우는 것과 스마트폰으로 게임 즐기는 것을 함께하며 자라는 요즈음 어린이들은 이 이태백李太白이 놀던 달 노래를 까마득히 모를 것만 같다. 그러나 어이하랴. 머리 허옇게 세어버린 우리 칠팝십 노인네들은 아직도 이 노래를 들으면, 아니 이 노래를 흥얼거리면, 효도가 무엇인지 부모 공경이 무엇인지를 생각하면서 이미 돌아가신 지

---

1 屈原 : B.C. 343?~B.C. 278?. 전국시대戰國時代 초楚나라 사람으로 이름은 평平이고, 자는 원原이며, 호는 영균靈均이다. 초楚나라의 왕족으로 태어나 처음에는 회왕懷王의 신임을 받았지만 제齊나라와 동맹하여 강국强國인 진秦나라에 대항해야 한다는 합종책合縱策을 주장하다가 진秦나라와 친교親交해야 한다는 연횡책連橫策을 주장한 상관대부上官大夫의 참언讒言에 의해 면직免職되었다. 나중에 회왕懷王이 진秦나라에 갔다가 사로잡혀 죽은 뒤 아들 경양왕頃襄王 때 다시 쫓겨나 멱라수汨羅水에 빠져 죽었다. 당시 초楚나라 국운國運을 탄식하면서 〈이소離騷〉와 〈구가九歌〉, 〈천문天問〉, 〈어부漁夫〉 등의 시詩를 지었는데, 이것이 《초사楚辭》에 실려 있다. 역대로 충신忠臣을 대표하는 인물로 인식되었고, 특히 〈이소離騷〉는 충신忠臣의 안타까운 심정을 묘사한 대표적인 작품으로 흔히 인용된다.

수십 년이 되었을 부모님이 그리워 가슴이 아른아른 저려올 것이다. 그리고 4·4조풍調風의 민족적 고유성을 다시금 생각하게 될 것이다.

그렇다. 4·4조풍調風은 우리 말, 우리 노래의 기본 가락이다. 그래서 나는 옛날 한문으로 된 시부詩賦를 4·4조풍으로 바꿔보는 작업을 하고 싶었다. 그러면 그 옛글이 더욱더 깊이 우리 정서와 감흥에 녹아들지 않겠는가?

이번에 택한 작품은 굴원屈原의 〈어부사漁父辭〉다. 이 작품은 굴원이라는 인간을 아주 적절하게 묘사한 것이다. 이 혼탁한 세상을 어떻게 사는 것이 옳은지 다시금 새롭게 생각하게 할 것이다. 그러나 또 한편으로는 이 작품 속에 흐르는 초속적超俗的, 피세적避世的 성향의 인물이 요즈음 세상에서는 특별히 주목받지 못할 뿐만 아니라, 그 존재 자체가 무의미한 것이라고 주장할 사람도 적지 않을 것이다. 도피는 상책이 아니요, 도전과 항거가 선비의 정도라고 생각하는 혁신주의革新主義 사상思想이 만만치 않기 때문이다.

그러면 우리의 자세는 무엇이어야 하는가? 도피인가? 도전인가? 이 노래를 4·4조풍調風으로 읊으며 깊이깊이 생각해 볼 일이다.

굴원이 쫓겨나서 강담江潭에 노닐때에	屈原既放游於江潭 (굴원기방유어강담)
택반澤畔을 거닐며 시詩를지어 읊조리니	行吟澤畔 (행음택반)
안색顔色은 초췌하고 몰골은 여위었네	顔色憔悴形容枯槁 (안색초췌형용고고)
어부漁父가 그를보고 말하여 묻기를	漁父見而問之曰 (어부견이문지왈)
"그대는 삼려대부三閭大夫 어른이 아니신가?	子非三閭大夫歟 (자비삼려대부여)
그무슨 까닭으로 이지경이 되었는가?"	何故至於斯 (하고지어사)
굴원이 〈이 물음에 시원스레〉 대답하니	屈原曰 (굴원왈)
"온세상이 다흐린데 나홀로 깨끗하고	擧世皆濁我獨淸 (거세개탁아독청)

뭇사람이 다취해도 나홀로 깨었으니	중인개취아독성	衆人皆醉我獨醒
그래서 이렇게 쫓겨나지 않았는가?”	시이견방	是以見放
어부漁父가 〈또다시〉 물으며 말하기를	어부왈	漁父曰
“성인聖人은 온갖일에 거리낌이 없는지라	성인불응체어물	聖人不凝滯於物
세상과 더불어서 어울려 산다하네	이능여세추이	而能與世推移
온세상 사람들이 모두가 흐리다면	세인개탁	世人皆濁
어째서 진흙탕을 휘젓지 않으셨소	하불굴기니이양기파	何不淈其泥而揚其波
뭇사람이 하나같이 술에취해 살아가면	중인개취	衆人皆醉
술지게미 찌꺼기술을 마시면 좋았을걸	하불포기조이철기리	何不餔其糟而歠其釃
어째서 깊은생각 고상하게 행동하여	하고심사고거	何故深思高擧
스스로 이런꼴로 쫓겨났단 말이오?”	자령방위	自令放爲
굴원이 〈또다시〉 대답하여 말하기를	굴원왈	屈原曰
“내일찍이 이런말을 들은적이 있다오	오문지	吾聞之
머리 새로 감은이는 반드시 관冠을 털고	신목자필탄	新沐者必彈
몸을 새로 씻은이는 반드시 옷을 터네	신욕자필진의	新浴者必振衣
어째서 이몸이 이처럼 깨끗한데	안능이신지찰찰	安能以身之察察
세상물건 더러움을 묻힌다는 말이오	수물지문문자호	受物之汶汶者乎
차라리 저 상강湘江에 풍덩빠져 들어가서	녕부상류	寧赴湘流
물고기 뱃속에 고기밥이 될지언정	장어강어지복중	葬於江魚之腹中
어째서 이희고 깨끗한 이내몸에	안능이호호지백	安能以晧晧之白
세속世俗의 티끌먼지 묻힐수가 있겠는가!”	이몽세속지진애호	而蒙世俗之塵埃乎
어부漁父가 말없이 빙긋이 웃으며	어부완이이소	漁父莞爾而笑
노저어 장단맞춰 노래하며 떠나가네	고설이거내가왈	鼓枻而去乃歌曰
“창파滄波의 물맑으면	창랑지수청혜	滄浪之水淸兮
갓끈을 빨것이오	가이탁오영	可以濯吾纓

창파滄波의 물흐리면	창랑지수탁혜 滄浪之水濁兮
내 발을 씻으리라."	가이탁오족 可以濯吾足
마침내 가버리고 다시 말이 없었노라	수거불부여언 遂去不復與言

탁족도濯足圖

3. 유우석劉禹錫[2]의 〈누실명陋室銘〉

'명銘'은 '새길 명'이라 합니다. 금석金石에 각인하여 사람의 공덕을 기리거나 사물의 내력을 밝혀 후세 사람들에게 교훈을 삼고 칭송을 잊지 않게 하는 것이 '명'이요, 종정鐘鼎 같은 주물鑄物 기명器皿에 제작자의 이름을 적어 놓는 것도 '명'이라 합니다.

이렇게 세상 사람에게 보이는 것만 명이 아니고, '좌우명座右銘'이라 하여 스스로의 마음에 깊이 간직해야 할 교훈을 적어 놓는 것도 명銘의 한가지입니다.

수년 전 중국을 여행 중에 소도시의 서예전을 돌아본 적이 있습니다. 글씨라 하면 우리나라의 한석봉韓石峯과 김추사金秋史 정도만을 기억하고 있었던 터라 중국 사람들의 글씨 잔치에서 안복眼福이나 누려보자는 심산이었습니다.

과연 그 전시는 내 눈을 놀라게 하기에 충분하였습니다. 단정한 해서체에서 기발한 초서에 이르기까지, 그리고 개성미 넘치는 전서篆書, 예서隸書 등 도무지 글씨를 모르는 나에게는 눈이 어질어질하기만 하였습니다.

그 가운데 조용히 한 구석을 차지한 족자 하나가 눈에 들어왔습

---

2 劉禹錫 : 772~842. 중국 중당中唐의 시인으로 박학굉사과博學宏詞科에 급제하여 회남절도사淮南節度使 두우杜佑의 막료가 되었으나 정치 개혁 실패로 낭주사마朗州司馬, 연주자사連州刺使 등으로 전직되고 중앙과 지방의 관직을 역임했다. 저서로 《유몽득문집劉夢得文集》, 《외집外集》 등이 있다.

니다. 글씨 쓴 사람은 내가 익히 아는 동작빈董作賓 교수였습니다. 1950년대 내가 대학생이던 시절, 그가 우리 대학을 방문하여 강연했던 기억을 떠올리며 그의 글씨를 보았습니다.

해서楷書나 행서行書의 중간쯤 되는 서체였는데 이런 것을 '고졸古拙'이라고 하나, 어떤 글자는 참 못생겼다 싶은 것이었는데 전체적으로는 기막히게 조화를 이루고 있었습니다.

그때의 그 글이 바로 유우석劉禹錫의 〈누실명陋室銘〉이었습니다.

오늘 나는 그때의 그 글씨를 마음속에 그리며 4·4조풍調風의 번역을 시도하였습니다. 나의 서재書齋도 제갈려諸葛廬나 자운정子雲亭에 비견되기를 기원하면서.

산山은 아니 높아도 신선神仙살면 명산名山이요　山不在高有僊則名(산부재고유선즉명)
물은 아니 깊어도 용龍있으면 영소靈沼이니　水不在深有龍則靈(수부재심유룡즉령)
여기에 이 누실陋室은 내덕德으로 향기香氣롭다　斯是陋室惟吾德馨(사시누실유오덕형)
이끼자취 섬돌위를 푸르스름 물들이고　苔痕上堦綠(태흔상계록)
풀빛은 발〔렴簾〕에 들며 파랗게 비치누나　草色入簾靑(초색입렴청)
웃으며 얘기하는 높은선비 있을뿐　談笑有鴻儒(담소유홍유)
일없이 오고가는 상常사람은 없다네　往來無白丁(왕래무백정)
옳거니　可以(가이)
거문고 줄 고르며 경서經書를 읽으리니　調素琴閱金經(조소금열금경)
풍악風樂소리 내 귀를 어지럽힐 일이없고　無絲竹之亂耳(무사죽지난이)
문서文書더미 내몸을 괴롭히지 않는도다　無案牘之勞形(무안독지노형)
남양南陽땅 제갈량諸葛亮의 오두막 초가집과　南陽諸葛廬[3](남양제갈려)

---

3 諸葛廬 : 제갈량諸葛亮(181~234)이 살던 초가집을 가리킨다. 그는 자가 공명孔明이고 시호諡號가 충무후忠武侯이며, 낭야군瑯琊郡 양도현陽都縣에서 태어났다. 중국 삼국시대 촉한蜀漢의 정치가 겸 전략가이다. 명성이 높아 '와룡선생臥龍先生'이라

서촉西蜀 땅 양웅揚雄 살던 자운정子雲亭 작은 정자　西蜀子雲亭[4]
공자孔子 님이 누실陋室이라 이르신적 있었던가! 孔子雲何陋之有

유우석劉禹錫

일컬어졌다. 유비劉備를 도와 오吳나라의 손권孫權과 연합하여 남하하는 조조曹操의 대군을 적벽赤壁의 싸움에서 대파하고, 형주荊州와 익주益州를 점령하였다. 221년 한漢나라의 멸망을 계기로 유비가 제위에 오르자 승상丞相이 되었다.

4 子雲亭 : 양웅揚雄(B.C. 53~18)이 머무르던 정자를 가리킨다. 그는 자가 자운子雲이며 사천성四川省 성도成都 출생으로, 청년시절에 동향의 선배인 사마상여司馬相如의 작품을 통하여 배운 문장력을 인정받아, 성제成帝 때 궁정문인의 한 사람이 되었다. 성제의 여행에 수행하며 쓴 〈감천부甘泉賦〉, 〈하동부河東賦〉, 〈우렵부羽獵賦〉, 〈장양부長楊賦〉 등은 화려한 문장이면서도 성제의 사치를 꼬집는 풍자도 잊지 않았다. 학자로서 각 지방의 언어를 집성한 ≪방언方言≫, ≪태현경太玄經≫, ≪법언法言≫ 등을 저술하였다.

4. 이태백李太白의 〈춘야연도리원서春夜宴桃李園序〉

지난달, 또 한 사람의 벗이 세상을 떠났다. 대학을 들어간 1956년부터 시작된 사귐이었으니 어느덧 60년을 훌쩍 넘긴 세월이다. 이렇게 정을 나누던 이웃이 하나, 둘 떠나는 일은 나에게도 그 고별의 때가 가까웠다는 징표가 아닌가?

주위를 둘러보며 내가 세상을 살며 떨어뜨린 티끌 먼지가 무엇인지, 또 그것이 어디에 얼마나 남아 있는지 돌아보지 않을 수 없다. "깨끗해야지, 깨끗했어야지." 이렇게 회한을 곱씹으며 100년도 안 되는 짧은 세상을 산다는 것이 무엇인가를 자문한다.

이렇듯 윤리적 자정自淨의 자세를 가다듬는 순간, 문득 영원한 미래에 대한 궁금증이 솟아난다. 결코 오래 살고 싶다는 헛된 욕망은 아니다. 그러나 시공간의 속박에서 벗어날 수는 없는가 하는 철학적哲學的 초월의지超越意志를 숨길 생각은 없다. 이때 자연스럽게 옛날 선인들의 분방한 소요유逍遙遊를 떠올리게 되었다.

그 첫 번째의 작품이 이태백의 〈춘야연도리원서春夜宴桃李園序〉이다.

이태백(701~762)은 잘 알려진 바와 같이 두보杜甫와 함께 당나라의 대시인으로 손꼽히는 사람이다. 이름은 백白이요, 촉蜀땅인 사천성四川省 청련향靑蓮鄕에서 태어났다. 맑고 깨끗한가 하면 호화롭고 현란하며, 천마天馬가 하늘을 나는 듯한 자유분방한 시상과 시풍 때문에 세상 사람들은 그를 시선詩仙이라 또는 '이적선李謫仙'이라 불렀다. 당唐 현종玄宗에게 불려가 한림학사翰林學士가 되었으나 뒤에 양

귀비楊貴妃의 눈 밖에 나서 사직하고 영왕永王에게 기탁하는 등, 벼슬아치의 객客으로 살다가 죽었다.

그의 생애는 한마디로 권력자의 식객을 면치 못하였으나, 그가 남긴 글월은 후세 사람들에게 자유를 구가하는 청신한 표상이 되었다.

자, 복숭아 오얏꽃이 흐드러진 봄날 동산의 술잔치에 동석해 보자. 이번에는 우리나라 정형의 또 하나의 율격인 7·5조풍調風으로 바꾸었다.

천지는 만물의 여관집이요	夫天地者萬物之逆旅(부천지자만물지역려)
세월은 영원의 나그네로다	光陰者百代之過客(광음자백대지과객)
떠돌이 인생은 꿈과 같으니	而浮生若夢(이부생약몽)
기쁨이 있은들 얼마나 되랴	爲歡幾何(위환기하)
옛사람 촛불 잡고 밤놀이 한 것	古人秉燭夜遊(고인병촉야유)
진실로 까닭이 있을 법하네	良有以也(양유이야)
때마침 따뜻한 봄철을 맞아	況陽春(황양춘)
아득한 풍광은 나를 부르고	召我以煙景(소아이연경)
조물주는 나에게 글재주 주니	大塊假我以文章(대괴가아이문장)
복사 오얏 향긋한 동산에 모여	會桃李之芳園(회도리지방원)
형제간의 우애를 풀어보리라	序天倫之樂事(서천륜지락사)
모여든 아우들은 빼어난 수재	群季俊秀(군계준수)
누구나 할 것 없이 〈김소월이요〉	皆爲惠連(개위혜련)[5]
우리가 부르는 노랫소리에	吾人詠歌(오인영가)
나 홀로 〈만해를〉 부러워하네	獨慚康樂(독참강락)[6]

5 惠連 : 397~433. 송宋의 사혜련謝惠連이란 시인詩人으로 10세부터 시詩를 지었다고 한다. 번역에는 우리나라 시인 김소월金素月을 슬쩍 넣어 보았다.

6 康樂 : 385~433. 송宋의 사영운謝靈運의 별칭으로, 혜련惠連의 족형族兄이다. 강락후康樂侯의 봉작封爵을 받았으므로 '강악康樂'이라 했는데, 번역에는 역시 우리

그윽한 글감상은 끝나지 않고	幽賞未已(유상미이)
높고 맑은 이야기 돌고 도는데	高談轉淸(고담전청)
고상한 잔치 열어 꽃을 즐기고	開瓊筵以坐花(개경연이좌화)
나는 듯한 술잔에 달도 취하네	飛羽觴而醉月(비우상이취월)
여기에 좋은 글이 없다고 하면	不有佳作(불유가작)
아름다운 이 느낌 어떻게 풀랴	何伸雅懷(하신아회)
만약에 시詩 짓기를 실패한다면	如詩不成(여시불성)
〈술자리〉 규정 따라 벌주 마시리	罰依金谷酒數(벌의금곡주수)[7]

춘야연도리원도春夜宴桃李園圖,

나라 시인詩人 만해萬海 한용운韓龍雲을 대입代入하였다.

7 金谷酒數 : 진晉나라 석숭石崇이 금곡원金谷園에서 시회詩會를 할 때, 시가 안 된 사람은 벌주삼배罰酒三盃를 먹인 일을 언급한 것이다. '금곡金谷'은 하남성河南省 낙양현洛陽縣 서쪽에 있다.

5. 한퇴지韓退之의 〈잡설雜說 마설馬說〉

어느 시대나 인재를 발탁하여 적재적소에 기용하는 것은 세상경륜世上經綸의 요체일 것이다. 더구나 인재선발의 제도적 체계가 불완전했던 전근대 봉건왕조시대에는 군왕을 비롯한 위정당사자爲政當事者의 고도의 인간 감식안이 더더욱 필요했을 것이다.

그래서 한퇴지韓退之의 〈마설馬說〉은 당송 이후 많은 사람들에게 사랑받던 글이 되었다. 우리는 이 글을 읽으면서 새삼스럽게 우리 속담 하나를 떠올린다.

"열 길 물속은 알아도 한 길 사람 속은 모른다."

이 속담의 가르침은 한 마디로 '안다는 것'의 정곡正鵠을 찌른다. 열 길 물속을 안다는 것은 대상의 외표적外表的 현상을 파악하는 것이니, 대상을 겉으로 구분하고 식별하는데 그치는 것이지만, 한 길 사람 속을 안다는 것은 사람됨의 진실성을 꿰뚫어 본다는 것이니, 그것은 지식의 문제가 아니라 오랜 경험과 지혜의 통찰이 필요하다. 따라서 우리는 함부로 '사람을 안다'고 말하는 것이 얼마나 조심스러운 것인가도 깨닫는다. 어쩌면 우리는 '안다는 것'을 '알기' 위하여 한평생 산 넘고 물 건너며 나이를 먹는 것은 아닐까 생각해 본다.

그리고 돌이켜 보게 된다. 우리는 누구를 진정으로 안다고 말할 수 있는가! 더 나아가 우리는 우리 자신을 얼마나 잘 알고 스스로를 다스리고 있는가!(엉뚱하게도 이 순간에 우리는 우리나라 현대사에서 네 명의 전前 대통령大統領이 영어囹圄의 몸이 된 사실을 상기한다.)

이 글을 지은 한퇴지韓退之(768~824)는 당송팔대가唐宋八大家의 한 사람으로 그의 시와 산문은 《창려집昌黎集》 40권에 실려 고문古文을 사랑하는 사람들에게 진실로 아낌을 받고 있다. 그의 잡설雜說은 〈용龍〉·〈의醫〉·〈학鶴〉·〈마馬〉 4편篇이 있는데 모두 짧은 소품 논설이요, 풍유성이 짙은 글이다.

원래 백락伯樂은 천마天馬를 주관하는 별의 이름인데 춘추시대 진秦 목공穆公 때에 명마를 잘 찾는 명인의 이름이 되었다. 그의 본명은 손孫이요, 이름은 양陽인데 말을 잘 알아보는 능력 때문에 백락伯樂으로 승격이 된 것이라 한다.

이제 우리는 이 글을 4·4조풍調風의 우리 가락으로 읊어보기로 하자.

이 세상에 백락伯樂이 태어난 다음에야	世有伯樂然後 (세 유 백 락 연 후)
〈비로소〉 천리마千里馬가 있을 수 있다하네	有千里馬 (유 천 리 마)
〈하기야〉 천리마千里馬는 언제나 있건마는	千里馬常有 (천 리 마 상 유)
백락伯樂은 언제나 있는 것이 아니라네	而伯樂不常有 (이 백 락 불 상 유)
그러므로 명마名馬가 있다고 하더라도	故雖有名馬 (고 수 유 명 마)
종놈의 손에서 곤욕을 치르면서	祇辱於奴隸人之手 (저 욕 어 노 예 인 지 수)
보통말로 마구간의 죽음을 맞이하니	騈死於槽櫪之間 (병 사 어 조 력 지 간)
어떻게 천리마의 이름을 얻겠는가?	不以千里稱也 (불 이 천 리 칭 야)
천리를 달리는 명마名馬라 하는 것은	馬之千里者 (마 지 천 리 자)
한끼에 속粟 한섬을 먹어야 하는건데	一食或盡粟一石 (일 식 혹 진 속 일 석)
말 먹이는 녀석이 그것을 모르니	食馬者 (식 마 자)

그 말이 어떻게 천리千里를 달리랴	不知其能千里而食也(부지기능천리이식야)
이 말이 천리千里를 달릴 수 있다해도	是馬雖有千里之能(시마수유천리지능)
배불리 먹지 못해 달릴 힘이 모자라니	食不飽力不足(식불포력부족)
그 재주 놀라움을 드러낼 수가 없고	才美不外見(재미불외견)
더구나 보통말과 같으려고 하여도	且欲與常馬等(차욕여상마등)
그나마도 쉽사리 될 수가 없으니	不可得(불가득)
그런 말이 어떻게 천리千里를 달리랴	安求其能千里也(안구기능천리야)
채찍질만 하는 것은 옳은 길이 아닐세	策之不以其道(책지불이기도)
있는 먹이 마음껏 먹이지도 못하고	食之不能盡其材(식지불능진기재)
울어도 그 뜻을 알아듣지 못하면서	鳴之不能通其意(명지불능통기의)
채찍을 휘어잡고 말 앞에서 한탄하네	執策而臨地曰(집책이임지왈)
"이 세상에 좋은 말이 정말 없구나"	天下無良馬(천하무량마)
슬프다 정말로 좋은 말이 없는가?	嗚呼其眞無良馬耶(명호기진무량마야)
좋은 말을 알아내지 못하는 것 아닌가?	其眞不識馬耶(기진불식마야)

6. 소동파蘇東坡의 〈적벽부赤壁賦〉

중국의 문장가를 손꼽을 때에 흔히 '당송팔대가唐宋八大家'를 언급한다. 그들은 8~9세기 당대唐代의 퇴지退之 한유韓愈, 자후子厚 유종원柳宗元 두 사람과 11세기 북송대北宋代의 구양수歐陽脩, 증공曾鞏, 왕안석王安石 세 사람, 그리고 소순蘇洵, 소식蘇軾, 소철蘇轍 세 사람을 아울러 이르는 말이다. 소순蘇洵은 아버지요, 식軾과 철轍은 그 아들이니, 한 시대를 주름잡는 문호의 계열에 한 집안 3부자가 거론된다는 것은 실로 놀라운 가운이요 영광이 아닐 수 없다.

그 세 사람의 소씨 부자 가운데 한 사람만 지목하라면 대개 큰아들 소식蘇軾을 말하게 된다. 문장의 질과 양에서 그 아버지와 아우를 압도하는 면이 있기 때문이다. 그리고 또 소식의 글 가운데 인구人口에 회자膾炙되는 것을 하나만 고른다면 아마 그것은 〈적벽부赤壁賦〉일 것이다.

〈적벽부〉는 소식이 47세(1082) 때에 지은 작품이다. 이 시부詩賦를 짓기 3년 전에 소식은 왕안석王安石과의 불화로 시화詩禍를 입어 벌을 받고 어사대御史臺에 하옥되어 죽임을 당할 위기에 처했었다. 이때 그 아우 소철의 간절한 상소로 사면되어 그해 12월에 황주黃州 단련부사團練副使로 좌천되었다. 소식은 그 황주의 동파東坡(地名)에 서당을 짓고 '동파거사東坡居士'라 자호하였다. 이때부터 '동파'는 그의 아호가 되었고 이때 지은 〈적벽부赤壁賦〉는 동파의 명품일호가 되었다.

〈적벽부〉의 주제는 한마디로 "짧은 인생, 유감없이 즐기자." 일 것이다.

> 허무하기 짝이 없는 짧은 인생
> 사랑하는 님에 대한 깊은 그리움
> 찾아온 친구와의 끝없는 회포懷抱
> 자연을 투시透視하는 초자연超自然의 경지境地

대체로 이러한 몇 가지 화제話題는 어느 시대에나 있을 법한 인지상정의 주제가 아니던가? 일찍이 동진東晉의 왕희지王羲之도 〈난정집서蘭亭集序〉에 이와 같은 시상을 펼쳤었고 이백李白의 〈춘야연도리원서春夜宴桃李園序〉도 역시 같은 맥락의 노래였다.

그러므로 우리는 우리가 살아가는 한 이 〈적벽부〉의 시흥에서 조금도 벗어날 수 없다는 것 또한 분명해 보인다.

임술년 초가을 칠월 열엿새	壬戌之秋七月既望(임술지추칠월기망)
동파東坡와 손님은 배를 띄우고	蘇子與客泛舟(소자여객범주)
적벽강 아래에서 노닐었다오	遊於赤壁之下(유어적벽지하)
시원한 바람은 서서히 불고	清風徐來(청풍서래)
물결은 일지 않고 잔잔하였소	水波不興(수파불흥)
술잔들어 손님에게 술을 권하며	擧酒屬客(거주속객)
밝은 달을 노래하는 시詩를 읊다가	誦明月之詩(송명월지시)
시경詩經의 요조장窈窕章을 노래하였소	歌窈窕之章(가요조지장)
얼마지나 동산에 달이 떠올라	少焉月出於東山之上(소언월출어동산지상)
남두견우南斗牽牛 두 별 사이 배회徘徊하는데	徘徊於斗牛之間(배회어두우지간)

하이얀 이슬은 강에 빗기고	백로횡강 白露橫江
짙푸른 물빛은 하늘 닿으니	수광접천 水光接天
조각배 한 척을 물에 맡기고	종일위지소여 縱一葦之所如
아득한 만경창파萬頃蒼波 헤치며 갔소	능만경지망연 凌萬頃之茫然
넓은 허공 바람결에 몸을 실으니	호호호여빙허어풍 浩浩乎如憑虛御風
도무지 끝간 데를 알 수 없었고	이부지기소지 而不知其所止
하늘하늘 나홀로 세상 잊은채	표표호여유세독립 飄飄乎如遺世獨立
신선神仙되어 가볍게 오른 듯 했소	우화이등선 羽化而登仙
이런 때 술마시고 아니 즐기랴	어시음주낙심 於是飮酒樂甚
뱃전을 두들기며 노래불렀소	구현이가지 扣舷而歌之
노래에 무엇이라 말했냐구요?	가왈 歌曰
“계수나무 돛대와 목란木蘭 상앗대	계도혜난장 桂棹兮蘭槳
달빛비친 물위를 거슬러가고	격공명혜기류광 擊空明兮泝流光
아득하고 머나먼 나의 그리움	묘묘혜여회 渺渺兮予懷
내 님을 바라보네 하늘 저멀리.”	망미인혜천일방 望美人兮天一方
손님 중에 동소洞簫를 부는 이 있어	객유취동소자 客有吹洞簫者
노래에 화답하여 가락 맞추니	의가이화지 倚歌而和之
그 소리 은은하고 애절하구나	기성오오연 其聲嗚嗚然
한恨 맺힌 듯 그립고 읍소泣訴 하는 듯	여원여모여읍여소 如怨如慕如泣如訴
끊어질 듯 이어지는 가냘픈 여음餘音	여음뇨뇨부절여루 餘音嫋嫋不絶如縷
골짜기의 숨은 용龍이 춤을 추는 듯	무유학지잡교 舞幽壑之潛蛟
조각배의 홀어미들 울리는구나	읍고주지이부 泣孤舟之嫠婦
동파東坡가 초연愀然하여 옷깃 여미고	소자초연정금 蘇子愀然正襟
단정히 앉아서 손께 묻기를	위좌이문객왈 危坐而問客曰
“어쩌면 퉁소소리 그리고웁소?”	하위기연야 何爲其然也

손님이 대답하여 말씀하시길	객왈 客曰
“달빛은 해맑고 별은 성긴데	월명성희 月明星稀
까마귀와 까치는 남으로 나니	오작남비 烏鵲南飛
이것은 조맹덕曹孟德의 시詩가 아니오?	차비조맹덕지시호 此非曹孟德之詩乎
서쪽으로 하구夏口를 바라보다가	서망하구 西望夏口
동쪽으로 무창武昌을 바라다보니	동망무창 東望武昌
산천山川은 서로서로 맞물려 있어	산천상무 山川相繆
울창하고 무성하게 푸르렀으니	울호창창 鬱乎蒼蒼
맹덕孟德이 주랑周郎에게 곤욕을 치른	차비맹덕지곤 此非孟德之困
여기가 바로 거기 아니던가요?	어주랑자호 於周郎者乎
바야흐로 형주荊州를 때려 부수고	방기파형주 方其破荊州
강릉江陵을 내려와 동東으로 흘러	하강릉순류이동야 下江陵順流而東也
고물 이물 맞붙어 천리에 뻗고	축로천리 舳艫千里
정기旌旗는 허공을 덮어버렸소	정기폐공 旌旗蔽空
술잔을 나누며 강물위에서	시주임강 釃酒臨江
장창長槍을 옆에 놓고 시를 지으니	횡삭부시 橫槊賦詩
진실로 한세상 영웅 아니오?	고일세지영웅야 固一世之英雄也
그런데 지금은 어디에 있소?	이금안재재 而今安在哉
하물며 그대는 나와 더불어	황오여자 況吾與子
이 강江가 물위에서 고기 낚으며	어초어강저지상 漁樵於江渚之上
물고기와 사슴을 벗하지 않소	여어하이우미록 侶魚蝦而友麋鹿
일엽편주一葉片舟 가벼운 배를 띄우고	가일엽지경주 駕一葉之輕舟
표주박의 술잔을 서로 권하며	거포준이상속 擧匏樽以相屬
천지天地에 하루살이 의탁依託하느니	기부유어천지 寄蜉蝣於天地
망망한 바다에 한 알의 좁쌀	묘창해지일속 渺滄海之一粟

우리 삶이 잠깐임을 애달파하고 哀吾生之須臾(애오생지수유)
장강長江의 무궁無窮함을 부러워하네 羨長江之無窮(선장강지무궁)
비선飛仙을 옆에 끼고 즐거이 놀며 挾飛仙以遨遊(협비선이오유)
명월明月을 껴안고 끝장을 낼까? 抱明月而長終(포명월이장종)
갑자기 그렇게는 아니될테니 知不可乎驟得(지불가호취득)
유향遺響이나 비풍悲風에 부치는게요.” 託遺響於悲風(탁유향어비풍)
동파東坡가 대답하여 말씀드리길 蘇子曰(소자왈)
“손님도 물과 달을 아시는가요? 客亦知夫水與月乎(객역지부수여월호)
가는 것이 저와 같다 하셨습니까? 逝者如斯(서자여사)
그러나 간다고 할 수 없지요. 而未嘗往也(이미상왕야)
달이 차고 기우는 것 저와 같으나 盈虛者如彼(영허자여피)
커짐도 사라짐도 아니랍니다. 而卒莫消長也(이졸막소장야)
변한다고 하는 것 살펴보오니 蓋將自其變者而觀之(개장자기변자이관지)
천지간天地間에 한순간도 멈추지 않고 則天地曾不能以一瞬(즉천지증불능이일순)
변하지 않는 것도 살펴보오니 自其不變者而觀之(자기불변자이관지)
온 세상이 나와함께 끝이 없구료 則物與我皆無盡也(즉물여아개무진야)
그러니 또 무엇을 부러워하리 而又何羨乎(이우하선호)
또다시 가만히 생각해보니 且夫(차부)
천지간天地間에 모든 것 주인 있으나 天地之間物各有主(천지지간물각유주)
진실로 우리 것은 전혀 없으니 苟非吾之所有(구비오지소유)
터럭끝 하나도 갖지 말리라 雖一毫而莫取(수일호이막취)
오로지 강위의 맑은 바람과 惟江上之淸風(유강상지청풍)
산위의 밝은 달만 즐길 뿐이라 與山間之明月(여산간지명월)
귀로는 그것 얻어 소리를 삼고 耳得之而爲聲(이득지이위성)
눈으로는 그것 만나 빛을 이루리 目遇之而成色(목우지이성색)

그것은 가진대도 말릴 이 없고	取之無禁(취지무금)
쓰고 쓰고 또 써도 다함없으니	用之不竭(용지불갈)
이야말로 조물주造物主의 무진장無盡藏이오	是造物者之無盡藏也(시조물자지무진장야)
나와 함께 그대가 즐기는 걸세."	而吾與子之所共適(이오여자지소공적)
손님이 기뻐하여 웃음 지으며	客喜而笑(객희이소)
잔을 씻어 다시금 술을 권하니	洗盞更酌(세잔갱작)
안주는 어느새 바닥이 나고	肴核旣盡(효핵기진)
술잔과 술소반은 어지럽구료	杯盤狼藉(배반낭자)
서로가 배안에서 베개를 베고	相與枕藉乎舟中(상여침자호주중)
동방東方이 밝는 것을 알지 못했소	不知東方之旣白(부지동방지기백)

적벽도赤壁圖

7. 주무숙周茂叔의 〈애련설愛蓮說〉

'주자'라고 하면 문득 어느 '주자'를 가리키는가 혼돈스러울 때가 있다. 주무숙周茂叔(1017~1073)도 '주자周子'로 일컫고 주희朱熹(1130~1200)도 '주자朱子'로 일컫기 때문이다. 그 두 사람이 모두 유학을 깊이 있는 철학체계로 정리한 사람이요, 또 시대가 100여 년의 상거相距가 있으나 오늘날 '성리학性理學'이라 부르는 송대유학의 개척자이기 때문이다.

그러나 주자학朱子學 또는 정주학程朱學은 주자朱子의 집대성이라 '주자'는 곧 주희朱熹를 일컫는다. 또 그러나 주자朱子와 함께 성리학을 집대성한 정명도程明道(1032~1085)와 정이천程伊川(1033~1109) 형제의 스승이 곧 주무숙周茂叔이었으니 주자朱子의 학문상의 스승이 주자周子임도 틀림없는 사실이다.

주자周子는 이름이 돈이敦頤요, '염계濂溪'라고 호號하였다. 도주道州 영도현營道縣 사람인데 어려서 고아가 되어 외삼촌 정향鄭珦에게 양육되었다. 당대 사람들이 그의 인품이 매우 고결하고 쇄락함을 칭송하였는데, 이 〈애련설愛蓮說〉도 그의 사람됨을 잘 나타낸 것으로 일컫는다. 《고문진보古文眞寶》에 이 〈애련설愛蓮說〉을 다음과 같이 평하였다.

염계濂溪는 문장에 뜻을 둔 사람이 아니었으나 학식과 이취理趣가 높았기 때문에 문장을 잘하려고 노력하지 않아도 지극한 경지에 나아간 것이다. 이 말은 뜻을 나타냄이 정확하고 흥을 가탁함이 깊고 글을 씀이 간결하다는 뜻이니, 비록 고금에 문장가로 이름난 이들이 이보다 더 좋겠는가? 은일과 부귀와 군자로 세 꽃을 이름하였으니 바꿀 수 없으리라. 염계濂溪는 단지 연꽃을 사랑한 것이 아니요 군자를 사랑한 것이다.

물과 뭍의 풀과 나무 그 많은 꽃들	수륙초목지화 水陸草木之花
사랑하고 즐길 것이 많고 많은데	가애자심번 可愛者甚蕃
진晉나라 도연명陶淵明은 국화菊花만 찾고	진도연명독애국 晉陶淵明獨愛菊
이씨李氏의 당唐나라 시절時節이후로	자리당래 自李唐來
세상사람 모란牡丹만을 사랑하였네	세인심애모란 世人甚愛牡丹
나 홀로 연蓮꽃을 사랑하노니	여독애련지 予獨愛蓮之
진흙에서 솟았으나 물들지 않고	출어어니이불염 出於淤泥而不染
맑은 물에 씻기어도 요염치 않고	탁청련이불요 濯清漣而不妖
가운데는 텅 비고 밖은 곧으며	중통외직 中通外直
넝쿨도 안 퍼지고 가지도 없고	불만부지 不蔓不枝
향기는 멀수록 더욱 맑으며	향원익청 香遠益清
꼿꼿하고 조촐하게 우뚝 섰으니	정정정식 亭亭淨植
멀리서 바라보며 좋아하여도	가원관이 可遠觀而
가까이서 매만지며 즐길 수 없네	불가설완언 不可褻玩焉
나 이제 〈세 가지 꽃〉 평가하리라	여위 予謂
국화는 꽃 가운데 숨어 사는 자	국화지은일자야 菊花之隱逸者也
모란은 꽃 가운데 부귀로운 자	모란화지부귀자야 牡丹花之富貴者也
연꽃은 꽃 가운데 으뜸 선비네	연화지군자자야 蓮花之君子者也
오호라 국화를 사랑한 이는	희국지애 噫菊之愛
도연명 이후로는 들은 일없고	도후선유문 陶後鮮有聞

연꽃을 〈그처럼〉 사랑한 이도	蓮之愛(연지애)
나와 같은 사람이 또 어디 있나	同予者何人(동여자하인)
모란을 사랑하는 사람들이야	牡丹之愛(모란지애)
그야 물론 마땅히 많고 많으리	宜乎衆矣(의호중의)

주돈이애련도周敦頤愛蓮圖

8. 사마광司馬光[8]의 〈독락원기獨樂園記〉

시골로 들어와 산 지 어느새 네 해째를 헤아린다. 내 방문에는 '백동별서원모재柏洞別墅遠慕齋'라는 당호堂號(?)를 붙여 놓았다. 사방이 잣나무 숲으로 둘러 싸였으니 백동柏洞이요, 시골집이니 별장의 뜻을 살려 '별서別墅'라 하였다. 그리고 원래 시골집을 짓게 된 까닭은 이 집에서 10여 분 걸어 올라가는 산록山麓에 선영先塋이 있어서 내 딴에는 시묘살이의 흉내를 낸다는 뜻이 있었다.

그래서 서재의 이름을 '원모遠慕'라 하였으니 선고先考, 선비先妣께 불효한 지난 세월을 속죄하겠다는 얄팍한 효심이 그런 명칭을 붙인 것이다.

이 시골집에 며칠 전에 옛날 친구들이 찾아왔다. 모두 다섯 명, 그 중 한 사람은 내가 대학교수가 된 첫해에 그 대학에 함께 부임했던 사람이니 햇수로는 50년이 넘는 교분이 있고, 나머지 네 사람은 한두

---

8 司馬光 : 1019~1086. 중국中國 북송北宋의 학자學者·정치가政治家로 자는 군실君實이고 호號는 우부迂夫이며 시호諡號는 문정文正이다. 산서성山西省 하현夏縣 속수향涑水鄕 출생이다. '속수선생涑水先生'이라고도 하며, 죽은 뒤 온국공溫國公에 봉해졌으므로 '사마온공司馬溫公'이라고도 한다. 20세에 진사進士가 되고, 1067년 신종神宗이 즉위한 해에 한림학사翰林學士, 이어서 어사중승御史中丞이 되어 출세가도를 달렸다. 그러나 신종神宗이 왕안석王安石을 발탁하여 신법新法(혁신정책革新政策)을 단행하게 하자, 이에 반대하여 새로 임명된 추밀부사樞密副使를 사퇴하고, 1070년에 지방으로 나갔다. 당시 그는 편년체의 역사《자치통감資治通鑑》을 쓰고 있었다. 1084년 마침내 전 20권의《자치통감資治通鑑》을 완성하였다. 저서로《자치통감》외에《속수기문涑水紀聞》,《사마문정공집司馬文正公集》등이 있다.

해 차이로 대학 공부를 함께한 동문들로 그들과의 교분도 60년 안팎이 되는 친구들이었다.

"이거 얼마 만이요, 정말 우리 너무 적조積阻했었네."

이렇게 수인사修人事를 나누고, 헤아려보니 그럭저럭 만난 지 4, 5년은 모두 지난 처지였다. 정말 오랜만에 만났다. 그러나 차담상茶啖床을 마주하고 이야기꽃을 피우다 보니 우리는 모두 50대 청춘으로 돌아간 느낌이었다. 다담茶啖이 주안酒案으로 바뀐 것은 말할 것도 없다.

그 자리에서 나는 내가 이 시골에 사는 느낌을 무엇으로 표현할까 하다가 건방지게도 사마광의 〈독락원기〉를 생각해 냈다.

"내가 여기 살면서 가끔 읊는 노래가 있다네."

그리고 나는 〈독락원기〉를 웅얼웅얼 읊조렸다.

다음이 그 글이다. 앞뒤를 자르고 핵심만 간추린 요약문이다.

이 늙은이 평일에 글을 읽으며	우 수 평 일 독 서 迂叟平日讀書
위로는 성인聖人으로 스승을 삼고	상 사 성 인 上師聖人
아래로는 군현群賢으로 벗을 삼았네	하 우 군 현 下友群賢
인의仁義의 근본을 들여다보고	규 인 의 지 원 窺仁義之原
예악禮樂의 실마리를 탐구探究하였네	탐 예 악 지 서 探禮樂之緖
천지天地가 생기기 그 이전以前부터	자 미 시 유 형 지 전 自未始有形之前
끝없는 세상의 그 바깥까지	기 사 달 무 궁 지 외 曁四達無窮之外
사물事物의 이치를 목전目前에 두고	사 물 지 리 거 집 목 전 事物之理擧集目前
할 수만 있다면 모두 배우고	가 자 학 지 可者學之
힘이 닿지 않는 것 내버려 두니	미 지 부 가 未至夫可
무엇을 남에게 구求할 것이며	하 구 어 인 何求於人

무엇을 세상에 바랄 것인가!	何待於外哉 (하대어외재)
생각이 막히고 몸이 지치면	志倦體疲 (지권체피)
낚싯대 던져서 물고기 잡고	則投竿取魚 (즉투간취어)
옷깃을 여미고 약을 캐다가	執衽採藥 (집임채약)
도랑을 터놓아 꽃에 물주고	決渠灌花 (결거관화)
도끼를 휘둘러 대를 쪼개며	操斧剖竹 (조부부죽)
더위를 식히려고 세수도 하고	濯熱盥水 (탁열관수)
높은 언덕 올라가 휘둘러 보고	臨高縱目 (임고종목)
휘적휘적 발 닫는데 돌아다니며	逍遙徜徉 (소요상양)
마음이 가는대로 걸을 뿐이니	惟意所適 (유의소적)
밝은 달은 때마침 돋아 오르고	明月時至 (명월시지)
맑은 바람 저절로 찾아오는데	淸風自來 (청풍자래)
걸으며 또 걸어도 끌림이 없고	行無所牽 (행무소견)
멈추고 또 멈춰도 잡힘이 없네	止無所抳 (지무소니)
보고 듣는 귀와 눈 폐와 창자를	耳目肺腸 (이목폐장)
가지런히 거두어 내 것 만드니	卷爲己有 (권위기유)
거칠 것이 없으니 시원하구료	踽踽焉洋洋焉 (우우언양양언)
모르겠네 하늘과 땅 그사이에	不知天壤之間 (부지천양지간)
무슨 낙이 또 있어 대신하겠나	復有何樂可以代此也 (부유하락가이대차야)
그러므로 두루모아 이름지으니	因合而命之 (인합이명지)
나홀로 즐기노라 독락獨樂이로다	曰獨樂 (왈독락)

9. 소순蘇洵의 〈명이자설名二子說〉

이름이란 무엇인가?

그것은 존재의 화신化身이다. 이 사실을 극적으로 해명하는 이야기가 《성경聖經》〈탈출기脫出記〉 3章에 다음과 같이 서술되어 있다.

> 모세가 하느님께 아뢰었다. "제가 이스라엘 자손들에게 가서 '너희 조상들의 하느님께서 나를 너희에게 보내셨다.'라고 말하면 그들이 저에게 '그분 이름이 무엇이요?'라고 물을 터인데, 제가 그들에게 무엇이라고 대답해야 하겠습니까?" 하느님께서 모세에게 "나는 있는 나다."라고 대답하시고 이어서 말씀하셨다. "너는 이스라엘 자손들에게 '있는 나'께서 나를 너희에게 보내셨다." 하여라.

'있는 나'의 영어식 표현은 'I am he who is'인데 굳이 바꾸어 표현하자면 '나는 존재하는 자이다' 쯤으로 될 것이다. 여기서 하느님은 이 세상에 존재하는 모든 것의 주인임을 선언한다는 교의적敎義的 해석을 함축하고 있는 것이지만, 결국 이름은 존재하는 일정한 실체의 화신임을 천명하는 셈이다.

그렇다면 우리는 '이름'을 소중하게 지켜야 한다. 그래서 예부터 사람들은 자손의 이름을 신중에 신중을 기하여 지었고, 또 사람들은 자기의 이름을 실체인 자신의 몸보다도 더 고귀하게 다루었다.

이렇게 소중한 이름이니 이름에 얽힌 이야기가 많을 수밖에 없다. 그리고 자식을 낳아 이름을 짓는 일이 또한 그 이름의 주인공의 운명을 좌우함직하다.

여기에 한 아비가 그 아들들에게 이름을 지어 놓고 그 풀이를 하여 아들들의 일생 운명을 예견(?)한 흥미로운 글이 있다. 그는 다름 아닌 당송팔대가의 한 축인 소씨蘇氏 3부자 중 아버지인 소순蘇洵이다. 노천老泉 소순蘇洵은 아들 둘을 두었는데 큰아들에게는 '식軾'이라는 이름을 붙였고, 작은아들에게는 '철轍'이라는 이름을 붙여 주었다. 그리고 그 이름 해설의 글을 남겼는데 흥미롭게도 그들의 일생이 그 이름이 뜻하는 바와 아주 기묘하게 부합하였다. 그래서 이 글이 더욱 유명해졌다.

큰아들 '식軾'은 겉꾸밈에 신경을 쓰지 않고 자기 생각대로 글 짓고 처신하니 그의 재능이 세상의 부러움을 샀다. 그러나 그의 날카로운 비판은 드디어 왕안석王安石의 신법新法을 비방함에 이르니, 그를 미워하는 사람이 그를 내버려 둘리가 없었다. 그래서 식軾은 유배 생활이 꼬리를 잇게 되었다. '식軾'이란 수레의 앞에 가로막이로 걸친 나무인데, 그것은 수레에 있어도 좋고 없어도 괜찮은 부분이다. '식軾'이 세상에 있어도 그만, 없어도 그만인 사람처럼 유배 생활이 본업인 듯하였으니 그 이름에 값하는 인생이었다 할 것이다.

작은아들 '철轍'은 한때 형의 잘못에 연루되어 유배 생활을 하기는 했으나 얼마 지나지 않아 관직에 돌아왔다. 철轍은 '수레바퀴 자국'이므로 수레바퀴가 지나간 자취임은 분명하나 수레 자체의 운명과는 관계가 없는 것이다. 따라서 '철轍'은 세상살이가 여유로울 수 있었다 할 것이다. 이제 그 글을 읽어 보자.

수레바퀴 그 살대 수레뚜껑 뒤턱나무 輪輻蓋軫(윤복개진)
그 모두가 수레에서 맡은 구실 있거니와 皆有職乎車(개유직호거)
그런데 수레의 앞 가로 목木 그 하나는 而軾(이식)
제 홀로 하는 일이 아무것도 없구나 獨若無所爲者(독약무소위자)
그렇지만 앞 횡목橫木 그것을 없앤다면 雖然去軾(수연거식)
나 일찍이 못 보았네 그러한 수레가 則吾未見(즉오미견)
온전한 수레노릇 한다고 하는 것을 其爲完車也(기위완거야)
내 아들 식軾아! 나 은근히 근심된다 軾乎吾懼(식호오구)
겉꾸밈을 싫어하는 네 성질 네 삶이 汝之不外飾也(여지불외식야)
이 세상에 수레라는 그 모든 수레들 天下之車(천하지거)
바퀴자국 내지 않고 다니는 것 보았는가? 莫不由轍(막불유철)
그렇지만 수레의 공덕功德을 말할 때에 而言車之功者(이언거지공자)
수레바퀴 자국을 말하지는 않는구나 轍不與焉(철불여언)
수레가 쓰러지고 말조차 죽는데도 雖然車仆馬斃(수연거부마폐)
그 잘못이 바퀴자국 탓이라곤 아니하네 而患亦不及轍(이환역불급철)
그렇다면 수레바퀴 철轍이라 하는 것은 是轍者(시철자)
일마다 알맞은 처리를 하는가 善處乎(선처호)
재앙災殃과 축복祝福의 한 가운데 있는거네 禍福之間也(화복지간야)
내 아들 철轍아! 나는 알겠노라 轍乎吾知(철호오지)
〈너의 한 생애生涯가〉 화禍는 입지 않을 것을. 免矣(면의)

10. 제갈량諸葛亮의 〈출사표出師表〉

제갈량諸葛亮(181~234)은 중국의 삼국시대, 촉한蜀漢의 재상이었다. 중국의 삼국시대는 우리나라의 삼국시대와 비교하면 200여 년 뒤의 일이다. 고구려·백제·신라의 출발은 B.C. 1세기 때인데 중국의 삼국시대는 후한이 멸망한 220년에 본격적으로 전개되기 때문이다. 또한 중국의 삼국시대는 촉한蜀漢·위魏·오吳의 세 나라가 정립한 뒤에, 촉한蜀漢이 멸망한 263년경에 사실상 와해되니까 중국의 삼국시대는 반백 년 동안의 촉한·위·오의 각축전이었다.

6~700년간의 우리나라 삼국시대와 비교하면 한없이 짧은 기간이었다. 이 짧은 소용돌이 기간에 길이 역사에 기억되는 인물이 다름 아닌 제갈량이다. 그가 활동한 기간은 207년 유비劉備의 삼고초려三顧草廬에 감복하여 촉한의 재상으로 활약하다가 군중에서 병사한 234년까지 고작 27년에 불과하다.

그러나 그의 명성은 다음에 함께 읽을 〈출사표〉와 더불어 중국역사 아니 세계사 속에서 길이 칭송되고 있다. 〈출사표〉가 없었다면 그의 역사적 발자취가 그렇게 인구人口에 회자膾炙되지는 않았을 수도 있다. 그래서 '글'의 고귀함이 새삼 돋보인다.

〈출사표〉는 군대를 움직여 출정하면서 임금에게 올린 글월이다. '표表'[9]는 사건, 사안의 순서를 밝혀 주상을 깨우치며 충성을 다짐하

---

9 表 : 윗사람에게 올리는 글을 이른다. 특히 주상主上을 깨우쳐 충성을 다할 수 있는 방도方途를 세우는 글이다. 하夏·은殷·주周 삼대三代에는 '부주敷奏'라 했는데

는 글을 일컫는다. 이 글은 제갈량諸葛亮이 후주後主 유선劉禪에게 건흥建興 5년(227)에 올린 글인데, 그다음 해에 또 한 편의 표表를 올린다. 이 표表를 〈후출사표後出師表〉라 한다. 여기서는 먼저 올린〈출사표〉를 소개한다.

이 〈출사표〉는 원래가 장중한 산문서한散文書翰이다. 따라서 운율韻律 따위는 무시해야 할 글임에 틀림없다. 그럼에도 불구하고 여기서는 기억하기 좋은 방편을 따라 7·5조풍調風으로 옮겨 보았다. 장중미를 생각하며 천천히 읊어보면 좋을 것이다.

선제先帝께서 창업創業을 반半도 못하고	先帝創業未半(선제창업미반)
중도에 이 세상을 떠나 가시니	而中道崩殂(이중도붕조)
오늘날 천하天下는 삼분三分되었고	今天下三分(금천하삼분)
익주益州는 깨지고 부서졌으니	益州疲弊(익주피폐)
이것은 진실로 위급危急하여서	此誠危急(차성위급)
사느냐 죽느냐의 때이옵니다	存亡之秋也(존망지추야)
하오나 곁을 모신 착한 신하臣下들	然侍衛之臣(연시위지신)
안으로 게으른 이 하나도 없고	不懈於內(불해어내)
충성忠誠과 지조志操의 용감勇敢한 군사軍士	忠志之士(충지지사)
밖에서 제 몸 잊고 열심하오니	忘身於外者(망신어외자)
이 모두 선제先帝의 특은特恩을 입고 그 뜻을	蓋追先帝之殊遇(개추선제지수우)
추모追慕하여 〈잊지 않으며〉	
폐하陛下께 갚고자 함이옵니다	欲報之於陛下也(욕보지어폐하야)
진실로 신하臣下 의견意見 널리 들으사	誠宜開張聖聽(성의개장성청)
선제先帝께서 끼치신 덕德을 빛내고	以光先帝遺德(이광선제유덕)

그후 '상소上疏'가 쓰이다가 한漢·위魏 이후로는 '표表'라 하였다.

지사志士의 기백氣魄을 크게 넓히심 마땅히	회 홍 지 사 지 기 恢弘志士之氣
펼쳐야 하시옵니다	
스스로 덕德이 없다 낮추시면서	불 의 망 자 비 박 不宜妄自菲薄
부질없는 논리로 뜻을 잃으사	인 유 실 의 引喩失義
지극한 충간忠諫의 길 막지 마소서	이 색 충 간 지 로 야 以塞忠諫之路也
궁궐이나 조정朝廷은 한 몸이오니	궁 중 부 중 구 위 일 체 宮中府中俱爲一體
선행善行을 표창表彰하여 벼슬 올리고 잘못을	척 벌 장 부 陟罰臧否
징계하여 벌罰 주시는 일	
균형을 잃어서는 아니됩니다.	불 의 이 동 不宜異同
만약에 간사하여 죄를 짓거나	약 유 작 간 범 과 若有作奸犯科
충직하고 착한 일 하는 이에겐	급 위 충 선 자 及爲忠善者
마땅히 담당처에 회부하시고	의 부 유 사 宜付有司
형벌과 상훈賞勳을 바로 펴시어	논 기 형 상 論其刑賞
폐하의 공정하고 밝은 다스림 온 나라에 뚜렷이	이 소 폐 하 평 명 지 리 以昭陛下平明之理
드러내소서	
사사로이 어느 쪽에 치우치셔서	불 의 편 사 不宜偏私
안팎의 법처리를 달리하시면 절대로 아니됩니다	사 내 외 이 법 야 使內外異法也
시중侍中 시랑侍郎	시 중 시 랑 侍中[10]侍郎[11]
곽유지郭攸之 비의費禕 동윤董允 등은	곽 유 지 비 의 동 윤 등 郭攸之費禕董允等
그들 모두 선량하고 진실스럽고	차 개 양 실 此皆良實
생각깊고 충직하며 순박하오니	지 려 충 순 志慮忠純

---

10 侍中 : 천자天子를 보위補衛하여 정무政務에 고문顧問하는 관직官職을 맡은 곽유지郭攸之와 비의費禕를 이른다.

11 侍郎 : 궁중宮中 문호門戶를 경비警備하고 거기車騎를 호위護衛하는 관직官職을 맡은 동윤董允을 이른다.

그래서 선제先帝께서 가려 뽑으사　是以先帝簡拔(시이선제간발)
폐하께 인계하여 주셨나이다　以遺陛下(이유폐하)
어리석은 이 몸이 생각하건대　愚以爲(우이위)
궁궐에서 일어나는 모든 일들은　宮中之事(궁중지사)
사건의 크고 작음 가리지 말고　事無大小(사무대소)
모든 일 아랫사람 물어보시고　悉以咨之(실이자지)
그런 다음 시행에 옮기신다면　然後施行(연후시행)
반드시 부족한 점 보충이 되어　必能裨補闕漏(필능비보궐루)
더 넓게 유익함이 있겠나이다　有所廣益(유소광익)
장군직 상총向寵의 성품과 행실　將軍向寵性行(장군상총성행)
그 모두가 해맑고 가지런하여　淑均(숙균)
군대 일을 소상하게 알고 있어서　曉暢軍事(효창군사)
지난날에 그를 불러 써 보신 뒤에　試用於昔日(시용어석일)
선제께서 유능하다 칭찬하시니　先帝稱之曰能(선제칭지왈능)
이것으로 신하들과 상의하신 뒤　是以衆議(시이중의)
상총向寵을 제독提督으로 삼았나이다　擧寵爲督(거총위독)
어리석은 이 몸이 생각하건대　愚以爲(우이위)
군대에서 일어나는 모든 일들은　營中之事(영중지사)
사건의 크고 작음 가리지말고　事無大小(사무대소)
모든 일 아랫사람 물어보시면　悉以咨之(실이자지)
반드시 군대 일은 화목하겠고　必能使行陣和睦(필능사행진화목)
우수한 이 부족한 이 모든 사람이　優劣(우열)
각자의 맡은 일을 할 것입니다　得所也(득소야)
어진 신하 가까이 친히 사귀고　親賢臣(친현신)
소인小人을 멀찍이 피하신 일이　遠小人(원소인)

선한先漢이 흥륭興隆한 까닭이옵고	此先漢所以興隆也 (차선한소이흥륭야)
소인小人과는 가까이 어울리었고	親小人 (친소인)
어진 신하 되도록 멀리하신 일	遠賢臣 (원현신)
후한後漢이 쇠락衰落한 까닭입니다	此後漢所以傾頹也 (차후한소이경퇴야)
선제先帝께서 〈지난날〉 살아계실 때	先帝在時 (선제재시)
신臣과 함께 이 일을 논의하시며	每與臣論此事 (매여신론차사)
환제桓帝 영제靈帝 두 임금을	未嘗不嘆息痛恨於桓靈[12]也 (미상불탄식통한어환령야)
서글퍼하고 한탄함을 멈추지 않았습니다	
시중侍中과 상서尙書와	侍中尙書[13] (시중상서)
장사長史와 참군參軍은	長史[14]參軍[15] (장사참군)
그들 모두 곧고 밝은 사절死節 신하니	此悉貞良死節之臣也 (차실정량사절지신야)
폐하께서 가까이해 믿으신다면	願陛下親之信之 (원폐하친지신지)
한漢나라 황실皇室의 융성隆盛하심을	則漢室之隆 (즉한실지륭)
날짜를 헤아려도 될 것입니다	可計日而待也 (가계일이대야)
신臣은 본래 이름없는 촌村백성으로	臣本布衣 (신본포의)
제 몸소 남양에서 밭갈이 하며	躬耕於南陽 (궁경어남양)
진정코 어지러운 이 세상에서 오로지 목숨	苟全性命於亂世 (구전성명어난세)
이나 보전하올 뿐	
제후諸侯에게 벼슬을 안 찾았는데	不求聞達於諸侯 (불구문달어제후)
선제先帝께서 신臣의 못남 따지지 않고	先帝不以臣卑鄙 (선제불이신비비)

---

12 桓靈 : 후한後漢의 환제桓帝와 영제靈帝를 이른다. 이때에는 환관宦官이 정사政事를 농단壟斷하여 혼란混亂하였다.

13 尙書 : 전중殿中에서 조서詔書를 받아 펴는 직분을 맡은 진진陳震을 이른다.

14 長史 : 왕공실王公室 및 각성各省의 서기장書記長을 맡은 장예張裔를 이른다.

15 參軍 : 군사회의軍事會議에 참여參與하는 직분을 맡은 장완蔣琬을 이른다.

외람되게 스스로 몸 굽히시어	猥自枉屈(외자왕굴)
세 번이나 오막살이 찾아 주시고	三顧臣於草廬之中(삼고신어초려지중)
신臣에게 세상 일을 물으셨으니	諮臣以當世之事(자신이당세지사)
이 때문에 소신小臣은 감격하옵고	由是感激(유시감격)
드디어 선제先帝위해 달렸나이다	遂許先帝以驅馳(수허선제이구치)
그 후에 나라가 기울어져서	後值傾覆(후치경복)[16]
패전敗戰의 무렵에 책임을 맡고	受任於敗軍之際(수임어패군지제)
위급危急하고 어려운 때 명命을 받드니	奉命於危難之間(봉명어위난지간)
그로부터 스무한 해 되었나이다	爾來二十有一年矣(이래이십유일년의)
선제先帝께선 소신小臣이 근신謹愼타 하여	先帝知臣謹愼(선제지신근신)
임종臨終에 소신小臣께 큰일 맡기니	故臨崩寄臣以大事也(고림붕기신이대사야)
명命을 받고 밤낮으로 근심 걱정에	受命以來夙夜憂嘆(수명이래숙야우탄)
부탁하신 일들이 효과가 없어	恐託付不效(공탁부불효)
선제先帝의 밝으심에 흠집이 될까	以傷先帝之明(이상선제지명)
〈자나깨나〉 두려워하였나이다	
그리하여 오월五月에 노수瀘水를 건너	故五月渡瀘(고오월도로)
불모不毛의 땅 깊숙이 들어갔더니	深入不毛(심입불모)
이제사 남방南方은 평정平定되었고	今南方已定(금남방이정)
병사兵士와 장기仗器는 풍족한지라	甲兵已足(갑병이족)
마땅히 삼군三軍을 힘써 거느려	當奬率三軍(당장솔삼군)
북北으로 중원中原 평정平定 하겠나이다	北定中原(북정중원)
노둔駑鈍한 이 몸이 힘을 다하여	庶竭駑鈍(서갈노둔)
간사한 악당들을 뽑아 버리고	攘除奸凶(양제간흉)

16 值傾覆 : 건안建安 13년(208)에 당양當陽의 장판長阪에서 유비劉備가 조조曹操에게 패한 일을 이른다.

한漢나라 궁실宮室을 부흥復興시키어	興復漢室(흥부한실)
옛날의 도읍都邑으로 돌아가는 일	還于舊都(환우구도)
이것이 선제先帝께 보은報恩하옵고	此臣所以報先帝(차신소이보선제)
폐하께 충성忠誠하는 직분職分입니다	而忠陛下之職分也(이충폐하지직분야)
손해일까 이익일까 따져 보면서	至於斟酌損益(지어짐작손익)
충성의 말씀을 드리는 일은	進盡忠言(진진충언)
곽유지郭攸之와 비의費禕와 동윤董允의 몫이옵니다	則攸之禕允之任也(즉유지의윤지임야)
원컨대 폐하陛下는 적賊의 멸망滅亡과	願陛下託臣(원폐하탁신)
한실漢室 부흥復興 성과를 신臣께 맡기사	以討賊興復之效(이토적흥복지효)
성과가 없으면 신臣을 벌주어	不效則治臣之罪(불효즉치신지죄)
선제先帝의 혼령魂靈께 고유告由하시고	以告先帝之靈(이고선제지령)
만약에 흥덕충언興德忠言 없을 경우엔	若無興德之言(약무흥덕지언)
곽유지와 비의와 동윤의 허물을 물으사	則責攸之禕允等之慢(즉책유지의윤등지만)
그들의 게으름을 밝혀내소서	以彰其咎(이창기구)
폐하陛下도 마땅히 계획하시어	陛下亦宜自謀(폐하역의자모)
그중에서 좋은 방도方途 찾아 내시되	以諮諏善道(이자추선도)
듣기 좋은 충간忠諫도 살펴받으사	察納雅言(찰납아언)
선제先帝께서 남기신 뜻 따라가소서	深追先帝遺詔(심추선제유조)
소신小臣은 받은 은혜 감격스러움 차마하니 이길 수 없사온지라	臣不勝受恩感激(신불승수은감격)
이제 멀리 떠나려 마음 정定하고	今當遠離(금당원리)
이 표表를 올리고자 하올 즈음에 눈물과 울음이 앞을 가리어	臨表涕零(임표체령)
무슨 말씀 드릴지 모르나이다	不知所云(부지소운)

11. 한퇴지韓退之의 〈사설師說〉

세모歲暮가 가깝다. 한 해를 마무리하며 돌아볼 시간이다. 그런데 참으로 이상하다. 한 해를 돌아본다 하면서 지나온 한 생애를 통틀어 돌아보게 된다. 망구望九를 헤아리는 나이 탓이리라.

1960년대 초반, 나는 군복무 3년을 마치고 중·고등의 교단에 선 20대 중반의 팔팔한 청년이었다. 부임한 학교에서는 고2의 고전 과목과 중3의 학급담임을 겸하여 맡았었다. 학과목을 가르치는 것은 아는 것을 아는 대로 정성껏 강술講述하면 되는 것이었으나, 학급의 관리와 운영은 전혀 다른 차원의 일이었다. 한 명 한 명에게 개별적인 관심과 애정을 기울이고, 그들의 선善·불선不善을 때와 장소에 맞춰 현양顯揚하고 계도하여야 하는 것이 담임의 기본임무이기 때문이었다.

나는 그때의 나 자신의 중3 시절, 나를 가르치셨던 옛날의 스승님들을 떠올리며 내 사언행위思言行爲의 기준을 삼고자 하였었다. 그러나 나는 며칠 지나지 않아 내가 총체적 실격임을 통감하였다. 학생들을 사랑으로 선도한다는 것은 머릿속에만 있는 이론일 뿐, 말썽꾸러기들에게는 심심치 않게(?) 몽둥이를 휘둘렀기 때문이다.(그 시절이었으니 망정이지 오늘날 같으면 폭력교사로 지탄의 대상이 되었을 것이다.)

그렇듯 선도의 미명하美名下에 학생들에게 호통을 치고 정진을 부르짖은 것은 그런대로 열정으로 치부할 수도 있는 문제이거니와 좀 더 심각한 문제는 다른 곳에 숨어 있었다. 그것은 학급의 납부금 실적을 올리는 일이었다. 매월 말 직원회의에서는 학급별 납부금 납부 실적이 발표되고 교장은 그 결과를 가지고 교사들을 평가하였다. 나는 언제나 하위권을 맴돌았다.

어느 날 나는 학생들에게 채권자의 위세를 과시하듯 납부금을 독촉하였다. 미납 학생을 한 명씩 불러 사정을 호소하기도 하였다. 그러나 그것은 호소가 아니라 위협이요 독촉이었는지 모른다.

그리고 또 며칠이 지나갔다. 한 명의 결석생이 생겼다. 미납금 독촉을 받은 학생이었다. "어떻게든 돈을 마련하여 등교하려는 생각인가?" 이렇게 생각하며 2, 3일을 기다렸다. 그런데 사흘, 나흘, 닷새 계속 결석이었다. 나는 그 학생의 집을 찾아 나섰다. 산동네 언덕배기 판자촌 마을, 그의 집에 그 학생은 보이지 않았다. 남루를 걸친 그 학생의 어머니가 더듬거리고 전하는 말,

"선생님, 우리 아이가 돈 벌어서 학교 다니겠다고 하더니 벌써 집을 나간 지 한 주일이 넘었습니다."

아하, 이때처럼 망연자실茫然自失했던 적이 또 있었을까?

그날 저녁, 그 산동네 골목길을 나온 이후, 나는 이런 것이 교사 생활이라면 하루빨리 그 울타리를 벗어나야겠다고 입술을 깨물었다. 납부금 성적이 최하위권에 머물러도 나는 오히려 태평스러웠다. 그리고 장기 결석하는 그 학생(김모 군이었다.)의 책상은 그 후로 다시는 아무도 앉지 않았다. 그는 끝내 돌아오지 않았다.

그가 지금껏 살아 있다면 칠십이 넘었을 것이다. 만일에 내가 지금 그를 만난다면 나는 무어라 사죄의 말을 해야 할까? 나는 그 학년을 마치고 새 학기가 되기 전에 그 학교를 사직하였다.

이 세모에 나는 납부금 독촉에 시달리는 중3 학생이 되어 한없이 가슴이 답답하다. 기분전환氣分轉換을 위해 한퇴지韓退之의 〈사설師說〉을 읊어보지만 울적한 가슴은 풀리지 않는다. 50여 년 전의 김군

의 심정으로 〈사설〉을 읊으며 스승의 길, 스승을 대하는 길을 다시금 곱씹어 본다.

옛날 학생 반드시 스승을 모셨으니	고지학자필유사 古之學者必有師
스승은 진리 밝혀 과제課題를 내주고	사자소이전도 師者所以傳道
의문점을 속 시원히 풀었기 때문일세	수업해혹야 受業解惑也
사람은 태어나서 절로 알지 못하는 법	인비생이지지자 人非生而知之者
의심스런 일들이 누군들 없겠는가	숙능무혹 孰能無惑
의심하며 스승에게 배우지 않는다면	혹이부종사 惑而不從師
그 의심에 빠져서 헤어나지 못하고	기위혹야 其爲惑也
끝끝내 그 의심을 풀어내지 못하리라	종불해의 終不解矣
나보다 이 세상에 일찍이 태어나서	생호오전 生乎吾前
고선호오固先乎吾 진리 듣고 살기를 나보다 앞섰다면	기문도야 其聞道也
마땅히 그 분을 스승으로 모시리라	오종이사지 吾從而師之
나보다 이 세상을 나중에 태어나서	생호오후 生乎吾後
진리듣고 살아가기 역시 나에 앞섰다면	기문도야역선호오 其聞道也亦先乎吾
나 또한 그 분을 스승으로 모시리라	오종이사지 吾從而師之
나에게 스승은 오로지 진리일 뿐	오사도야 吾師道也
나 어찌 나이의 선후先後를 따지리	부용지기년지선후생어오호 夫庸知其年之先後生於吾乎
그러므로 노소귀천老少貴賤 있을 수 없겠고	시고무귀무천무장무소 是故無貴無賤無長無少
진리가 있는 곳에 스승 있을 뿐이네	도지소존사지소존야 道之所存師之所存也
아하	차호 嗟乎
사도師道가 끊어진지 이미 오래 되었으니	사도지부전야구의 師道之不傳也久矣
사람들은 의혹을 없애기 어렵구나	욕인지무혹야난의 欲人之無惑也難矣
옛날의 성인聖人들은 남들보다 출중하나	고지성인기출인야원의 古之聖人其出人也遠矣

오히려 스승찾아 묻기를 즐겼는데　猶且從師而問焉(유차종사이문언)
오늘날 이 세상의 그 많은 사람들은　今之衆人(금지중인)
성인聖人에서 벗어나기 그 또한 극심하고　其下聖人之亦遠矣(기하성인지역원의)
스승에게 배우기를 부끄럽게 여기니　而恥學於師(이치학어사)
그리하여 성인聖人은 더더욱 성인聖人 되고　是故聖益聖(시고성익성)
어리석은 우인愚人은 더더욱 우인愚人 되네　愚益愚(우익우)
성인聖人이 진실로 성인聖人 되는 까닭과　聖人之所以爲聖(성인지소이위성)
우인愚人이 진실로 우인愚人 되는 까닭이　愚人之所以爲愚(우인지소이위우)
그 모두 여기에서 비롯되는 것일세　其皆出於此乎(기개출어차호)
자식을 사랑하면 스승찾아 가르치나　愛其子擇師而敎之(애기자택사이교지)
자기는 부끄러워 스승을 두지 않네　於其身也則恥師焉(어기신야즉치사언)
알 수 없어라　惑矣(혹의)
어린이의 저 스승은 글을 놓고 가르치며　彼童子之師授之書(피동자지사수지서)
글 구절만 거듭하여 읽게할 뿐이요　而習其句讀者也(이습기구독자야)
내가 말한 진리는 전하지 않으니　非吾所謂傳其道(비오소위전기도)
그것은 의문점을 푸는 것이 아니라네　解其惑者也(해기혹자야)
글 구절은 읽어도 그 뜻을 모르고　句讀之不知(구독지부지)
의문점도 시원하게 풀어내지 못한다면　惑之不解(혹지불해)
스승도 못믿겠고 아무것도 못믿겠네　或師焉或不焉(혹사언혹불언)
작은 것을 배우고 큰 것을 놓친다면　小學而代遺(소학이대유)
내 어찌 그것을 현명하다 하겠는가　吾未見其明也(오미견기명야)
무당 의사 악사와 백가지 장인匠人들은　巫醫樂師百工之人(무의악사백공지인)
서로서로 스승됨을 부끄러워 않는데　不恥相師(불치상사)
사대부士大夫라 일컫는 부류의 사람들　士大夫之族(사대부지족)
스승이요 제자요 말하는 사람들은　曰師曰弟子云者(왈사왈제자운자)

무리지어 모여서 비웃고 있다가	則群聚而笑之 (즉군취이소지)
왜 그리 웃느냐고 물은즉 대답하되	問之則曰 (문지즉왈)
저들은 서로가 나이도 비슷하고	彼與彼年相若也 (피여피년상약야)
아는 것도 서로가 비슷할 뿐인데 〈스승 제자 하는 것이 우습지 아니하오〉	道相似也 (도상사야)
지위 낮은 스승이면 부끄럽기 짝이 없고	位卑則足羞 (위비즉족수)
벼슬높은 스승에겐 아첨을 일삼지요 〈이것이 사대부士大夫의 스승보는 눈이라오〉	官盛則近諛 (관성즉근유)
아하	嗚呼 (오호)
사도師道를 바른길로 회복하기 어렵겠소	師道之不復可知矣 (사도지불복가지의)
무당 의사 악사와 백가지 장인들을	巫醫樂師百工之人 (무의악사백공지인)
군자君子란 이 〈천직賤職이라〉 업신여겨 보지만	君子不齒 (군자불치)
오늘날 그들 지혜 미치지 못하는 것	今其智乃反不能及 (금기지내반불능급)
그것이 괴이怪異할 것 하나도 없구료	其可怪也歟 (기가괴야여)
성인聖人은 일정한 스승이 없다오	聖人無常師 (성인무상사)
공자님도 담자郯子를 스승으로 모셨으니	孔子師郯子 (공자사담자)
장홍萇弘과 사양師襄과	萇弘師襄 (장홍사양)
노담老聃과 담자郯子들은	老聃郯子之徒 (노담담자지도)
현명賢明하기 공자孔子님에 미치지 못하지만	其賢不及孔子 (기현불급공자)
공자孔子님 일찍이 말씀하지 않으셨소	孔子曰 (공자왈)
삼인행三人行에 반드시 스승 있다 하셨으니	三人行則必有我師 (삼인행즉필유아사)
제자가 스승보다 못할 리 전혀없고	是故弟子不必不如師 (시고제자불필불여사)
스승이 제자보다 반드시 현명할까	師不必賢於弟子 (사불필현어제자)
진리를 깨닫는데 선후先後가 있을 뿐	聞道有先後 (문도유선후)
기술 있는 직업에는 전공專攻만이 중요하네	術業有專攻 (술업유전공)

〈진리와 기술이〉 이와 같을 뿐이로다	여시이이 如是而已
이씨李氏아들 반蟠이가 열일곱살 나이에	이씨자반년십칠 李氏子蟠年十七
옛글을 좋아하여 〈두루 찾아 읽으며〉	호고문 好古文
예악사어서수禮樂射御書數와 사서삼경四書三經	육예경전 六藝經傳
고전古典들을	
막힘없이 형통亨通하여 익히고 익히면서	개통습지 皆通習之
아무 때나 나에게 배움을 청하기에	불구어시청학어여 不拘於時請學於余
나는 그가 옛날 도道에 정진精進함이 기특하여	여가기능행고도 余嘉其能行古道
이 사설師說을 지어서 그에게 주었노라	작사설이이지 作師說以貽之

문례노담問禮老聃

12. 유령劉伶의 〈주덕송酒德頌〉

해가 바뀌었다. 새해 새 아침 무술년戊戌年(2018)이 저물고 기해년己亥年(2019)이 밝았다. 슬프고 괴로웠던 과거사는 모두 망각의 세상으로 던져버려야 하겠다. 지난 연말에는 고해소에서 지난 잘못을 고백하는 죄인의 심정으로 갖가지 후회할 일들을 기억해 내며 자책과 참회의 시간을 가졌었다.

이제 심기일전心機一轉하자. 좋은 것만 생각하며, 좋은 일만 꿈꾸자. 우리의 삶이 어찌 좋은 일만 있겠는가? 건강도 옛날 같지 않고 기억력도 젊은 시절처럼 총명하지 않아도 모든 일에 순응하며 평화를 누리는 사람, 여유작작餘裕綽綽한 사람으로 살자.

여기까지 생각하다가 세상만사를 초개같이 여기며 의연히 초월의 경지를 즐기던 저 노장老莊의 신선들, 탈속脫俗의 선승禪僧들이 떠올랐다. 그들처럼 살아갈 수야 없겠지. 그러나 그들처럼 원융무애圓融無涯의 마음가짐을 가질 수는 있을 것 아닌가!

그래서 노장老莊살이의 대표적 인물이라 할 죽림칠현竹林七賢을 생각해 냈다. 그리고 유령劉伶의 〈주덕송酒德頌〉을 찾아 읽었다.

유령(?~300)은 3세기 서진시대의 패국沛國(강소江蘇)사람으로 엄청나게 술을 즐겼고 죽림칠현竹林七賢(완적阮籍·혜강嵇康·산도山濤·상수向秀·유령劉伶·완함阮咸·왕융王戎)의 한 사람으로 평소에도 작은 수레를 타고 술병을 지니고 다녔다고 한다. 그가 술병을 가지고 외출할 때에는 늘 사람 하나를 따르게 하였는데 그가 술을 마시다 죽으면 그 자리에 그대로 묻어달라는 부탁을 실행하려는 뜻이었다고 한다.

우리는 노장老莊의 청담이 좋기는 하나 세상의 예속을 무시하지는 말아야 할 것이다. 주명酒酩은 현실을 초월하되 도피가 아니고, 무위자연은 인생을 달관하되 허무일색虛無一色으로 타락해서는 아니될 것이기 때문이다. 유령은 "그 어정쩡한 태도로 무슨 술을 마시느냐!" 호통을 치며 술잔을 비우라고 재촉할 것이다. 자! 그의 〈주덕송〉을 읽어보자.

대인大人이라 일컫는 선생先生님이 계셨으니	有大人先生者(유대인선생자)
하늘 땅을 하루의 아침이라 생각하고	以天地爲一朝(이천지위일조)
일만 년의 긴 세월도 순간이라 여기며	萬朝爲須臾(만조위수유)
해와 달을 안방의 창문으로 보면서	日月爲扃牖(일월위경유)
온 우주를 집안의 마당길로 삼았네	八荒爲庭衢(팔황위정구)
오고 감에 지나간 자취가 없으며	行無轍跡(행무철적)
머무름에 단 한 칸 오두막도 없었네	居無室廬(거무실려)
하늘은 천막이고 땅바닥은 방석이니	幕天席地(막천석지)
마음대로 오고 감에 거칠 것이 없었네	縱意所如(종의소여)
머물면 술잔이나 술사발을 잡으며	止則操卮執觚(지즉조치집고)
움직이면 술통이나 술항아리 껴안았네	動則挈榼提壺(동즉설합제호)
오로지 술 마시는 그것만이 할일이니	唯酒是務(유주시무)
그밖의 일거리는 알 바가 아니었네	焉知其餘(언지기여)
귀하신 공자님과 높은 처사處士 계셨는데	有貴介公子縉紳處士(유귀개공자진신처사)
풍문에 나의 소식 어디선가 들으시고	聞吾風聲(문오풍성)
그렇게 사는 까닭 따지리라 다짐하며	議其所以(의기소이)
소매를 걷어 올려 옷깃을 제치고	乃奮袂攘襟(내분메낭금)

두 눈을 부릅뜨고 이빨을 갈면서	怒目切齒(노목절치)
예법禮法이 어떠니 잔소리를 늘어놓고	陳說禮法(진설예법)
시비是非를 가리자는 칼날을 세운다	是非鋒起(시비봉기)
이때에 선생先生께서 〈어떻게 하셨는가?〉	先生於是(선생어시)
술항아리 받아다가 술통에 옮겨 담고	方捧罌承槽(방봉앵승조)
술잔을 들어올려 막걸리 마셔가며	銜杯漱醪(함배수료)
수염을 쓰다듬고 두 다리 길게 뻗고	奮髯箕踞(분염기거)
누룩을 베개 삼고 술지게미 깔고 앉아	枕麴藉糟(침국자조)
생각도 없는 듯 근심도 없는 듯	無思無慮(무사무려)
오로지 즐거움이 도도할 뿐이구나	其樂陶陶(기락도도)
올연히 취했다가 황연히 깨어나니	兀然而醉豁爾而醒(올연이취활이이성)
조용히 들어봐도 뇌성벽력 안 들리고	靜聽不聞雷霆之聲(정청불문뇌정지성)
자세히 살펴봐도 태산 모습 안 보이네	熟視不睹泰山之形(숙시부도태산지형)
살갗에는 추위 더위 닿는 느낌 전혀 없고	不覺寒暑之切肌(불각한서지절기)
즐겨하고 좋아하는 마음가짐 일지 않네	嗜欲之感情(기욕지감정)
아름답고 찬란한 세상만을 바라보니	俯觀萬物擾擾焉(부관만물요요언)
물가의 부평초를 보는 것과 같구나	如江漢載浮萍(여강한재부평)
이때에 옆에 계신 두 분의 어른이여!	二豪侍側焉(이호시측언)
나나니벌 아니면 며루벌레 아니겠나	如蜾蠃之與螟蛉(여과라지여명령)

13. 왕희지王羲之의 〈난정기蘭亭記〉

한평생 공부만 하고 우리말만 가르치다가 몇천 권의 장서를 내가 근무하던 기관에 기증한 것이 어느새 20년의 세월이 흘렀다. 그러니 우리 집 서재가 한산할 것은 불문가지不問可知이다.

그래도 몇 권의 수택본手澤本은 내 침실 한쪽 벽에 장식처럼 꽂혀 있는데, 어느 날 그 서가에서 자랑할 만한 소장품이 없는가 하고 눈길을 주다가 그 눈길에 꽂히는 것이 있었다.

"그래, 이것은 내가 가지고 있다고 자랑할 만하겠네."

이렇게 중얼거리며 그 책 상자를 끌어내었다. 이것이 무엇인가? 이름하여 진晉나라 왕희지王羲之의 〈쾌설시청첩快雪時晴帖〉.

진나라 왕희지(307~365)라면 지금으로부터 1,700년 전 사람인데 그가 쓴 필적을 첩帖으로 만들었다니, 이게 무슨 일인가? 이 서첩은 청淸 고종高宗 건륭제乾隆帝가 그동안 전해온 왕희지의 진적眞蹟 한 폭幅을 발견하고, 그것을 보물로 인정하여 더욱더 오래 보존키 위해 첩을 만들라고 명하고, 그 앞에 스스로 '신호기의神乎技矣'라 4자로 상찬하는 글자를 보태어 전후 15폭의 서첩을 만든 것이었다. 건륭제라면 능히 그런 일을 했을 사람이 아닌가? 18세기 후반 60년간 중국 문화의 꽃을 피게 한 영명한 군주였기 때문이다.

이렇게 건륭제가 명하여 만든 서첩이 어떻게 내 서재에 있는가? 물론 이것은 그 진본이 아니다. 진본은 중국고궁박물원에 있고, 그것을 똑같이 모방한 복제본을 그 박물원에서 간행하였는데, 이것을 일본에서 다시 모사한 복본이 나에게 있는 것이다. 그러나 그래도 원본과 똑같은 모양을 지닌 것이니 소중할밖에.

이 보물은 어느 학회에서 내 강의를 들은 한 독지가가 나에게 선물한 것이다. 그가 나에게 감사를 표시한 것은 그때 내가 목이 터지게(?) 우리나라 초등학교 한자교육의 당위성을 역설한 때문이었다고 하였다.

그 서첩의 핵심은 왕희지의 한 폭 행서로 쓴 서찰書札(가로14.8cm×세로23cm)인데, 그 내용은 다음과 같다.

> "희지는 삼가 씁니다. 곧 눈이 내릴 듯, 허나 지금은 맑습니다. 편히 잘 지내시리라 생각합니다. 결과가 좋지 않아 우울합니다. 심부름꾼이 돌아가는 편에 간단히 적어서 보냅니다. 왕희지는 머리를 조아립니다.〔羲之頓首 快雪時晴 佳想安善 未果爲結 力不次 王羲之頓首〕"

보물 자랑은 이 정도 해야겠다. 왕희지는 세상이 다 알다시피 '서성書聖'이라 일컫는 서예가이다. 진晉나라 시절 우군장군右軍將軍과 회계내사會稽內史 벼슬을 지냈고 해楷·행行·초草 삼체三體를 신기神技라 일컬을 만큼 아름다운 영역으로 끌어 올렸기 때문이다. 내가 가지고 있는 〈왕희지필진도王羲之筆陣圖〉를 펴 보노라면 그 해서의 아름다움은 "아니 어쩌면 글씨가 요렇게 반듯하면서도 예쁠까?" 저절로 탄성을 자아내게 한다.

이러한 명필名筆 왕희지는 글씨만 잘 쓰는 것이 아니었다. 전해오는 글로 〈난정기蘭亭記〉, 〈황정경黃庭經〉, 〈악의론樂毅論〉 등이 인구人口에 회자膾炙된다. 그래서 나는 이번에 〈난정기〉를 번역해 보기로 하였다.

난정蘭亭은 절강성浙江省 소흥현紹興縣에 있는 정자亭子인데, 왕희지는 그의 나이 47세 영화永和 9년(353) 3월 3일에 손님을 모아놓고 곡수曲水의 연宴을 베풀었다. '곡수'는 아홉 굽이 물흐름을 만들어 거기에 물을 흐르게 하고, 그 흐르는 물굽이에 잔을 띄워 술잔이 돌아올 때마다 한 수 시를 지어 읊게 하는 것이다. 흔히 '유상流觴'이라 일컫는 시회풍류詩會風流이다.

〈난정기〉는 그 시회에 42인이 지은 시를 시집으로 묶으며, 그 앞머리에 붙인 서문序文이니 정확하게 표현하면 〈난정집서蘭亭集序〉라고 해야 옳다는 설이 있다. 이 서문은 애초에 잠견지蠶絹紙에 서수필鼠鬚筆로 씌어 졌다고 한다. 이것이 지금까지 전해진다면 만고의 진보이었을 것이다.

이 글도 나는 7·5조풍調風의 우리 가락을 살려 풀어보았다.

영화永和 시절 9년이니 계축년癸丑年이라	영화구년세재계축 永和九年歲在癸丑
때는 마침 늦봄의 초승을 맞아	모춘지초 暮春之初
회계산 북쪽의 난정蘭亭에 모여	회우회계산음지난정 會于會稽山陰之蘭亭
유수流水에 몸을 닦는 행사行事 열었네	수계사야 脩禊事也
군현群賢과 소장少長이 모두 모이니 군	군현필지소장함집 群賢畢至少長咸集
이곳은 높은 산과 험한 고개라	차지유숭산준령 此地有崇山峻嶺
무성한 수풀과 높은 대나무	무림수죽 茂林脩竹
맑은 물 흐르는 거센 여울이	우유청류격단 又有淸流激湍
좌우에 띠를 둘러 마주 비추네.	영대좌우 暎帶左右
물굽이에 잔을 띄워 흐르게 하고	인이위류상곡수 引以爲流觴曲水
그곳에 차례대로 벌려 앉으니	열좌기차 列坐其次
피리불고 현금絃琴뜯는 잔치 아니나	수무사죽관현지성 雖無絲竹管弦之盛

한잔 술을 마시고 한 수首 읊으니	일상일영	一觴一詠
그윽한 정情 풀어내기 넉넉하였네.	역족이창서유정	亦足以暢敍幽情
이 날은 밝은 하늘 맑은 공기에	시일야천랑기청	是日也天朗氣淸
따뜻하고 화창和暢한 바람이 부니	혜풍화창	惠風和暢
우러러 우주宇宙의 거대함 보며	앙관우주지대	仰觀宇宙之大
세상 만물 번성함 둘러 살피네	부찰품류지성	俯察品類之盛
눈을 돌려 느낌 푸는 까닭이 뭔가	소이유목빙회	所以遊目騁懷
보고 듣는 즐거움이 지극至極함일세	족이극시청지오	足以極視聽之娛
진실로 즐길만한 일이 아닌가!	신가락야	信可樂也
사람이 어울려서 한세상 삶이	부인지상여부앙일세	夫人之相與俯仰一世
때로는 품고 안을 느낌 지니고	혹취저회포	或取諸懷抱
방안에서 오군조군 이야기하며	오언일실지내	悟言一室之內
때로는 처處한 환경環境 기회機會에 따라	혹인기소탁	或因寄所託
세상 밖을 뛰쳐나가 놀기도 하네	방랑형해지외	放浪形骸之外
아무리 가고 멈춤 크게 다르고	수취사만수	雖趣舍萬殊
고요하고 시끄러움 같지 않아도	정조부동	靜躁不同
가슴깊이 기쁨을 만났을 때는	당기흔어소우	當其欣於所遇
잠시나마 그것을 가슴에 품고	잠득어기	暫得於己
스스로 만족하여 기뻐하면서	앙연자족	怏然自足
늙음이 닥칠 것도 알지 못하네.	부지노지장지	不知老之將至
그러다가 마음이 피곤하여서	급기소지기권	及其所之旣倦
감정이 형편 따라 바뀌게 되면	정수사천	情隨事遷
느낌도 거기에 따르게 되네.	감개계지의	感慨係之矣
지난날에 즐긴 것은 사라진 시간	향지소흔면앙지한	向之所欣俛仰之間
어느새 해묵은 자취 되었네	이위진적	以爲陳迹

그렇다고 감흥感興이 없을까보냐	猶不能不以之興懷(유불능불이지흥회)
아무리 좋고 나쁨 형편 변해도	況脩短隨化(황수단수화)
마침내 그 끝이 있을 것이니	終期於盡(종기어진)
옛사람이 일찍이 말하였다네	古人云(고인운)
죽고 사는 그 일이 역시 크도다	死生亦大矣(사생역대의)
그 어찌 슬퍼하지 아니할쏘냐.	豈不痛哉(기불통재)
옛 사람이 감동感動함을 일으켰을 때	每攬昔人興感之由(매람석인흥감지유)
그 까닭을 헤아려 살필 적마다	
한 조각을 맞춘 듯 한결 같다네	若合一契(약합일계)
그글 읽고 슬퍼하지 않을 수 없고	未嘗不臨文嗟悼(미상불림문차도)
가슴깊이 깨우침 얻지못하랴	不能喩之於懷(불능유지어회)
죽고 삶이 하나라니 거짓말이요	固知一死生爲虛誕(고지일사생위허탄)
팽조유자彭祖幼子 똑같다니 망발이로세	齊彭殤[17]爲妄作(제팽상위망작)
뒷사람이 오늘을 살펴보아도	後之視今(후지시금)
오늘날 옛날 봄과 똑같으리라.	亦由今之視昔(역유금지시석)
슬프도다 〈참으로 슬픈 일일세〉	悲夫(비부)
그러므로 지금 사람 나란히 하여	故列敍時人(고열서시인)
그들이 지은 바를 적어 놓으니	錄其所述(록기소술)
세상이 바뀌고 사정事情 달라도	雖世殊事異(수세수사이)
감동感動을 유발誘發하는 그 이치理致는	所以興懷(소이흥회)
그것이야 꼭같지 아니하겠나	其致一也(기치일야)
뒷날에 이 글 찾아 읽는 사람들	後之攬者(후지람자)
분명코 감동感動함이 있으리로다	亦將有感於斯文(역장유감어사문)

17 彭殤 : 《장자莊子》 〈제물齊物〉에 나오는 말로, 700세를 살았다고 하는 팽조彭祖와 어려서 죽은 유자幼子를 아울러 이르는 말이다.

14. 범희문范希文의 〈악양루기岳陽樓記〉

우리나라 정치인들에 대한 실망과 우려는 어제오늘의 일은 아니지만 요즈음에도 국회의 풍경이 난장판으로 점입가경漸入佳境이다. 이런 때에 공무에 임하는 사람의 마음가짐을 생각하는 것은 나라의 진로가 어디에선가는 올바르게 되어야 할 것이라는 막연한 희망 때문이다.

그 희망의 심정으로 고전 산문을 뒤적이다가 송나라 범희문(989~1052)의 〈악양루기〉가 생각났다. 모름지기 나라를 걱정하는 사람은 '사람들이 세상 돌아가는 것을 근심하기 전에 먼저 그것을 근심하고, 사람들이 세상의 평화로움을 즐긴 다음에야 천천히 그 즐김을 누린다.'고 노래했던 〈악양루기〉의 마지막 구절이 떠올랐기 때문이다.

중국의 산문이 전면적으로 발전하여 꽃핀 시기는 당唐·송宋 양대의 일이었다. 이 시기에 병문騈文과 고문古文이 서로 경쟁하다가 결국은 고문이 지배적인 위치를 차지하였고 전기傳記·산문散文은 사가史家와 문인文人이 두루 짓기 시작하였다. 또한 논변체論辯體 산문散文(논論·의議·설說·변辯·해解·원原 등)도 그 형식이 완비되었고, 서발체序跋體 산문散文(서서書序·시서詩序 등)도 대거 출현하였다. 그 외에도 유기체游記體 산문散文도 독립된 문체로 발전하였는데 범희문의 〈악양루기〉는 그 유기체游記體의 명문으로 손꼽힌다.

유기체游記體는 전통적으로 작가의 여행로旅行路를 중심으로 하여 그 행로의 견문과 산천경관을 묘사하는 산문을 가리킨다. 그러나 이 〈악양루기〉는 그러한 종래의 유기游記와는 달리 말미 부분의 의론에

이르러 작가의 집필 소회가 강조됨으로써 대미를 장식하고 있다. 크게 나누면 5단락인데,

제1단락 기사記事에서는 이 글을 쓰게 된 시기, 배경, 이유를 서술했고,

제2단락 사경寫景에서는 악양루岳陽樓에서 바라본 동정호洞庭湖 일대의 경치를 서정하였고,

제3단락의 사경은 날씨가 불순할 때의 정경을 그렸으며,

제4단락의 사경은 날씨가 화창할 때의 기분 좋은 감회를 노래하고,

제5단락 의론에 이르러 이른바 '고인인지심古仁人之心'을 설파하였다. 이 끝 단락에서 저 유명한 명구 "先天下之憂而憂 後天下之樂而樂歟"를 만난다.

다음에 그 원문을 7·5조풍調風으로 읊어보자.

경력慶曆 4년 봄철에 친구親舊 등자경滕子京	慶曆四年春滕子京 (경력사년춘등자경)
좌천左遷되어 파릉군巴陵郡의 태수太守가 되니	謫守巴陵郡 (적수파릉군)
한 해를 겨우 넘겨 지냈건마는	越明年 (월명년)
정치政治는 형통亨通하고 인화人和가 잘 돼	政通人和 (정통인화)
백 가지 폐단弊端이 사라진지라	百廢具興 (백폐구흥)
드디어 악양루岳陽樓를 중수重修하였네	乃重修岳陽樓 (내중수악양루)
거기에 옛날 것은 크게 보태고	增其舊制 (증기구제)
당唐나라 현인賢人들과 송宋나라 사람	刻唐賢今人 (각당현금인)
그들의 시부詩賦를 새겨 붙이고	詩賦於其上 (시부어기상)
부탁받은 나의 글도 함께 적었네	屬予作文以記之 (속여작문이기지)
내 보기에 파릉군巴陵郡의 좋은 경치景致는	予觀夫巴陵勝狀 (여관부파릉승상)

동정호洞庭湖 그 하나에 있을 뿐이네	在洞庭一湖(재동정일호)
먼 산山은 입에 물고 장강長江 삼킨 듯	銜遠山呑長江(함원산탄장강)
넓고 넓은 큰물이 넘실거리며	浩浩湯湯(호호탕탕)
펼친 물은 끝도 없어 하늘 닿은듯	橫無際涯(횡무제애)
아침에는 붉은 해 저녁 땅거미	朝暉夕陰(조휘석음)
천만千萬가지 형상으로 변하는 풍경風景	氣象萬千(기상만천)
이것이 악양루岳陽樓의 모습인지라	此則岳陽樓之大觀也(차즉악양루지대관야)
옛사람은 갖가지로 술회述懷했다네	前人之述備矣(전인지술비의)
그렇지만 북北쪽으로 무협巫峽 통하고	然則北通巫峽(연즉북통무협)
남쪽으로 소수瀟水 상수湘水 잇닿았으니	南極瀟湘(남극소상)
귀양살이 하는 사람 시인묵객詩人墨客이	遷客騷人(천객소인)
끊임없이 이곳에 모여들어서	多會於此(다회어차)
경치景致를 감상鑑賞하며 느낀 정감情感이	覽物之情(남물지정)
그 어찌 각양각색各樣各色 아니었으랴	得無異乎(득무이호)
만일에 장맛비가 계속 내려서	若夫霪雨霏霏(약부음우비비)
몇 달이 지나도록 개이지 않고	連月不開(연월불개)
음산한 바람의 성난 소리와	陰風怒號(음풍노호)
진흙탕 물결이 공중에 뜨고	濁浪排空(탁랑배공)
해와 별이 사라지고 산악山岳도 잠겨	日星隱曜山嶽潛形(일성은요산악잠형)
장사꾼과 나그네 다니지 않고	商旅不行(상려불행)
돛대도 쓰러지고 노도 부러져	檣傾楫摧(장경즙최)
해질녘의 저녁은 어두컴컴해	薄暮冥冥(박모명명)
호랑이와 원숭이 울부짖는다	虎嘯猿啼(호소원제)
이럴 때에 이 누각樓閣에 올라선다면	登斯樓也(등사루야)

나라 떠난 나그네 고향 그립고　則有去國懷鄕(즉유거국회향)
참소讒訴 비방誹謗 듣는 이는 더욱 서글퍼　憂讒畏譏(우참외기)
눈에 뵈는 모든 것이 쓸쓸할 터요　滿目蕭然(만목소연)
감정이 북받쳐서 슬피울리라　感極而悲者矣(감극이비자의)

그러나 화창한 봄 밝은 경치에　至若春和景明(지약춘화경명)
물결은 일지않고 고요한지라　波瀾不驚(파란불경)
위로 하늘 아래 호수 두가지 빛이　上下天光(상하천광)
한가지로 푸르러 만경창파萬頃蒼波라　一碧萬頃(일벽만경)
모랫벌의 갈매기 떼지어 날고　沙鷗翔集(사구상집)
비단비늘 물고기 헤엄쳐 놀고　錦鱗游泳(금린유영)
언덕에는 지초芷草풀 물가에 난초蘭草　岸芷汀蘭(안지정란)
향기 가득 머금고 더욱 푸르다　郁郁青青(욱욱청청)
밤이면 물안개 하늘 덮었고　而或長煙一空(이혹장연일공)
하이얀 달빛은 천리千里 비추니　皓月千里(호월천리)
물위에 뜬 달은 빛나는 금빛　浮光躍金(부광약금)
고요한 물그림자 구슬 잠긴 듯　靜影沈璧(정영침벽)
어디선가 어부漁父노래 주고 받으니　漁歌互答(어가호답)
이와같은 즐거움 끝이 없구나　此樂何極(차락하극)
이럴 때에 이 루樓에 올라선다면　登斯樓也(등사루야)
마음은 툭 트이고 정신은 맑아　則有心曠神怡(즉유심광신이)
총애寵愛도 치욕恥辱도 모두 다 잊고　寵辱偕忘(총욕해망)
이 풍광風光 즐기며 술잔 잡으며　把酒臨風(파주임풍)
그 기쁨 정말로 끝이 없으리　其喜洋洋者矣(기희양양자의)

오호라 내 일찍이 찾았었노라	嗟夫予嘗求 (차부여상구)
옛날의 어진어른 마음가짐에	古仁人之心 (고인인지심)
슬픔과 기쁨의 서로 다름을	或異二者之爲 (혹이이자지위)
어떠한 까닭으로 보아야 할까	何哉 (하재)
〈만약에 덕성德性 높은 인군자仁君子라면〉	不以物喜 (불이물희)
즐거운일 있어도 기쁨 감추고	
자기 한 몸 생각하여 슬퍼 안하네	不以己悲 (불이기비)
조정朝庭의 높은 벼슬 앉아 있을 땐	居廟堂之高 (거묘당지고)
근심과 걱정은 백성 뿐이요	則憂其民 (즉우기민)
벼슬 벗고 초야草野에 묻혀 있을 땐	處江湖之遠 (처강호지원)
오로지 임금님을 근심한다오	則憂其君 (즉우기군)
벼슬해도 근심이요 떠나도 근심	是進亦憂退亦憂 (시진역우퇴역우)
그러니 그 어느 때 즐거울건가	然則何時而樂耶 (연즉하시이락야)
어진이는 반드시 대답하리라	其必曰 (기필왈)
세상사람 근심 전에 앞 근심하고	先天下之憂而憂 (선천하지우이우)
세상사람 즐김 뒤에 나중 즐기리	後天下之樂而樂歟 (후천하지락이락여)
오호라 이 어진이 아니었다면	噫微斯人 (희미사인)
내 누구와 참된 인생人生 찾아가겠나	吾誰與歸 (오수여귀)

15. 도연명陶淵明의 〈오류선생전五柳先生傳〉

사람과 글이 둘이 아니오 하나라고 하는 통념通念을 우리는 사랑한다. 그러므로 좋은 글을 쓴 사람은 좋은 사람이라고 믿는다. 또 아름다운 생활을 노래한 글을 쓴 분은 참으로 행복한 삶을 살았을 것이라고 추측하며 부러워한다.

그런데 과연 이러한 통념이 옳은 것일까? 도연명의 〈귀거래사歸去來辭〉는 1,600년 동안 인구人口에 회자膾炙되며 전원 생활을 그리워하는 모든 사람들에게 선망의 이상향이 되어 주었다. 그리고 그 글의 주인공인 도잠陶潛을 신선이나 되는 양 흠모하였다. 그의 글, 〈오류선생전〉을 읽으면 우리의 생각이 틀리지 않았음을 확신시키기에 충분한 것이었다. 그래서 우리는 도잠을 행복했던 사나이라고 믿어왔다. 그리고 그의 글을 더 찾아 읽다가 〈책자責子〉에 이르러 우리는 고개를 갸우뚱하게 된다.

"아하, 도陶 선생께서는 그 아름다운 전원 생활의 기쁨 속에서도 자식子息들 문제에서는 한없이 불행한 분이었구나." 이렇게 아쉬운 마음을 지니게 된다. 〈오류선생전五柳先生傳〉과 〈음주시吟酒詩〉 1수를 편안한 마음으로 즐기고 그리고 '책자責子'를 읽으며 도陶 선생을 위로해 보기로 해야겠다.

도陶 선생은 〈귀전원거歸田園居〉 등에 묘사한 바와 같이 아름다운 전원 생활을 영위할 만큼의 전장은 있었으나 부유한 편은 결코 아니었고, 빈곤하다고 해야 할 형편이요, 가정 생활도 복된 것은 아니었다. 이른 나이에 상처喪妻로 재취하여 5남을 두었는데 장남은 전처 소생이고 나머지는 모두 후처 적씨翟氏 소생이다. 〈책자責子〉에 그의 심경이 여실하게 드러나 있다. 아들의 이름은 엄儼·후俟·빈份·일佚·동佟인데 아명兒名이 서舒·선宣·옹雍·단端·통通이었다. 雍과 端은 쌍둥이인 듯.

알 수 없네 선생先生이 어디 분인지	先生不知何許人 (선생부지하허인)
성씨姓氏도 이름도 확실치 않네	亦不詳其姓字 (역불상기성자)
집 둘레에 버드나무 다섯그루라	宅邊有五柳樹 (택변유오류수)
그것으로 〈당신의〉 호號를 삼았네	因以爲號焉 (인이위호언)
느긋하고 고요하여 말씀이 적고	閑靖少言 (한정소언)
권세도 이익도 관심이 없네	不慕榮利 (불모영리)
책읽기를 무척이나 좋아하지만	好讀書 (호독서)
꼬치꼬치 따져 읽지 아니한다네	不求甚解 (불구심해)
마음에 맞는 일이 있을 때마다	每有意會 (매유의회)
흔연히 밥먹기도 잊어버리고	便欣忘食 (변흔망식)
어지간히 술마시기 좋아하지만	性嗜酒 (성기주)
가난하여 언제나 마실 순 없어	家貧不能常得 (가빈불능상득)
그 사정 잘 아는 이웃 벗들이	親舊知其如此 (친구지기여차)
술 있으니 마시자 불러 줄때는	或置酒而招之 (혹치주이초지)
바닥이 나기까지 즐겨마시며	造飮輒盡 (조음첩진)
반드시 취하도록 마셔대다가	期在必醉 (기재필취)
취했다 싶을 때에 물러나지만	旣醉而退 (기취이퇴)
가는 것 머무는 것 자유로웠네	曾不吝情去留 (증불린정거류)
한 칸짜리 작은 방 황량荒涼한지라	環堵蕭然 (환도소연)

햇볕도 비바람도 가릴 수 없고　不蔽風日(불폐풍일)
홑적삼 구멍뚫려 덧대어 깁고　短褐穿結(단갈천결)
대나무 표주박이 자주 비어도　簞瓢屢空(단표누공)
태평한 마음은 여전하다네　晏如也(안여야)
언제나 글을 짓고 스스로 즐겨　常著文章自娛(상저문장자오)
의연히 자기 뜻을 밝히여 놓고　頗示己志(파시기지)
이해득실 꿈에도 품지 않으니　忘懷得失(망회득실)
이렇게 한세상을 마칠 것이네　以此自終(이차자종)
칭송하는 글귀는 이러하다네　贊曰(찬왈)
노魯의 현인賢人 검루黔婁가 일러말하되　黔婁有言(검루유언)
지위 낮고 가난해도 걱정 없는 것　不戚戚於貧賤(불척척어빈천)
벼슬 높고 부유해도 노력하는 것　不汲汲於富貴(불급급어부귀)
이 말을 끝까지 파헤쳐 보면　極其言(극기언)
다음같은 부류의 사람들인가?　茲若人之儔乎(자약인지주호)
술 마시고 즐기며 시부詩賦를 짓고　酣觴賦詩(감상부시)
그 뜻을 기쁘게 펼쳐내다니　以樂其志(이락기지)
저 옛날 무회無懷시대 백성이랄까?　無懷氏之民歟(무회씨지민여)
순박한 갈천葛天시대 백성이랄까?　葛天氏之民歟(갈천씨지민여)

〈**술을 마시며**〔飮酒〕〉

마을 안에 초막草幕 한 채 엮어 놨으나　結廬在人境(결려재인경)
말과 수레 시끄러움 들리지 않아　而無車馬喧(이무거마훤)
어째서 그러냐고 물어본다면　問君何能爾(문군하능이)
마음 멀어 땅이 절로 외진 것이죠　心遠地自偏(심원지자편)
동쪽 울짱 아래에서 국화 따다가　採菊東籬下(채국동리하)

느긋하게 남산을 바라다 보니 悠然見南山(유연견남산)
산기운은 저물녘이 더더욱 좋고 山氣日夕佳(산기일석가)
날새들은 짝지어 깃을 찾는다 飛鳥相與還(비조상여환)
이 가운데 참뜻이 들어 있다고 此中有眞意(차중유진의)
말하려니 어느새 말을 잊었네 欲辯已忘言(욕변이망언)

〈**자식을 한탄하며**〔責子〕〉

백발이 귀밑머리 덮어버리고 白髮被兩鬢(백발피양빈)
살결도 메말라 부실한 이 몸 肌膚不復實(기부불부실)
내 비록 아들 다섯 두었건마는 雖有五男兒(수유오남아)
한 놈도 종이 붓을 좋아라 않네 總不好紙筆(총불호지필)
아서阿舒는 어느새 열여섯인데 阿舒已二八(아서이이팔)
게으르기 어디에 짝할 데 없고 懶惰故無匹(나타고무필)
아선阿宣은 열다섯이 가깝건마는 阿宣行志學(아선행지학)
도무지 공부에는 관심이 없네 而不愛文術(이불애문술)
옹雍과 단端은 똑같이 열세살인데 雍端年十三(옹단년십삼)
여섯과 일곱도 구별 못하고 不識六與七(불식육여칠)
통자通子는 아홉 살이 다 되었는데 通子垂九齡(통자수구령)
오로지 배와 밤만 찾고 있구나 但覓梨與栗(단멱리여율)
내 팔자 진실로 이와 같다면 天運苟如此(천운구여차)
차라리 술잔이나 끌어당길 뿐 且進杯中物(차진배중물)

16. 소식蘇軾의 〈후적벽부後赤壁賦〉

동파東坡 소식蘇軾(1036~1101)은 47세 때인 임술년壬戌年(1082) 7월에 〈적벽부〉를 지었는데, 3개월이 지난 같은 해 10월에 다시 〈적벽부〉를 지으니 이것이 〈후적벽부〉이다. 그런데 이 2편의 〈적벽부〉를 비교해 보면 적벽에서 선유船遊를 즐긴다는 기본 틀은 같으나 그 놀이의 흥취와 품격에 완연한 차이가 존재한다. 전편에서는 찾아온 손님과의 즐김인데 반하여 후편에서는 찾아온 손님은 술안주를 준비한 것 외에 자연을 즐기고 소요逍遙한 것은 오로지 동파 혼자의 행위요, 감흥임을 보여준다.

그리고 한 마리 외로운 학을 만났다가 취몽중醉夢中에 그 학의 본신인 도사와의 문답에서 자신의 참모습을 활연히 발견한다는 것으로 결말을 삼고 있다. 말하자면 동파東坡는 속세 인간 중에 살고 있으나 그 의식은 신선의 경계에서 노닌다고 선언하는 것 같다.

그래서 세상 사람들은 일찍이 동파를 선문禪門에 속한 일급선사一級禪師로 취급해 왔다. 동파의 시를 즐기는 독자들이 선훈禪薰이 감도는 시들을 찾아 읽으면서 이것은 〈개오송開悟頌〉[18]이요, 이것은 〈오도송悟道頌〉[19]이요, 그렇게 이름을 붙여 동파가 불문佛門에 속한 어엿한 선사임을 밝혀왔다.

---

18 開悟頌 : 원제原題는 〈증동림상총장로贈東林常總長老〉이다.

19 悟道頌 : 원제原題는 〈무하유無何有〉이다.

다음은 세간에 전해 오는 동파의 〈개오송〉과 〈오도송〉이다.

〈**개오송**開悟頌〉	
계곡의 물소리는 부처님 설법說法	계 성 편 시 광 장 설 溪聲便是廣長舌
산山빛이 맑은 것은 법신法身아닌가	산 색 기 비 청 정 신 山色豈非淸淨身
밤이면 팔만사천八萬四千 게송偈頌 읊으니	야 래 팔 만 사 천 게 夜來八萬四千偈
뒷날에 이 소식消息을 어찌 전傳할꼬	타 일 여 하 거 사 인 他日如何擧似人

〈**오도송**悟道頌〉	
어디에서 오셨소? 내게 물으면	문 아 하 처 래 問我何處來
내가 온 곳 무하유無何有라 말씀드리죠	아 래 무 하 유 我來無何有
남녘에서 훈풍薰風이 절로 찾아와	훈 풍 자 남 래 薰風自南來
초당艸堂에 서늘바람 살살 부네요	초 당 생 미 량 艸堂生微凉

아무리 보아도 이 두 편의 시는 분명코 스님의 시이지 속인의 시라고는 할 수 없다. 이러한 시를 쓰기 몇 해 전에 〈후적벽부〉 같은 글이 나온 것은 너무도 자연스러운 일이 아닌가!

자! 〈후적벽부〉를 7·5調風으로 감상해 보기로 하자.

이때는 임술년 시월 보름날	시 세 십 월 지 망 是歲十月之望
설당雪堂에서 걸어서 임고정臨皐亭으로	보 자 설 당 步自雪堂
돌아가려 마음을 먹고 있는데	장 귀 어 임 고 將歸於臨皐
나를 좇아 두 분 손님 따라 오셨네	이 객 종 여 二客從予
황니黃泥의 언덕을 지나가려니	과 황 니 지 판 過黃泥之阪
서리와 이슬은 이미 내렸고	상 로 기 강 霜露旣降
나뭇잎은 모두 다 떨어졌는데	목 엽 진 탈 木葉盡脫

사람의 그림자 땅에 비쳐서	人影在地(인영재지)
우러러 밝은 달을 바라보았네	仰見明月(앙견명월)
돌아보며 달빛을 즐겨가면서	顧而樂之(고이락지)
걸어가며 노래를 주고받다가	行歌相答(행가상답)
이윽고 한탄하며 말씀드리길	已而歎曰(이이탄왈)
손님이 오셨는데 술이 없구요	有客無酒(유객무주)
술은 있다 하여도 안주 없네요	有酒無肴(유주무효)
달도 밝고 시원한 바람 부는데	月白風淸(월백풍청)
이처럼 좋은 밤을 어이할까요?	如此良夜何(여차량야하)
손님이 〈내 말에〉 대답하시길	客曰(객왈)
"오늘 저녁 어스름 어두웠을 때	今者薄暮(금자박모)
그물을 거두어 고기 잡으니	擧網得魚(거망득어)
입은 크고 비늘이 가느다라서	巨口細鱗(거구세린)
송강松江의 노어鱸魚와 비슷합니다	狀似松江之鱸(상사송강지로)
어디에서 술 얻을까 생각하셨소?"	顧安所得酒乎(고안소득주호)
집에 와 아내에게 의론해 보니	歸而謀諸婦(귀이모저부)
아내가 〈웃으며〉 대답하기를	婦曰(부왈)
"내가 일찍 한 말 술을 감추어두고	我有斗酒(아유두주)
오래도록 간직한 것 모르셨군요	藏之久矣(장지구의)
당신이 요긴할 때 기다렸지요"	以待子不時須(이대자불시수)

그러자 술과 고기 손에 들고서	於是携酒與魚(어시휴주여어)
또다시 적벽赤壁아래 노닐자하니	復游於赤壁之下(부유어적벽지하)
흐르는 강江물소리 새삼 즐겁고	江流有聲(강류유성)
깎아지른 언덕은 천길 되는 듯	斷岸千尺(단안천척)

높은 산에 솟은 달 자그마 하고	山高月小(산고월소)
떨어지는 물길에 튀어나온 돌	水落石出(수락석출)
세월이 얼마나 지나갔기에	曾日月之幾何(증일월지기하)
이 강산江山을 다시 알아 보아야 하나	而江山不可復識矣(이강산불가부식의)
마침내 옷자락을 걷어 부치고	予乃攝衣而上(여내섭의이상)
바위 밟고 우거진 숲 헤쳐가면서	履巉巖披蒙茸(이잠암피몽용)
호랑 표범 모양으로 걸터앉았다	踞虎豹(거호표)
규룡처럼 나무타고 올라가면서	登虬龍(등규룡)
새매사는 높은 둥지 앉아도 보고	攀栖鶻之危巢(반서골지위소)
풍이馮夷 수신水神 그윽한 집 내려다보니	俯馮夷之幽宮(부풍이지유궁)
두 분 손님 따라오지 못하였구나	蓋二客不能從焉(개이객불능종언)
신이 나서 휘파람 길게 뽑으니	劃然長嘯(획연장소)
풀과 나무 부르르 흔들며 떨고	草木震動(초목진동)
산이 울고 골짜기 메아리 치고	山鳴谷應(산명곡응)
바람 일고 물길도 솟는 듯하니	風起水涌(풍기수용)
나 또한 초연悄然히 슬픈 맘 들고	予亦悄然而悲(여역초연이비)
무언가 숙연하고 두려워져서	肅然而恐(숙연이공)
오래도록 머물기는 어려웠다오	凜乎其不可留也(늠호기불가류야)
다시금 돌아와 배에 올라서	反而登舟(반이등주)
흘러가다 중간쯤 이르렀을 때	放乎中流(방호중류)
배 멈추자 그대로 쉬고 있으니	聽其所止而休焉(청기소지이휴언)
바야흐로 한밤중 깊어 가는데	時將夜半(시장야반)
사방을 둘러보니 고요도하다	四顧寂寥(사고적요)
때마침 한 마리 외로운 학鶴이	適有孤鶴(적유고학)
강물을 건너질러 동東으로 오니	橫江東來(횡강동래)

그 날개 큰 수레 바퀴만하고	翅如車輪(시여거륜)
검은 치마 흰옷을 입은 모습에	玄裳縞衣(현상호의)
꺼욱꺼욱 길고 길게 울음 울면서	戛然長鳴(알연장명)
내 배 스쳐 서쪽으로 사라졌다오	掠予舟而西也(약여주이서야)

조금 뒤에 손님은 떠나버리고	須臾客去(수유객거)
나 또한 꿈속으로 잠들었는데	予亦就睡夢(여역취수몽)
한 도사道士가 깃옷을 펄럭이면서	一道士羽衣翻躚(일도사우의번선)
임고정臨皐亭 아래를 지나가다가	過臨皐之下(과림고지하)
나에게 읍揖하며 이르는 말이	揖予而言曰(읍여이언왈)
적벽강赤壁江 뱃놀이가 즐거웠는가	赤壁之遊樂乎(적벽지유락호)
뉘시오? 성명姓名을 물어봤으나	問其姓名(문기성명)
머리만 숙이고 답答하지 않네	俛而不答(면이부답)
아하! 놀랍고도 우스운지고	嗚呼噫嘻(오호희희)
나는 이미 당신을 만났었노라	我知之矣(아지지의)
바로 그때 엊저녁 지나간 밤에	疇昔之夜(주석지야)
울면서 내 배를 스쳐 지나간	飛鳴而過我者(비명이과아자)
그분이 당신이 아니오이까?	非子也耶(비자야야)
도사道士는 돌아보고 웃음지으니	道士顧笑(도사고소)
나 또한 놀래어 잠을 깨면서	予亦驚寤(여역경오)
문을 열고 바깥을 살펴봤으나	開戶視之(개호시지)
그분이 떠난 곳을 알 수 없었네	不見其處(불견기처)

17. 이밀李密의 〈진정표陳情表〉

이밀李密(?~285?)은 생몰연대가 명확히 알려지지 않았다. 삼국시대 촉한蜀漢의 벼슬을 잠시 살았다 하였으니 3세기 사람으로 왕희지王羲之나 도연명陶淵明 보다는 조금 앞선 진晉나라 사람으로 기억하면 좋을 것이다.

《고문진보》에 다음과 같은 평설이 붙어 있다.

"《삼국지》〈촉지蜀志〉의 기록 : 이밀은 아버지가 일찍 죽고 어머니 하씨何氏가 다른 사람에게 개가改嫁하였다. 그래서 이밀은 조모에게서 양육되었는데 효성이 지극하여 병석의 조모를 모심에 밤낮을 가리지 않으며 옷의 띠를 풀지 않았다. 촉한蜀漢이 평정된 뒤에 진晉 무제武帝가 태자를 돌보는 세마洗馬를 삼으려 하자 이밀이 표문表文을 지어 사양하니 무제는 그의 정성을 가상히 여겨 노비 두 사람을 하사하고 군현으로 하여금 조모를 공양하여 음식과 의복을 받들게 하였고 이밀을 한중태수漢中太守로 옮겨 주었다."

그리고 또 《고문진보》 서敍에는 다음과 같은 구절도 보인다.

"이 책 첫머리에 권학문勸學文이 붙어 있고, 끝에는 충성의 마음을 담은 〈출사표出師表〉와 효심이 넘치는 〈진정표陳情表〉가 들어 있는 것은 학문과 충효를 권면코자 함이 아니겠는가!"

그래서 사람들은 흔히 이렇게 말하였다.

"〈출사표〉를 읽고 나라 사랑의 충정에 끓어오르는 마음을 다잡지 않으면 충신이 아니요, 〈진정표〉를 읽고 눈물을 흘리지 않으면 효심이 없는 사람이다."

그러면 21세기를 살아가는 오늘날의 우리는 어떠한가? 시대가 다르고 사회체제가 변하여 충성도 효심도 그 양상이 많이 달라졌다고는 하나 나라 사랑과 부모 공경의 본질이 달라지진 않았으리라.

어버이 모시기 위해 사회적 진출이 약속되고 보장되는, 그래서 명리가 함께 따라오는 길을 기꺼이 사양하는 우리의 미덕이 그저 미덕이 아니라 진정으로 우리의 체질이 되기를 희망하며 나는 여기에 〈진정표〉를 7·5조풍調風으로 바꾸어 옮겨 본다.

소신小臣은 기구崎嶇한 운명運命 타고나	신 이 험 흔 臣以險釁
일찍이 가엾고 흉凶한 일 만나	숙 조 민 흉 夙遭愍凶
태어나 단지 겨우 여섯 달 만에	생 해 육 월 生孩六月
사랑하던 아버지 돌아가시고	자 부 견 배 慈父見背
네 살 밖에 아니 된 어린 나이에	행 년 사 세 行年四歲
외삼촌이 어머니 개가改嫁시키니	구 탈 모 지 舅奪母志[20]
할미 유씨劉氏 약弱한 신臣을 가엾게 여겨	조 모 류 민 신 고 약 祖母劉閔臣孤弱
친히 몸소 어루만져 길렀나이다	궁 친 무 양 躬親撫養
소신小臣은 어려부터 병病이 많아서	신 소 다 질 병 臣少多疾病
아홉 살이 됐어도 걷지 못하고	구 세 불 행 九歲不行
외롭고 고달프게 살아가면서	영 정 고 고 零丁孤苦
근근이 성년成年이 되었나이다	지 우 성 립 至于成立

---

20 舅奪母志 : 외삼촌이 어머니의 뜻을 빼앗아 강제로 시집보냈음을 뜻한다.

일찍부터 숙백부叔伯父는 아니 계시고	旣無叔伯(기무숙백)
마침내 형제兄弟도 드문 처지라	終鮮兄弟(종선형제)
가문家門이 쇠락衰落하고 복福도 없는지	門衰祚薄(문쇠조박)
늦게야 자식子息을 얻었사옵기	晩有兒息(만유아식)
밖으로 제사 모실 친척이 없고	外無朞功强近[21]之親(외무기공강근지친)
안으로 손님 모실 동자童子도 없어	內無應門五尺之童(내무응문오척지동)
쓸쓸하고 외롭게 저 홀로 서서	煢煢孑立(경경혈립)
몸뚱이와 그림자만 마주보는데	形影相弔(형영상조)
할미도 일찍부터 병病이 들어서	而劉夙嬰疾病(이유숙영질병)
언제나 병상病牀에 누워계시니	常在牀褥(상재상욕)
소신小臣이 모시고 탕약湯藥 끓이기	臣侍湯藥(신시탕약)
일찍이 그만둔 일 없었나이다	未嘗廢離(미상폐리)

이때에 성조聖朝를 받들게 되어	逮奉聖朝(체봉성조)
청정淸淨한 교화敎化에 목욕沐浴하옵고	沐浴淸化(목욕청화)
앞서는 태수太守인 신규臣逵란 분이	前太守臣逵(전태수신규)
소신小臣이 효렴孝廉함을 살폈사옵고	察臣孝廉(찰신효렴)
뒤에는 자사刺史인 신영臣榮이란 분	後刺史臣榮(후자사신영)
소신小臣을 수재秀才로 천거薦擧했으나	擧臣秀才(거신수재)
소신小臣은 공양供養받들 사람이 없어	臣以供養無主(신이공양무주)
사양辭讓하고 명령命令을 어겼나이다	辭不赴命(사불부명)
때마침 조서詔書를 특별特別히 내려	會詔書特下(회조서특하)
소신小臣을 낭중郎中으로 임명任命하시고	拜臣郎中(배신낭중)

---

21 朞功强近 : '기朞'는 기년복朞年服, '공功'은 대공구월복大功九月服과 소공오월복小功五月服을 이른다. 강근强近은 '강성强盛하고 가깝다'는 뜻이다.

얼마 후엔 크나큰 국은國恩 입사와 尋蒙國恩(심몽국은)
소신小臣을 세마洗馬로 임명任命하시니 除臣洗馬(제신세마)
외람猥濫되어 미천微賤한 신분身分으로서 猥以微賤(외이미천)
동궁태자東宮太子 모시게 되었사오니 當侍東宮(당시동궁)
이것은 소신小臣이 목숨 바친들 보답報答 非臣隕首所能上報(비신운수소능상보)
할 수 있는 것 아니나이다

그리하여 표문表文으로 아룀으로써 臣具以表聞(신구이표문)
사양하고 직무職務에 아니 나감에 辭不就職(사불취직)
조서詔書가 너무도 준엄峻嚴하시어 詔書切峻(조서절준)
소신小臣의 게으름을 책망責望하시고 責臣逋慢(책신포만)
군현郡縣의 수령守令들로 독촉督促케하여 郡縣逼迫(군현핍박)
소신小臣이 나설 것을 재촉하오니 催臣上道(최신상도)
주사州司에서 소신小臣의 문門앞에 와서 州司臨門(주사임문)
다그침이 성화星火보다 급急했나이다 急於星火(급어성화)
소신小臣이 조서詔書받고 달려간다면 臣欲奉詔奔馳(신욕봉조분치)
할미 병病이 나날이 위독危篤하겠고 則以劉病日篤(즉이유병일독)
구차苟且히 사정私情을 따르려하나 欲苟順私情(욕구순사정)
하소연을 허락許諾지 아니하시니 則告訴不許(즉고소불허)
소신小臣은 진퇴進退를 어떻게 할지 臣之進退(신지진퇴)
진실로 낭패狼狽라 하겠나이다 實爲狼狽(실위낭패)

엎드려 생각하니 성조聖朝께서는 伏惟聖朝(복유성조)
효도孝道로써 천하天下를 다스리시니 以孝治天下(이효치천하)
무릇 모든 노인老人들 살피심에도 凡在故老(범재고로)

오히려 가엾게 품으시는데	유몽긍육 猶蒙矜育
더구나 소신小臣은 외롭고 힘듬	황신고고 況臣孤苦
특별히 심甚하다 하겠나이다	특위우심 特爲尤甚

또한 소신小臣 젊어서 촉蜀나라 섬겨	차신소사위조 且臣少事僞朝[22]
낭서郞署의 직책職責을 지냈사오니	역직낭서 歷職郎署
본래本來부터 벼슬길 도모圖謀하였고	본도환달 本圖宦達
명예名譽 절조節操 아끼지 못했나이다	불긍명절 不矜名節
이제 소신小臣 망亡한 나라 천賤한 포로捕虜라	금신망국지천부 今臣亡國之賤俘
지극히 미천微賤하고 누추하온데	지미지루 至微至陋
지나친 발탁拔擢을 받았사오니	과몽발탁 過蒙拔擢
〈사랑의 은명恩命이 높고 크오니〉	총명우악 (寵命優渥)
어찌 감히 우물쭈물 머뭇거리며	기감반환 豈敢盤桓
또 바라는 기대期待가 있사오릿까	유소희기 有所希冀
단지 할미 살날이 얼마 없어서	단이유일박서산 但以劉日迫西山
숨쉬는 것 거의 거의 끊일듯하고	기식엄엄 氣息奄奄
사람의 목숨이 위천危淺한지라	인명위천 人命危淺
아침에 저녁일을 모르나이다	조불려석 朝不慮夕
만일에 소신小臣이 할미 없으면	신무조모 臣無祖母
오늘과 같은 날이 올 수 없었고	무이지금일 無以至今日
할미도 소신小臣이 없다고 하면	조모무신 祖母無臣
여생餘生을 마칠 수 없겠사오니	무이종여년 無以終餘年
할미와 그 손자孫子 저희 두사람	모손이인 母孫二人

22 僞朝 : 잘못된 왕조王朝란 뜻으로, 멸망한 촉한蜀漢을 가리킨다.

서로서로 목숨을 돌보아주니	경상위명 更相爲命
어떻게 떠날 수 있겠나이까	시이구구불능폐원 是以區區不能廢遠
소신小臣 밀密은 이제 나이 마흔 넷이요	신밀금년사십유사 臣密今年四十有四
할미는 이제 나이 구십육九十六이니	조모유금년구십유육 祖母劉今年九十有六
이것은 소신小臣이 폐하陛下를 모셔	시신진절 是臣盡節
충절忠節을 나할 날이 긴 것이옵고	어폐하지일장 於陛下之日長
할미에게 보답報答할 날 짧삽나이다	보류지일단야 報劉之日短也
까마귀의 사사로운 정분情分이오나	오조 사정 烏鳥[23]私情
끝까지 봉양奉養하길 원願하옵나니	원걸종양 願乞終養
소신小臣이 힘들고 괴로운 것은	신지신고 臣之辛苦
촉蜀지방 인사人士와 두 고을 주목州牧	비독촉지인사 非獨蜀之人士
밝히 보고 아는바 뿐만 아니라	급이주목백소견명지 及二州牧伯所見明知
황천皇天 후토后土 다함께 보시나이다	황천후토실소공감 皇天后土實所共鑑
〈다시금〉 원願컨대 폐하陛下께서는	원폐하 願陛下
소신小臣의 못난 정성精誠 가엾게 여겨	긍민우성 矜愍愚誠
소신小臣의 하찮은 뜻 허낙許諾하시어	청신미지 廳臣微志
참으로 제 할미 요행스럽게	서류요행 庶劉僥倖
여생餘生을 마치도록 해주신다면	졸보여년 卒保餘年
소신小臣은 살아서는 목숨바치고	신생당운수 臣生當隕首
죽어서는 결초보은結草報恩 하겠나이다	사당결초 死當結草
소신小臣은 두려운 뜻 못 이기옵고	신불승포구지정 臣不勝怖懼之情
공손히 표문表文올려 아뢰나이다	근배표이문 謹拜表以聞

23 烏鳥 : 까마귀는 새끼가 자라 어미에게 은혜를 갚는다는 새이므로 효도孝道의 뜻을 나타낸다.

18. 제갈량諸葛亮의 〈후출사표後出師表〉

제갈량(181~234)의 〈후출사표〉는 〈전출사표〉를 쓴 한 해 뒤, 228년 그의 나이 47세 때에 후주後主 유선劉禪에게 올린 글이다. 〈전출사표〉에서는 임금 노릇을 하는 기본자세를 세 가지로 나누어 개진하였었다.

첫째는 선제先帝의 유덕遺德을 기리고 빛내어 현량賢良한 신하의 뜻을 널리 펴라는 것이요〔以光先帝遺德 恢弘志士之氣〕, 둘째는 궁중宮中과 부중府中을 한 몸으로 생각하여 공명정대公明正大한 통치원칙을 지키라는 것이었고〔以昭平明之理 不宜偏私〕, 끝으로 정의롭고 현명하여 죽기까지 절개를 지키는 신하들을 가까이하고 신임하라는〔貞良死節之臣 親之信之〕 당부의 글이었다. 요컨대 믿을 만한 신하들을 믿고 의지하라는 충고忠告였다. 그런데 이 〈후출사표〉에 오면 후주後主의 실책과 자신의 무능, 그리고 군대의 당면문제를 여섯 가지 조목 별로 밝히면서 전장으로 나가는 비장한 소회를 펼친다.

첫째와 둘째는 후주의 실책인데, 그 첫째는 계획을 멀리 잡고 가만히 앉아서 천하를 얻을 수 있으리라는〔欲以將策取勝 坐定天下〕 생각의 부당함이요, 그 둘째는 전쟁을 벌이지 않고 우물쭈물하다가 손책이 힘을 키워 강동을 얻게 하였다는〔不戰不征 使孫策坐大 遂幷江東〕 잘못을 꼬집어 지적하였다.

셋째와 넷째는 제갈량 자신의 자평인데, 첫째는 자신이 재주도 없이 출정하는 일〔臣才弱而欲以 不危而定之〕이요, 둘째는 자신의 지략이 떨어지는데 어찌 승리를 거두겠느냐〔臣駑下 何能必勝〕 하는 겸사와 조심성의 표출이었다.

그리고 끝으로는 군대의 실상을 보고한 것으로, 첫째는 정예군精銳軍의 손실·감축이요〔若復數年則損三分之二也 當何以圖敵〕, 둘째는 군민軍民이 모두 곤피困疲한데 버티고만 있는 것이〔民窮兵疲 欲以一州之地與賊持久〕 부당함을 주장하였다.

다시 요약한다면 후주後主의 무계무위無計無爲, 자신의 무재무능無才無能, 그리고 군대의 무력무정無力無征이라고 하겠다. 자신의 무재무능無才無能은 후주後主의 무계무위無計無爲를 지적하기 위한 단서 조항이라 볼 수 있으나, 군대의 무력무정無力無征은 군민軍民이 모두 곤피困疲한 터에 가만히 있으나 출정하나 비용이 드는 것은 마찬가지니 차라리 재빨리 공격하여 승기를 잡아보자는 배수背水의 주장, 곧 출전의 필연성을 밝히며 후주의 각오를 촉구한 것이라 하겠다.

세상의 어느 장수가 희생을 감내하며 즐겨 출전을 감행하겠는가? 후주의 무위안주無爲安住로는 선제先帝의 유훈을 받들 수 없음을 간파하고 임전臨戰을 결행함으로써 죽기로 충성하겠다는 의지가 아니라면 이런 〈출사표出師表〉는 나올 수 없는 글이다. 과연 제갈량諸葛亮은 이 글을 바친 지 6년 후 그의 나이 54세, 마침내 군진軍陣에서 병사하였다.

이 글에서 우리는 지켜야 할 한 가지 자세, "몸을 굽혀 힘을 다하여 죽고 나서야 그만둔다.〔鞠窮盡瘁 死而後已〕"는 결연한 의지를 배운다.

선제先帝께선 한적漢賊(조조曹操)과 양립兩立 안되고	선제려한적불량립 先帝慮漢賊不兩立
왕업王業이 촉도蜀都에 치우쳐서는 편안하게 지낼 수 없다 하시니	왕업불편안 王業不偏安

그래서 소신小臣에게 부탁하시어	故託臣(고탁신)
한적漢賊을 치라고 하셨나이다	以討賊也(이토적야)
선제先帝께선 지혜智慧가 밝으심으로	以先帝之明(이선제지명)
소신小臣의 재주를 헤아리심에	量臣之才(양신지재)
진실로 소신小臣이 적敵을 치는 일에	固知臣伐賊(고지신벌적)
재주는 모자라고 적敵이 강함을 〈일찍이 헤아려〉 아셨나이다	才弱敵强也(재약적강야)
그러나 그 적敵을 치지 않으면	然不伐賊(연불벌적)
왕업王業이 역시나 망亡할 것이라	王業亦亡(왕업역망)
앉아서 망亡하기를 기다리느니	惟坐而待亡(유좌이대망)
뉘와 함께 정벌征伐하랴 생각하시고 〈차라리 적敵을 침이 낫기 때문에〉	孰與伐之(숙여벌지)
그 일을 소신小臣에게 부탁하시고	是故託臣(시고탁신)
의심疑心을 품으시지 않았나이다	而弗疑也(이불의야)
소신小臣은 그 명령命令 받은 날부터	臣受命之日(신수명지일)
잠을 자도 편안히 눕지 못하고	寢不安席(침불안석)
밥 먹을 때 그 맛을 몰랐나이다	食不甘味(식불감미)
생각에 북北쪽을 정벌하려면	思惟北征(사유북정)
남南쪽을 먼저 침이 옳다 여겨서	宜先入南(의선입남)
오월五月에 노수瀘水를 건넌 다음에	故五月渡瀘(고오월도로)
불모지不毛地 깊숙이 쳐들어가며	深入不毛(심입불모)
이틀에 한 끼를 먹었사오니	并日而食(병일이식)
소신小臣이 스스로를 애석하다고 생각지 않은 것은 아니옵니다	臣非不自惜也(신비부자석야)
돌아보니 왕업王業이 촉도蜀都 구석에	顧王業不可得(고왕업불가득)

편안히 있을 수는 없기 때문에 偏安於蜀都(편안어촉도)
위태롭고 어려움 무릅쓰면서 故冒危難(고모위난)
선제先帝의 유지遺志를 받들었는데 以奉先帝之遺志(이봉선제지유지)
말하기 즐기는 이 비평하기를 而議者(이의자)
좋은 계책計策 아니라고 하였나이다 謂爲非計(위위비계)
적賊이 마침 서西쪽에서 피폐하였고 今賊適疲於西(금적적피어서)
동東쪽에선 전쟁을 벌이나이다 又務於東(우무어동)
병법兵法에 적敵의 피로疲勞 틈타라 하니 兵法乘勞(병법승로)
지금이 진격進擊할 시기時期온지라 此進趨之時也(차진추지시야)
삼가 계획計劃 다음 같이 아뢰나이다 謹陳其事如左(근진기사여좌)

고제高帝께서 밝으심 해와 달이요 高帝明竝日月(고제명병일월)
모신謀臣들은 연못같이 지혜 깊으나 謀臣淵深(모신연심)
위험을 겪으며 상처傷處를 입고 然涉險被創(연섭험피창)
위태로움 뒤에야 편했나이다 危然後安(위연후안)
그런데 오늘날 폐하께서는 今陛下(금폐하)
고제高帝의 밝으심에 못 미치시고 未及高帝(미급고제)
모신謀臣도 장량張良·진평陳平 같지 않은데 謀臣不如良平(모신불여량평)
장구長久한 계책計策으로 승리勝利를 얻어 而欲以長策取勝(이욕이장책취승)
앉아서 천하天下를 얻으려 시니 坐定天下(좌정천하)
이것이 소신小臣이 이해 안 되는 此臣之未解(차신지미해)
첫 번째 문제問題라 하겠나이다 一也(일야)

유요劉繇, 왕랑王郎 제각기 주군州郡 머물며 劉繇王朗各據州郡(유요왕랑각거주군)
안위安危를 논하며 계책計策 말할 때 論安言計(논안언계)

버릇인양 성인聖人 일을 인용引用했으나 動引聖人(동인성인)
많은 의심 뱃속에 가득 채우고 群疑滿腹(군의만복)
갖가지 어려움 가슴에 차서 衆難塞胸(중난새흉)
금년도 전쟁에 나서지 않고 今歲不戰(금세부전)
명년明年도 정벌征伐을 아니하다가 明年不征(명년부정)
손책孫策을 앉아서 강대强大하게해 使孫策坐大(사손책좌대)
마침내 강동江東을 얻게 했으니 遂幷江東(수병강동)
이것이 소신小臣이 이해 안 되는 此臣之未解(차신지미해)
두 번째 문제問題라 하겠나이다 二也(이야)

조조曹操의 지계智計가 출중하여서 曹操智計殊絶於人(조조지계수절어인)
그 사람이 군병軍兵을 부리는 것이 其用兵也(기용병야)
손무孫武나 오기吳起와 방불하오나 髣髴孫吳(방불손오)
남양南陽에서 어려움에 처한 바 있고 然困於南陽(연곤어남양)
오소烏巢에서 위험에 빠졌었으며 險於烏巢(험어오소)
기련祁連에서 위태로움 겪었사오며 危於祁連(위어기련)
여양黎陽에서 핍박逼迫을 당한 바 있고 偪於黎陽(핍어여양)
북산北山에선 자칫하면 패敗할뻔 했고 幾敗北山(기패북산)
동관潼關에서 거지반 죽을 뻔한 뒤 殆死潼關(태사동관)
일시로 한때나마 평정平定했으니 然後僞定一時耳(연후위정일시이)
하물며 소신小臣은 재주도 없이 況臣才弱(황신재약)
위태롭지 않은 채 평정平定하려니 而欲以不危而定之(이욕이불위이정지)
이것이 소신小臣이 이해 안 되는 此臣之未解(차신지미해)
세 번째 문제問題라 하겠나이다 三也(삼야)

조조曹操는 다섯 번 공격攻擊했으나	曹操五攻(조조오공)
창패昌霸를 항복降服받지 못하였으며	昌霸不下(창패불하)
네 번이나 소호巢湖를 넘으려 해도 마침내 성공하지 못하였으며	四越巢湖不成(사월소호불성)
이복李服을 〈택하여〉 임용任用했으나	任用李服(임용이복)
오히려 그가 조조曹操 치려했으며	而李服圖之(이이복도지)
하후연夏侯淵을 〈택하며〉 위임委任했는데	委任夏侯(위임하후)
도리어 하후연夏侯淵이 패망敗亡했으니	而夏侯敗亡(이하후패망)
선제先帝께서 조조曹操를 유능有能타해도	先帝每稱操爲能(선제매칭조위능)
오히려 이런 실수 있었사온데	猶有此失(유유차실)
하물며 소신小臣의 노둔駑鈍함으로	況臣駑下(황신노하)
어찌 능能히 필승必勝을 하겠나이까	何能必勝(하능필승)
이것이 소신小臣이 이해 안 되는	此臣之未解(차신지미해)
네 번째 문제問題라 하겠나이다	四也(사야)

소신小臣이 한중漢中에 도착到着한 이래以來	自臣到漢中(자신도한중)
그동안에 일주년이 되었나이다	中間朞年耳(중간기년이)
그러나 〈그동안에〉 잃은 사람이	然喪(연상)
조운趙雲·양군陽群 마옥馬玉·염지閻芝 정립丁立에다가	趙雲陽群馬玉閻芝丁立(조운양군마옥염지정립)
백수白壽·유합劉郃 등동鄧銅 등이 있었사오며	白壽劉郃鄧銅等(백수유합등동등)
곡장曲長과 둔장屯將들은 칠십여명七十餘名에	及曲長屯將七十餘人(급곡장둔장칠십여인)
돌격장突擊將과 무전無前과 종수賨叟 청강青羌에	突擊將無前賨叟青羌(돌격장무전종수청강)
산기散騎·무기武騎 일천여명一千餘名 잃었나이다	散騎武騎一千餘人(산기무기일천여인)
이들은 모두가 수십년 동안	此皆數十年之內(차개수십년지내)

사방四方에서 끌어모은 정예精銳들이요	所糾合四方之精銳(소규합사방지정예)
익주益州만의 소유가 아니옵니다	非一州之所有(비일주지소유)
만약에 또다시 수년數年 지나면	若復數年(약부수년)
3분의 2까지 잃을 것이니	則損三分之二也(즉손삼분지이야)
마땅히 무엇으로 적敵을 치리까	當何以圖敵(당하이도적)
이것이 소신小臣이 이해 안 되는	此臣之未解(차신지미해)
다섯 번째 문제問題라 하겠나이다	五也(오야)
지금의 백성들은 궁핍窮乏한데다 군사軍士들 마저도 지쳐 있으나	今民窮兵疲(금민궁병피)
〈위魏나라를 치는〉 일 멈출 수 없고	而事不可息(이사불가식)
그 일을 멈출 수 없을 것이면	事不可息(사불가식)
주둔駐屯하고 출동出動하여 행동하는 것	則住與行(즉주여행)
노력과 비용費用이 맞먹나이다	勞費正等(노비정등)
이럴 바엔 차라리 급히 서둘러 재빨리 도모圖謀해야 할 것이 온데	而不及蚤今圖之(이불급조금도지)
익주益州 땅만 지키고 버텨가면서	欲以一州之地(욕이일주지지)
지구전持久戰만 벌이고자 하시나이다	與賊持久(여적지구)
이것이 소신小臣이 이해 안 되는	此臣之未解(차신지미해)
여섯 번째 문제問題라 하겠나이다	六也(육야)
결정決定하기 어려운 건 일이 옵니다	夫難平者事也(부난평자사야)
선제先帝께서 초楚땅 싸움 패전敗戰하실 때	昔先帝敗軍於楚(석선제패군어초)
이때에 조조曹操는 손뼉을 치며	當此時曹操拊手(당차시조조부수)
천하天下 이미 평정平定했다 말했나이다	謂天下已定(위천하이정)

그러나 그 뒤에 선제先帝께서는	然後先帝 (연후선제)
동東쪽으로 오吳와 월越을 연합連合하시고	東連吳越 (동련오월)
서西쪽으로 파巴와 촉蜀을 취取하셨으며	西取巴蜀 (서취파촉)
군사軍士 몰아 북北쪽을 정벌征伐하심에	擧兵北征 (거병북정)
하후연夏侯淵이 그의 목을 내놓았으니	夏侯授首 (하후수수)
이것은 조조曹操의 실책失策이었고	此操之失計 (차조지실계)
우리 한漢이 잘될 듯 하였나이다	而漢事將成也 (이한사장성야)
그러나 그 뒤에 〈사정 바뀌어〉	然後 (연후)
오吳나라는 옛 맹서盟誓를 위반하면서	吳更違盟 (오갱위맹)
관우關羽는 패敗하여 목숨을 잃고	關羽毁敗 (관우훼패)
자귀현秭歸縣을 빼앗겨 차질蹉跌 생기고	秭歸蹉跌 (자귀차질)
조비曹丕가 황제皇帝를 칭稱하였으니	曹丕稱帝 (조비칭제)
대체로 모든 일이 이와 같아서	凡事如是 (범사여시)
예측豫測을 하기가 어렵나이다	難可逆見 (난가역견)
소신小臣은 몸을 굽혀 힘을 다 쏟아	臣鞠躬盡瘁 (신국궁진췌)
죽어야 나 그만둘 것이옵기에	死而後已 (사이후이)
성공·실패 유불리에 대하여서도	至於成敗利鈍 (지어성패이둔)
소신小臣의 지혜로 예측할 일이 아니라	非臣之明所能逆覩也 (비신지명소능역도야)
여기고 있삽나이다	

19. 정이程頤의 〈사물잠四勿箴〉

《논어》를 배우던 학부 시절, 선생님은 다음과 같은 세 마디를 칠판에 적어 놓으시고 강의를 시작하셨다.

1. 공자의 인간학 / 2. 인仁 / 3. 극기복례위인克己復禮爲仁

선생님은 말씀하셨다. "《논어》에 접근하는 방법이 많이 있겠지만 나는 이 세 가지를 강조하면서 시작하고자 한다. 1은 《논어》의 현대식 학문명學問名이요, 2는 《논어》의 핵심 주제어요, 3은 《논어》의 주제문이다."

이렇게 《논어》를 배운 뒤로, 《논어》를 펴놓고 몇 구절을 음미吟味하노라면 공자님의 인품이 우리 속인들과는 얼마나 멀리 떨어져 있는 북두성인지 새삼 놀랄 뿐이다. '인仁'을 그렇게 강조하신 공자님의 인간적 면모가 우리 범인들에게는 정말로 범접하기 힘든 경지로 여겨지기 때문이다.

> 선생님께서는 이익, 운명, 인에 대해서는 말씀하시는 일이 아주 드물었다.〔子罕言利與命與仁〕

아니, 《논어》가 '인'에 대한 강설인데 어째서 이런 구절이 있는 것일까? 그렇다면 《논어》 속에 나오는 '인仁'에 대한 말씀은 아끼고 아끼고 또 삼가고 삼가다가 만부득이하여 말씀하시게 된 언표言表라 할 것이다. 또 공자님의 인품을 묘사한 다음 구절에 이르면 왜 우리는 공자님을 성인이라 흠모하는지 알 것 같았다.

선생님은 온화하시면서도 엄숙하시고, 위엄이 있으시면서도 부드러우셨으며, 공손하시면서도 편안하셨다.〔子溫而厲 威而不猛 恭而安〕

이러한 공자님의 이미지를 그리면서 오늘, 공자님이 어떻게 '인'을 설명하고 가르치셨는지를 다시 살펴보았다.

번지樊遲에게는 물을 때마다 다른 대답을 하셨다. "사람을 사랑하는 것이니라.〔愛人〕"라고 하시기도 했고, "힘든 일을 먼저하고 그 성과를 누리는 것은 나중에 해야지.〔先難而後穫〕"라고 하시기도 했고, "일상시에는 공손하고, 일을 처리할 때에는 조심하여 정성을 기울이고, 사람을 사귈 때에는 진심으로 성실해야 하느니라.〔居處恭 執事敬 與人忠〕"라고 하시기도 하였다.

자공子貢에게는 "그것은 너그럽게 용서하는 마음이니라. 내가 하려고 하지 않는 것을 남에게 시킬 수야 없지 않느냐?〔己所不欲 勿施於人〕"라고 하시고, 또 "내가 하고자 하는 것 내가 성취하고 싶은 일, 그것이 있으면 그것을 남에게 양보해야 되느니라.〔己欲立而立人 己欲達而達人〕"라고 하시기도 하였다.

중궁仲弓에게는 "사람을 대할 때에는 귀한 손님을 모시는 듯해야 하고, 공무원이 되어 백성을 부릴 때에는 큰 제사를 받드는 듯해야 할 것이다. 내가 싫어하는 것은 절대로 남을 시켜서는 안 되느니라.〔出門如見大賓 使民如承大祭 己所不欲 勿施於人〕"라고 하셨다.

사마우司馬牛에게는 이렇게 말씀하셨다. "인자仁者는 말하기를 아주 어려워한단다. 실천하기가 어려우니 말하기도 어렵지 않을 수 있겠느냐?〔仁者其言也訒 爲之難 言之得無訒乎〕"라고 하셨다.

이렇듯 공자님은 묻는 사람의 인품과 성향에 따라 그 사람에게 필요한 덕성을 강조하셨다. 그렇다면 '인'은 결국 인간이 인간답게 되는데 요구要求되는 덕성의 총화가 아닐까? 이렇게 생각하면서 '인仁'의 실체에 접근하는 열쇠가 어디에 있는가를 살피다가 결국 옛날 선생님이 말씀하신《논어》의 주제문에 이르게 되었다.

공자님이 가장 사랑했던 제자 안연顔淵이 '인'에 대해 여쭙자 공자님이 하신 대답이다. "자기의 사욕을 극복하고 예를 다시 찾으면 仁이 되느니라.〔克己復禮爲仁〕" 이렇게 말씀하시고 그 세부방법을 다시 여쭙자 다음의 네 가지로 요약하셨다.

禮가 아니면 보지도 말고	非禮勿視(비례물시)
禮가 아니면 듣지도 말고	非禮勿聽(비례물청)
禮가 아니면 말하지도 말고	非禮勿言(비례물언)
禮가 아니면 행동에 옮기지도 말아라	非禮勿動(비례물동)

그래서 이 네 가지 행위行爲, 시視, 청聽, 언言, 동動은 공자님을 따르는 모든 유학자들의 세부지침이 되었다. 이것이 정이程頤(1033~1107)가 〈사물잠四勿箴〉을 쓰게 된 소이연所以然이다. 정이는 송나라 시절 하남河南 사람으로 자字를 정숙正叔이라 하였고, 이천선생伊川先生이라 불리는 유학자였다. 그의 형兄 정호程顥(1032~1085) 명도선생明道先生과 함께 이정자二程子로 칭송된다. 이 두 형제는 주돈이周敦頤(1017~1073)로부터 유교철학을 배우고 그것을 바탕으로 유교의 도덕에 철학적 기초를 확립한 이기설理氣說을 내세웠다. 조선왕조 중기의 퇴계退溪, 율곡栗谷의 성리학性理學도 이 이정자二程子의 이기설理氣說을 바탕으로 발전한 것이다. 이제 정이程頤의 〈사물잠四勿箴〉을 감상해 보기로 하자.

〈**시잠**視箴〉

마음이란 본래부터 형체形體가 없어 心兮本虛 (심혜본허)
사물事物을 마주해도 자취가 없다 應物無迹 (응물무적)
마음을 잡는 데는 요령要領있으니 操之有要 (조지유요)
보는 것이 그대로 법칙法則이 된다 視爲之則 (시위지칙)
물건이 눈앞에서 만나 가리면 蔽交於前 (폐교어전)
마음이 그 속으로 옮겨가 나니 其中則遷 (기중즉천)
밖에서 그것을 통제統制하여서 制之於外 (제지어외)
마음 안을 편안케 하여야 한다 以安其內 (이안기내)
사욕私慾을 이겨내고 예禮를 찾으면 克己復禮 (극기복례)
세월 지나 저절로 진실眞實되리라 久而誠矣 (구이성의)

〈**청잠**聽箴〉

사람에겐 지켜야할 도리 있으니 人有秉彝 (인유병이)
천성天性이 본래부터 그렇기때문 本乎天性 (본호천성)
그러나 물건의 유혹誘惑에빠져 知誘物化 (지유물화)
드디어 올바름을 잃기도한다 遂亡其正 (수망기정)
그런데 저뛰어난 선각자先覺者들은 卓彼先覺 (탁피선각)
멈출줄 알기에 안정安定이 있다 知止有定 (지지유정)
간사奸邪를 막아내고 성실誠實을지켜 閑邪存誠 (한사존성)
예禮아니면 절대로 듣지말아라 非禮勿聽 (비례물청)

〈**언잠**言箴〉

사람의 마음이 움직이는건 人心之動 (인심지동)
말하기로 말미암아 펼쳐지므로 因言以宣 (인언이선)

말할때 성급하고 경망함끊어　發禁躁妄(발금조망)
마음안을 조용하고 온전케한다　內斯靜專(내사정전)
더구나 말이란 핵심축核心軸이라　矧是樞機(신시추기)
전쟁도 좋은일도 모두만든다　興戎出好(흥융출호)
길吉한일 흉凶한일 영광榮光과 치욕恥辱　吉凶榮辱(길흉영욕)
오로지 말에서 불러나온다　惟其所召(유기소소)
너무쉽게 상처입어 허망虛妄하기도　傷易則誕(상이즉탄)
너무자주 상처입어 짜증도난다　傷煩則支(상번즉지)
스스로 잘못하여 남을해치니　己肆物忤(이사물오)
가는말이 고와야 오는말곱다　出悖來違(출패래위)
법대로가 아니면 말하지말라　非法不道(비법부도)
훈계訓戒하는 이말씀 공경恭敬할진저　欽哉訓辭(흠재훈사)

〈**동잠**動箴〉

슬기로운 사람은 기미機微를알아　哲人知幾(철인지기)
생각할때 성실誠實함을 잃지않으며　誠之於思(성지어사)
뜻이굳은 선비는 힘써행하여　志士勵行(지사려행)
하려는일 반드시 지켜내나니　守之於爲(수지어위)
이치理致에 순종하면 여유가 있고　順理則裕(순리즉유)
욕심欲心을 따르면 위태로울뿐　從欲惟危(종욕유위)
한순간도 반드시 깊이생각해　造次克念(조차극념)
쩔쩔매듯 자신을 지켜야한다　戰兢自持(전경자지)
습관과 천성天性이 조화調和롭다면　習與性成(습여성성)
성현聖賢과 다름없이 살아가리라　聖賢同歸(성현동귀)

20. 가의賈誼의 〈조굴원부弔屈原賦〉

시대를 개탄하며 스스로 목숨을 버린 두 사람을 함께 생각해 보기로 한다. 한 사람은 굴원屈原(B.C. 343?~B.C. 278?)이요, 또 한 사람은 가의賈誼(B.C. 201~B.C. 169)라는 인물이다.

다 아는 바와 같이 굴원은 2,300년 전 전국시대 초나라의 왕족으로 태어나 삼려대부三閭大夫의 벼슬을 지내다가 강성한 이웃 나라 진에 대립하는 정책으로 제齊와 동맹하는 합종책合縱策을 내세웠는데 그 반대파인 연횡책連橫策(진秦과 친교를 주장하는 정책)에 밀려 면직되었다.

그때 〈이소경離騷經〉을 지어 군주를 사랑하고 나라를 걱정하는 뜻을 기술하였다. 그래서 다시 회왕의 신임을 얻었으나 그 뒤 회왕이 진秦나라에 갔다가 사로잡혀 죽은 뒤에 그 아들 경양왕頃襄王 때에 결국 다시 쫓겨나 멱라수汨羅水에 빠져 죽은 인물이다. 이러한 정치적 경륜 속에서 〈이소離騷〉 외에 〈구가九歌〉, 〈천문天問〉, 〈어부사漁父辭〉 등의 장시를 지었는데, 이것이 《초사楚辭》에 실려 전한다.

특히 〈어부사〉는 현실정치에 임하는 영합과 도피의 두 개의 길을 극명하게 대비시켜 읽는 이로 하여금 어느 길이 옳은지를 고민하게 하는 명문으로 회자되고 있다. 그러나 굴원은 67세의 노년에 정계에서 쫓겨난 것을 비관하여 멱라수에 빠져 죽었으니 그것은 〈어부사漁父辭〉 속의 어부는 되지 못하였음을 말한다.

한편 가의는 굴원보다 100여 년 뒤인 한漢나라 때의 낙양사람이다. 한漢 문제文帝 때에 하남윤河南尹 오공吳公이 천거하여 박사가 되었으나 강후絳侯 주발周勃과 관영灌嬰 등이 훼방하여 마침내 장사왕長沙王의 태부로 좌천되었다.

평자는 다음과 같이 말한다.

"가의가 장사왕長沙王의 태부太傅로 좌천되어 뜻을 얻지 못하자 멱라수에 글을 지어 던져 굴원을 조문하고 그것으로 자신의 처지에 비하였다. 그러나 당시 사람들을 기롱하고 비평함이 너무 분명하니, 그는 재조가 심히 높고 뜻도 크다 하겠으나 그 국량은 또한 좁았다. 가의는 굴원을 조문하면서 굴원이 일찍 떠나지 않았음을 애석히 여겼으니 매우 좋다. 그러나 자신이 장사왕長沙王의 스승이 되고 양왕梁王의 스승이 되었으면 조정의 참소와 비방을 멀리할 수 있으니 편안히 여기고 기다리고 있어야 할 터인데, 그 세월을 견디지 못하고 스스로 서글퍼하여 죽고 말았다. 어찌 그 스스로 굴원을 애석히 여긴 자세로 자신의 마음을 넓히지 않았는가! 그러나 가의의 문장은 마땅히 서한西漢의 제일이라 할 것이다."

아름다운 은혜恩惠를 고이 받들어	恭承嘉惠兮 (공승가혜혜)
장사長沙에서 제 죄罪를 기다렸는데	竢罪長沙[24] (준죄장사)
얼핏들은 소문所聞에 굴원屈原이란 분	仄聞屈原兮 (측문굴원혜)
스스로 멱라수汨羅水에 빠졌다하네	自湛汨羅 (자담멱라)
소상강蕭湘江 흐르는 물 의탁依託하여서	造託湘流兮 (조탁상류혜)

24 竢罪 : '대죄待罪'와 같은 뜻으로, 준죄장사竢罪長沙는 자신이 관직에 있음을 겸칭謙稱하는 말이다. 이때 가의賈誼는 장사왕長沙王의 태부太傅였다.

공손히 굴屈 선생을 조상弔喪하노라	경 조 선 생 敬弔先生
망극罔極한 이 세상世上을 만난 탓으로	조 세 망 극 혜 遭世罔極兮
마침내 자기 몸을 잃어버리니	내 운 궐 신 迺隕厥身
아하 애처롭고 애처로워라	오 호 애 재 혜 烏虖哀哉兮
상서祥瑞롭지 못한 세상世上 만났음이라	봉 시 불 상 逢時不祥
난새와 봉황새는 몸을 숨기고	난 봉 복 찬 혜 鸞鳳伏竄兮
올빼미 부엉이는 활개를 치며	치 효 고 상 鴟鴞翺翔
시시하고 못난 놈들 존귀尊貴해지고	납 용 존 현 혜 闒茸尊顯兮
아첨하는 무리들 뜻을 얻으니	참 유 득 지 讒諛得志
성현聖賢들이 거꾸로 끌려다니고	현 성 역 예 혜 賢聖逆曳兮
방정方正한 사람들이 넘어지도다	방 정 도 식 方正倒植
변수卞隨와 백이伯夷를 혼탁混濁타 하고	위 수 이 혼 혜 謂隨夷[25]溷兮
도척盜跖과 장교莊蹻를 청렴淸廉타 하네	위 척 교 렴 謂跖蹻[26]廉
명검名劍인 막야莫邪를 무디다 하고	막 야 위 둔 혜 莫邪[27]爲鈍兮
납칼을 날카롭다 일컫는도다	연 도 위 섬 鉛刀爲銛
아하 가만히 생각해보니	우 차 묵 묵 于嗟默默
선생은 무고無故하게 화禍를 입었네	생 지 망 고 혜 生之亡故兮
주周나라의 보정寶鼎을 굴려 버리고	알 기 주 정 斡棄周鼎[28]

25 隨夷 : '수隨'는 변수卞隨로 은殷나라 탕왕湯王이 천하를 물려주려 했으나 받지 않은 사람이고, '이夷'는 백이伯夷를 가리킨다.

26 跖蹻 : '척跖'은 도척盜跖으로 노魯나라 명재상名宰相 유하혜柳下惠의 아우이고, '교蹻'는 장교莊蹻로 초楚나라의 대도大盜이다.

27 莫邪 : 오吳나라 사람 간장干將의 아내이다. 이들 부부夫婦가 양검良劍 두 자루를 만들어 각각 자기들 이름으로 검의 이름으로 삼았는데, 후세 사람들이 이 두 자루를 '막야莫邪'라고 일컫게 되었다.

28 周鼎 : 하夏나라 우왕禹王 때 여섯 나라에서 공貢을 받은 금金으로 주조鑄造한 것인데, 아홉 개가 있었다고 한다. 그것이 은殷·주周로 전해 오면서 국보로 여기게

강호康瓠를 보패寶貝라고 여기는도다	寶康瓠[29]兮 (보강호혜)
비루먹은 소등에 올라타고서	騰駕罷牛 (등가파우)
절뚝이는 나귀를 참마驂馬 삼으니	驂[30]蹇驢兮 (참건노혜)
기마驥馬는 두 귀를 늘어뜨리고	驥[31]垂兩耳 (기수양이)
소금 실은 수레를 끌고 있구나	服鹽車兮 (복염거혜)
장보관章甫冠을 신발에 깔아놨으니	章甫[32]薦屨 (장보천구)
이 세상世上 오래가지 못하리로다	漸不可久兮 (점불가구혜)
아하 가엾은 선생이시어	嗟苦先生 (차고선생)
외로이 이 허물에 걸리셨도다	獨離此咎兮 (독리차구혜)
결론結論지어 이렇게 말해 보리라	誶曰 (수왈)
이하 이제 정말로 어쩔 수 없네	已矣 (이의)
나라가 이 몸을 알아주지 않음이여	國其莫吾知兮 (국기막오지혜)
나 홀로 이 울분을 그 누구와 나눌건가	子獨壹鬱其誰語 (자독일울기수어)
봉황이 표표히 하늘높이 날음이여	鳳縹縹其高逝兮 (봉표표기고서혜)
진정코 몸을 끌어 멀리멀리 떠나가니	夫固自引而遠去 (부고자인이원거)
구연九淵에 깊이깊이 숨어 있는 신룡神龍이여	襲九淵之神龍兮 (습구연지신룡혜)
못 속에 깊이 잠겨 스스로 진중珍重토다	沕淵潛以自珍 (물연잠이자진)
교달과 수달 피해 숨어 사는 삶이여	偭蟂獺以隱處兮 (면교달이은처혜)
어찌 새우 거머리와 지렁이를 따르리오	夫豈從蝦與蛭螾 (부기종하여질인)
성인聖人의 신덕神德을 고귀高貴하게 여김이여	所貴聖之神德兮 (소귀성지신덕혜)

된 것이다.

29 康瓠 : 큰 표주박으로 기와로 만든 것이다.

30 驂 : 4마리의 말이 끄는 수레에서 끌채 안쪽에 2마리, 끌채 바깥쪽에 2마리가 자리하는데, '참驂'은 끌채 바깥에 매는 말을 가리킨다.

31 驥 : 천리마千里馬를 가리킨다.

32 章甫 : 은殷나라 사람들이 머리에 쓰던 예관禮冠이다.

탁濁한 세상世上 멀리하여 스스로를 감춤이라　遠濁世而自臧(원탁세이자장)
기린麒麟을 옭아매어 묶어다 놓는다면　使麒麟可係而羈兮(사기린가계이기혜)
그것이 견양犬羊과 무엇이 다르리오　豈云異夫犬羊(기운이부견양)
어지러이 이와같은 허물에 걸림이여　般紛紛其離此郵兮(반분분기리차우혜)
이 또한 굴선생屈先生의 죄罪라고 하겠도다　亦夫子之故也(역부자지고야)
온 나라 돌고돌아 그 임금을 도우리니　歷九州而相其君兮(력구주이상기군혜)
하필이면 이 도읍都邑만 그리워 하겠는가　何必懷此都也(하필회차도야)
봉황鳳凰이 천길높이 날개쳐 날음이여　鳳皇翔于千仞兮(봉황상우천인혜)
성덕聖德이 빛나는 곳 가려서 내리리라　覽德煇而下之(람덕휘이하지)
부덕不德함이 험險하고 미미微微함을 보았으니　見細德之險微兮(견세덕지험미혜)
저 멀리 날개치며 날아가 버리도다　遙增擊而去之(요증격이거지)
저렇듯 변변찮은 개울물 도랑이여　彼尋常之汙瀆兮(피상심지오독혜)
그 어찌 배를 삼킬 큰 물고기 용납하리　豈容呑舟之魚(기용탄주지어)
강호江湖를 가로지른 철갑상어 고래여　橫江湖之鱣鯨兮(횡강호지전경혜)
진실로 땅개미의 수모를 당하리라　固將制於螻螘(고장제어누의)[33]

---

33 橫江湖之鱣鯨兮 固將制於螻螘 : 고래가 개미로 취급받는 것을 이르는 말로, 우매한 군주가 충신을 알아보지 못하여 충신이 도리어 박해받음을 비유한 것이다.

21. 중장통仲長統의 〈낙지론樂志論〉

중장통仲長統(179~219)은 후한後漢시대에 산양山陽에서 살았다. 자가 공리公理인데, 어려서부터 학문을 좋아하였고 성품이 고결하여 언사가 곧았으며 작은 예절에 구속되지 않았다. 주군에서 명하여 부르면 그때마다 병을 핑계로 부름에 응하지 않았다.

평소에 "무릇 제왕帝王을 따라 놀고자 하는 사람은 입신양명立身揚名을 취하려는 것인데, 이름은 항상 보존되는 것이 아니요, 인생은 언제 죽을지 모르는데 한가히 노닐며 자유롭게 행동하여 마음에 품은 뜻을 스스로 즐기는 것만 못하다."라고 하였다.

그래서 〈낙지론〉을 지은 것이다. 그러나 돌이켜보면, 세상 사람들이 추구하는 명리를 중장통이 초개같이 여길 수 있었던 것은 이 글 첫머리에 전제한 것처럼 좋은 밭과 넓은 집이 있어서가 아니었던가! 의식주가 풍족한 처지에 가솔과 친족이 평안하고, 훌륭한 벗들이 때맞추어 찾아올 수 있는 형편이라면 그런 사람이 그 선대 이래 세상과 인연이 없었다고는 하기 어려울 것 같다. 더구나 노장老莊의 현허지도玄虛之道와 공맹孔孟의 인의예지仁義禮智를 담론의 주제로 삼을 정도라면 그 식견이 오늘날의 대졸 이상은 되어야 할 것이 아닌가!

그렇다면 중장통의 〈낙지론〉은 오늘날 시속에서 흔히 언급하는 '금수저 출신'의 배부른 인생론이 아닌가 싶다. 옛사람의 글을 있는 그대로 즐기지 못하고 그것을 뒤집어 보려는 이 심사는 또 어디에서 굴러온 것인가!

어쨌거나 이 멋대로(제 뜻대로) 즐기는 인생론人生論이 우리들 평범平凡한 속인俗人이 갈망하는 경지인 것만은 틀림없다. 자, 중장통의 음성을 듣기로 하자.

사는 곳은 좋은 밭에 넓은 집이요　使居有良田廣宅(사거유양전광택)
뒤로는 산山 앞에는 냇물이 흘러　背山臨流(배산임류)
도랑과 연못이 휘돌아 있고　溝池環匝(구지환잡)
대죽과 나무들이 둘러쌌어요　竹木周布(죽목주포)
채마밭은 앞마당에 마련되었고　場圃築前(장포축전)
과일나무 뒷동산에 심겨 있고요　果園樹後(과원수후)
배와 수레 길을 걷고 물을 건너는　舟車足以(주거족이)
어려움을 대신하기 넉넉하여서　代步涉之難(대보섭지난)
심부름꾼 팔다리의 수고로움을　使令足以(사령족이)
편안하게 하기에도 흡족하다오　息四體之役(식사체지역)
부모님을 봉양함에 넉넉한 음식　養親有兼珍之膳(양친유겸진지선)
처자식의 힘든 일도 있을 수 없죠　妻孥無苦身之勞(처노무고신지로)
좋은 벗이 찾아와 모이게되면　良朋萃止(양붕췌지)
술과 안주 차려 놓고 즐겁게 놀고　則陳酒肴以娛之(즉진주효이오지)
좋은 시절 축하할 일이 생긴 날　嘉時吉日(가시길일)
염소 잡고 돼지 삶아 잔치받들죠　則烹羔豚以奉之(즉팽고돈이봉지)
밭둑이며 뒷동산을 산책도 하고　躕躇畦苑(주저휴원)
숲속에서 즐겁게 놀기도 하고　遊戲平林(유희평림)
맑은 물에 몸 씻고 바람 즐기고　濯清水追涼風(탁청수추량풍)
잉어 낚시 즐기고 기러기 사냥　釣游鯉弋高鴻(조유이익고홍)

무우舞雩마당 아래에선 바람 맞으며	풍 호 무 우 지 하 風乎舞雩[34]之下
높은 마루 위에선 시詩를 읊지요	영 귀 고 당 지 상 詠歸高堂之上
안방에서 정신을 편안히 하여	안 신 규 방 安神閨房
노자老子의 현허玄虛의 도道 생각해 보며	사 로 씨 지 현 허 思老氏之玄虛
맑은 기운 어울려 호흡呼吸하면서	호 흡 정 화 呼吸精和
선인仙人과 방불彷佛하기 구求해 보고요	구 지 인 지 방 불 求至人之彷佛
도통道通한 몇 사람과 어울려 놀며	여 달 자 수 자 與達者數子
도덕道德과 사서삼경四書三經 논의論議도 하고	논 도 강 서 論道講書
하늘과 땅 우러르고 내려다보며	부 앙 이 의 俯仰二儀
고금古今의 인물人物들을 비평批評하면서	착 종 인 물 錯綜人物
남풍南風의 고운 곡조曲調 뜯기도 하고	탄 남 풍 지 아 조 彈南風[35]之雅操
청상淸商의 묘한 노래 해맑게 읊어 보아요	발 청 상 지 묘 곡 發淸商[36]之妙曲
이처럼 소한霄漢을 능가凌駕한다면	여 시 즉 가 이 능 소 한 如是則可以凌霄漢[37]
우주宇宙의 밖으로도 벗어나리니	출 우 주 지 외 의 出宇宙之外矣
그 어찌 궁궐출입宮闕出入 부러워할까	기 선 부 입 제 왕 지 문 재 豈羨夫入帝王之門哉

34 舞雩 : 하늘에 제사하고 기우제를 지내는 명소로, 춘추시대 노魯나라에 있었다. 《논어論語》 〈선진先進〉에 "기수沂水에서 목욕하고 무우舞雩에서 바람쐬고서 노래하며 돌아오겠습니다.〔浴乎沂 風乎舞雩 詠而歸〕"라는 구절이 있다.

35 南風 : 남녘에서 불어오는 훈훈한 바람이다. 옛날 순舜임금이 오현금五絃琴으로 천하태평天下泰平 백성부유百姓富裕를 다음과 같이 노래하였다고 한다. "훈훈한 남쪽 바람이여. 우리 백성의 수심을 풀어 주기를. 제때에 부는 남풍이여. 우리 백성의 재산을 늘려 주기를.〔南風之薰兮 可以解吾民之慍兮 南風之時兮 可以阜吾民之財兮〕"

36 淸商 : 궁宮·상商·각角·치徵·우羽 5음 중 상商이 가장 맑은 소리임을 말한다.

37 霄漢 : 하늘을 이르는 말로, 여기서는 '이 세상'을 비유한다.

22. 장온고張蘊古의 〈대보잠大寶箴〉

장온고張蘊古(?~631)는 당唐 태종太宗 때의 사람으로 정관貞觀 2년(628) 중서성中書省으로 있으면서 〈대보잠大寶箴〉을 지어 바쳤다. 성인의 대보大寶를 '위位'라 한다. 군위君位를 일컫는 것이다. 이 글은 임금에게 지위를 지키기 어려움을 경계하였다. 당 태종이 처음 즉위할 때(626)부터 장온고는 중서성中書省을 맡고 있었는데, 그때 이 〈대보잠〉을 지어 올리니 그 말이 매우 꼼꼼하고 자상하여 거울삼아 경계할 만하였다.

다가오는 오늘과 지난 옛날을 今來古往(금래고왕)
굽어서 살펴보고 우러러보니 俯察仰觀(부찰앙관)
오로지 군주君主만이 복福을 내리니 惟辟作福(유벽작복)
임금 노릇 진실로 어렵나이다 爲君實難(위군실난)
넓디넓은 천하天下를 주관主管하시고 主普天之下(주보천지하)
왕공王公의 윗자리에 있으시면서 處王公之上(처왕공지상)
토지 따라 필요한 것 공물貢物로 하고 任土貢其所求(임토공기소구)
백관百官을 갖추어 뜻을 펼치니 具寮陳其所唱(구료진기소창)
이 때문에 황송하고 두려운 마음 是故恐懼之心(시고공구지심)
세월이 갈수록 해이解弛해지고 日弛(일이)
도리道理에 벗어나고 편벽偏僻된 정情이 邪僻之情(사벽지정)
점점 더 심하게 방탕放蕩해지니 轉放(전방)

그 어찌 알 수가 있겠나이까?	豈知(기지)
소홀疏忽한 곳에서 일이 생기고	事起乎所忽(사기호소홀)
뜻하지 않은데서 화禍가 생김을	禍生乎無妄(화생호무망)
진실로 성인聖人은 천명天命을 받아	固以聖人受命(고이성인수명)
도탄途炭에 빠진 이를 구제救濟하시고	拯溺(증닉)
곤경困境에 처한 이를 형통亨通케 하여	亨屯(형둔)
자신自身에게 죄과罪過를 모두 돌리고	歸罪於己(귀죄어기)
백성百姓들의 마음을 따르옵소서	因心於民(인심어민)
지극히 공명公明하고 정대正大한 것은	至公(지공)
사사로이 親親함이 없기 때문에	無私親故(무사친고)
한 사람이 천하天下를 다스리지만	以一人治天下(이일인치천하)
천하天下가 한 사람을 받들지 않고	不以天下奉一人(불이천하봉일인)
예禮로써 사치奢侈함을 금지禁止하오며	禮以禁其奢(예이금기사)
악樂으로써 방탕放蕩함을 방지防止하옵고	樂以防其佚(악이방기일)
왼쪽에는 말을 적는 사관史官이 있고	左言(좌언)
오른쪽엔 일을 적는 사관史官을 두어	而右事(이우사)
출입出入에 경계하고 벽제辟除하시어	出警而入蹕(출경이입필)
사시四時에 음양陰陽이 조화調和이루고	四時[38]調其慘舒(사시 조기참서)
삼광三光과 정치득실政治得失 함께 하소서	三光[39]同其得失(삼광 동기득실)
그러므로 군주처신君主處身 법도法度가 되고	故身爲之度(고신위지도)
군주음성君主音聲 계율戒律이 되었나이다	而聲爲之律(이성위지율)
〈하늘은〉 앎이 없다 말씀 마소서	勿謂無知(물위무지)
높은 곳에 있으나 낮은 곳 듣고	居高聽卑(거고청비)

38 四時 : 춘春·하夏·추秋·동冬 4계절을 이른다.

39 三光 : 일日·월月·성신星辰을 이른다.

무엇이 해害로우냐 묻지 마소서	勿謂何害	물위하해
작은 것이 쌓여서 큰 것 되오며	積小就大	적소취대
즐거움이 지극至極해선 아니 되오니	樂不可極	락불가극
지극至極한 즐거움에 슬픔 생기고	樂極生哀	락극생애
욕망에 방종하면 아니 되오니	欲不可縱	욕불가종
욕망에 방종하면 재앙災殃입니다	縱欲成災	종욕성재
안으로 구중궁궐九重宮闕 장엄壯嚴하여도	壯九重於內	장구중어내
〈한 몸이〉 거처하는 장소로서는	所居	소거
무릎을 용납함에 지나지 않고	不過容	불과용
어두움이 이르는 것 모르나이다	彼昏不知	피혼부지
고대광실 옥구슬로 꾸며놓았고	瑤其臺而瓊其室	요기대이경기실
상床앞에 팔진미八珍味를 벌려 놓아도	羅八珍於前	나팔진어전
먹는 것은 입에 맞는 몇 가지 일뿐	所食不過適口	소식불과적구
광인狂人은 이런 것을 생각지 못해	唯狂罔念	유광망념
술지게미 언덕처럼 쌓아 놓으며	丘其糟	구기조
술로는 연못을 만든답니다	而池其酒	이지기주
안으로는 여색女色에 빠지지 말고	勿內荒於色	물내황어색
밖으로는 사냥에 빠지지 말며	勿外荒於禽	물외황어금
얻기 힘든 보화寶貨를 귀중貴重타 말고	勿貴難得貨	물귀난득화
망국亡國의 음악音樂일랑 듣지마소서	勿聽亡國音	물청망국음
여색女色에 빠지는 건 성명性命 망치고	內荒伐人性	내황벌인성
사냥을 즐기는 건 성품性品 흐리며	外荒蕩人心	외황탕인심
얻기 힘든 보화寶貨는 사치奢侈한거요	難得之貨侈	난득지화치
나라 망亡칠 음악音樂은 음탕淫蕩하오니	亡國之音淫	망국지음음
내 지위가 높다하여 하지 말 것은	勿謂我尊	물위아존

어진 이와 선비에게 오만傲慢한거요	이오현만사 而傲賢慢士
내 슬기 지혜롭다 아니할 것은	물위아지 勿謂我智
제 자랑에 충간忠諫을 거부하는 것	이거간긍기 而拒諫矜己
소신小臣이 〈일찍이〉 들었나이다.	문지 聞之
우왕禹王은 밥 먹다가 자주 일었고	하후거궤빈기 夏后據饋頻起[40]
위魏 문제文帝는 소매 끌림 당했나이다.	역유위제견거 亦有魏帝牽裾[41]
반측反側하는 저들을 평안케 함이	안피반측 安彼反側
봄 햇볕과 가을이슬 같았사오며	여춘양추로 如春陽秋露
〈제왕품격帝王品格〉 드높으며 넓고 넓어서	외외탕탕 巍巍蕩蕩
한고조漢高祖의 크신 도량度量 넓히시옵고	회한고대도 恢漢高大度
온갖 사무事務 처리處理에 어루만짐이	무자서사 撫玆庶事
살얼음과 깊은 물에 서 있듯 하여	여리박림심 如履薄臨深
〈제왕帝王 마음〉 두려워 덜덜 떨듯이	전전율율 戰戰慄慄
주周 문왕文王의 소심함을 쓰시옵소서.	용주문소심 用周文小心
《시경詩經》에는 지혜·지식 없는 듯하고	시지불식부지 詩之不識不知
《서경書經》에는 편당偏黨을 없애라하니	서지무편무당 書之無偏無黨
가슴속엔 피彼와 차此를 똑같이 하고	일피차어흉억 一彼此於胸臆
마음 안엔 좋고 나쁨 없애버려서	손호악어심상 損好惡於心想
여론輿論이 나쁜 뒤에 형벌刑罰 내리고	중기이후가형 衆棄而後加刑
여론輿論이 좋을 때엔 상賞을 주시며	중열이후행상 衆悅而後行賞
강强한 자는 〈억눌러〉 약弱하게 하고	약기강 弱其强

---

40 夏后據饋頻起 : 하夏나라 우왕禹王이 선비를 맞이하기 위하여 밥상을 받고도 자주 일어났다.

41 亦有魏帝牽裾 : 삼국시대三國時代 위魏 문제文帝가 기주冀州 백성 10만 호戶를 옮기려 하자 신비辛毗가 이를 강력히 반대하였다. 문제가 화를 내며 내전內殿으로 들어가려하자 신비가 쫓아와 문제의 소매를 붙들고 끝까지 간쟁諫諍하였다.

난동亂動을 피는 자는 다스리시고	而治其亂(이치기란)
굽은 자는 〈곧바로〉 펴게 하시고	伸其屈(신기굴)
잘못한 자 올곧게 하시옵소서	而直其枉(이직기왕)
그러므로 이런 말씀 드리나이다	故曰(고왈)
저울대와 저울추가 하는 일이란	如衡如石(여형여석)
물건을 제한하지 아니하고서	不定物以限(부정물이한)
매달리는 물건의 무게에 따라	物之懸者(물지현자)
경중輕重을 저절로 드러냅니다	輕重自見(경중자견)
물이나 거울이 하는 일이란	如水如鏡(여수여경)
감정感情으로 사물을 보지 않아서	不示物以情(불시물이정)
사물事物의 제 모습을 드러내어서	物之鑑者(물지감자)
스스로 예쁨 미움 나타냅니다	姸媸自生(연치자생)
섞여도 흐리지 않아야 하고	勿渾渾而濁(물혼혼이탁)
희어도 너무 맑지 않을 것이며	勿皎皎而淸(물교교이청)
어두워도 어리석지 않아야 하고	勿汶汶而闇(물문문이암)
깐깐해도 까발리지 마시옵소서	勿察察而明(물찰찰이명)
아무리 면류관이 눈을 가려도	雖冕旒蔽目(수면류폐목)
나타나지 않은 것을 보셔야 하고	而視於未形(이시어미형)
아무리 귀막이 솜 귀를 막아도	雖黈纊塞耳(수주광색이)
소리가 없는데서 들으옵소서	而聽於無聲(이청어무성)
해맑은 경지에 마음을 두고	縱心於湛然之域(종심어담연지역)
진리眞理의 핵심核心에 정신을 두어	遊神於至道之精(유신어지도지정)
두드리는 사람소리 대소大小에 따라 큰소리 작은 소리 맞춰내시며	扣之者應洪纖而效響(구지자응홍섬이효향)
물뜨는 사람됨의 깊이에 따라 얕게도 깊게	酌之者隨淺深而皆盈(작지자수천심이개영)

도 채워주소서
그러므로 사람들은 〈천天·지地·왕王 삼위三位〉 　 故曰(고왈)
천리天理의 공명정대公明正大 지상地上의 평화平和 　 天之經地之寧(천지경지지녕)
임금님의 옳곧으심 일컫나이다 　 王之貞(왕지정)
춘하추동春夏秋冬 말없이 차례지키고 　 四時不言而代序(사시불언이대서)
천하만물天下萬物 말없이 조화造化로우니 　 萬物無言而化成(만물무언이화성)
황제의 힘으론들 천하화평天下和平을 　 豈知帝力而天下和平(기지제력이천하화평)
어떻게 알 수가 있겠나이까?
우리 임금 난세亂世를 평정平定하시어 　 吾王撥亂(오왕발란)
지혜와 힘으로 이기신다면 　 戡以智力(감이지력)
백성들 그 위엄을 두려워하나 　 民懼其威(민구기위)
그 덕은 그리워 하지 않으며 　 未懷其德(미회기덕)
우리 임금 천운天運을 어루만지셔 　 我皇撫運(아황무운)
순풍淳風으로 부채질 하신다며는 　 扇以淳風(선이순풍)
백성들이 처음엔 그리워하나 　 民懷其始(민회기시)
그 끝은 보전保全치 못하나이다 　 未保其終(미보기종)
여기에 금경명언金鏡銘言 기술하여서 　 爰述金鏡(원술금경)
신성神聖의 이치를 드러내오니 　 窮神盡聖(궁신진성)
참다운 마음으로 사람부리고 　 使人以心(사인이심)
정성된 행동으로 말에 응하여 　 應言以行(응언이행)
정치의 큰 덩치를 아우르시고 　 包括治體(포괄치체)
응대應對의 훈령訓令을 조절調節하소서 　 抑揚詞令(억양사령)
온 천하天下가 공명정대公明正大 다스려지면 　 天下爲公(천하위공)
임금님의 경사慶事라 하겠나이다 　 一人有慶(일인유경)

그물을 열어놓고 축원하옵고	開羅起祝(개라기축)[42]
오현금五絃琴 끌어당겨 시詩를 읊으며	援琴命詩(원금명시)[43]
하루 이틀 사이의 〈짧은 기간도〉	一日二日(일일이일)
이것을 생각하고 생각하소서	念茲在茲(염자재자)
오로지 사람을 부르는 것만	惟人所召(유인소소)
하늘이 도우실 것이옵니다	自天祐之(자천우지)
올곧음을 담당한 간쟁신하諫諍臣下가	諍臣司直(쟁신사직)
전의前疑에게 황송하게 아뢰나이다	敢告前疑(감고전의)[44]

당唐 태종太宗

42 開羅起祝 : 그물을 열어두고 축원함을 이른다. 《사기史記》 〈은본기殷本紀〉에 "탕왕湯王이 사냥하면서 전후좌우 사면에 그물을 쳐놓고 짐승을 잡는 것은 무도無道하다 하며 전면과 좌우의 그물을 열어 놓았다."는 고사를 이른다.

43 援琴命詩 : 순舜임금이 오현금五絃琴으로 남풍시南風詩를 읊은 고사를 이른다.

44 敢告前疑 : '전의前疑'는 임금을 앞에서 모시는 관직의 이름으로, 전후좌우에 임금을 모시는 관명官名을 의疑, 승丞, 보輔, 필弼이라 하였다.

23. 한유韓愈의 〈원인原人〉

당나라의 대문호大文豪 한유(768~824)는 '원原'자를 첫머리에 놓은 글을 다섯 편이나 지었다. 〈원인原人〉, 〈원도原道〉, 〈원성原性〉, 〈원훼原毁〉, 〈원귀原鬼〉가 그것인데 여기서는 〈원인原人〉 한 편을 살펴보기로 하였다. 여기에서 '원原'은 근원을 캐내어 밝게 살핀다는 뜻으로 요즈음 말로 바꾸자면 '정체성正體性 해명解明'이라고 말할 수 있겠다. 그래서 그 제목을 '사람이란 무엇인가?'로 하였다.

이 글은 우주만상宇宙萬象을 천天·지地·인人 삼재三才의 구성으로 보고, 그중에서 '인人'의 존재 의미를 해명하고자 한 것이다. 이 글에서 말하는 천天·지地·인人은 요즈음 용어로는 차라리 천계天界, 지계地界, 인계人界로 바꾸어 놓아야 이해가 쉬울 것이다. 이들 삼계三界는 각각 올바른 도를 지켜야 그 운행이 자연스럽고, 평화스러운 것임을 역설한다.

따라서 인계의 주인인 우리는 그 인계의 자연스러움과 평화로움을 위하여 마땅히 인도에 충실할 것을 말한다. 그 인도에 충실한 사람을 일컬어 성인이라 하였으니, 그렇다면 한유는 세상 모든 사람이 성인이 될 것을 호소한 셈이다.

그러면 성인의 특성은 무엇인가? 그것은 일시이동인一視而同仁이요, 독근이거원篤近而擧遠이라 하였으니 이것을 또 요즈음 말로 바꾸면 무엇인가? 그것은 결국 '사람'이 아닌가! 이 대목에서 우리는 저

유명한 바오로의 서간경書簡經《고린도전서》 제13장을 자연스럽게 연상한다. 동서고금이 전혀 다르지 않음을 깨닫는 순간이기도 하다.

자! 〈원인原人〉의 원문을 살펴보자.

위에 형체 있는 것이 하늘이라면　形於上者謂之天(형어상자위지천)
아래 형체 있는 것은 땅이라 하고　形於下者謂之地(형어하자위지지)
그 사이엔 생명生命 받은 사람입니다　命於其兩間者謂之人(명어기량간자위지인)

위에 형체 있는 것 해와 달과 별　形於上日月星辰(형어상일월성신)
그 모두가 하늘에 속한 것이며　皆天(개천)
아래 형체 있는 것 풀과 나무들　形於下草木山川(형어하산천초목)
산과 냇물 그 모두가 땅에 있는데　皆地(개지)
그 사이에 생명生命 받은 오랑캐들과　命於其兩間夷狄禽獸(명어기양간이적금수)
각종 짐승 그것들은 사람의 세상　皆人也(개인야)
그렇다면 내가 말한 짐승의 무리　曰然則吾謂禽獸(왈연즉오위금수)
사람이라 말해도 옳은 것인가?　曰人可乎(왈인가호)
그것은 아니라고 해야 합니다　曰非也(왈비야)
산 가리켜 산이냐고 물어본다면　指山而問焉曰山乎(지산이문언왈산호)
산이라고 대답해야 옳은 것이고　曰山可(왈산가)
산에 있는 초목금수 어울렸는데　山有草木禽獸皆擧之矣(산유초목금수개거지의)
산에 있는 풀 한 포기 가리켜 묻되　指山之一草而問焉曰(지산지일초이문언왈)
산이냐고 물으면 어찌합니까?　山乎(산호)
산이라고 대답하면 아니됩니다　曰山則不可(왈산즉불가)
그러므로 하늘도리 혼란해지면　故天道而(고천도이)
해·달·별이 바른 운행 하지 못하고　日月星辰不得其行(일월성신부득기행)

〈만일에〉 땅의 도리 혼란해지면	地道亂 (지도란)
산천초목 평화로움 얻지 못하고	而草木山川不得其平 (이초목산천부득기평)
〈만일에〉 사람도리 혼란해지면	人道亂 (인도란)
이적금수 제 모습을 못 지닙니다	而夷狄禽獸不得其情 (이이적금수부득기정)
하늘은 일월성신 주인이 되고	天者日月星辰之主也 (천자일월성신지주야)
이 땅은 산천초목 주인이 되며	地者草木山川之主也 (지자초목산천지주야)
사람은 이적금수 주인입니다	人者夷狄禽獸之主也 (인자이적금수지주야)
〈만일에〉 주인이 포악해지면	主而暴之 (주이폭지)
주인의 도리를 어찌합니까?	不得其爲主之道矣 (부득기위주지도의)

그래서 성인聖人은 한결로 보고	是故聖人一視而同仁[45] (시고성인일시이동인)
똑같이 사랑하는 일친동인一親同仁과	
가까운 것 돈독히 친하면서도	篤近而擧遠 (독근이거원)
먼 것 역시 들어 올려 인정해주는	
독근이거원篤近而擧遠하는 분이십니다	

---

45 一視而同仁 : '한결같이 바라보고 똑같이 사랑함'을 이른다. 이 좋은 어구가 우리 한국인에게는 깊은 상처를 가슴에 안겨주었다. 일제강점기에 저들은 우리 백성을 저들의 성전聖戰(?)에 내몰면서 자기네 백성과 우리를 똑같이 사랑한다는 명분으로 활용해 먹었기 때문이다. 박경리朴景利의 《토지土地》에 "황공하옵게도 천황 폐하께옵서는 일시동인一視同仁을 유시하시었으니 크나큰 은총에 너희들은 무엇으로 보답하겠느냐?"라는 구절이 있다.

24. 구양수歐陽脩의 〈취옹정기醉翁亭記〉

"어려서 불우하여 아버지를 여의고 편모슬하偏母膝下에서 자랐으나 타고난 천품天稟이 총명하고 영특하여 소싯적부터 글을 읽고 지으니, 자라서 큰 인물이 될 자질이 있었다."

이것은 흔히 천재 문사들에게 거의 공식처럼 따라붙는 소년 이력인데, 당송팔대가의 한 사람인 구양수歐陽脩(1007~1072)에게도 이러한 소개의 글이 적용된다. 그에게는 또 다음과 같은 일화도 전한다. 그가 어렸을 때 한 승려僧侶가 그의 얼굴을 보고 이렇게 말하였다고 한다.

"귀빛이 얼굴빛보다 더 희니 천하에 이름을 드날릴 것이요, 입술은 치아를 가리지 못하니 세상의 비방誹謗을 피할 수 없을 것이네."

이 말은 그대로 구양수의 일생을 요약한 셈이 되었다. 구양수는 한마디로 송대宋代에 고문을 부흥시킨 대문호이다. 자는 영숙永叔이요, 호는 취옹醉翁 또는 육일거사六一居士라 하였다. 24세에 진사시進士試에 수석으로 급제하여 벼슬길에 들어 65세에 벼슬에서 물러나기까지 그는 40여 년간 내외청현직內外淸顯職을 두루 거치며 강직한 성품 때문에 좌천과 비난을 몸에 붙이고 살면서도 《신오대사新五代史》, 《신당서新唐書》를 편찬한 사가史家이기도 하였고, 문인화를 개척한 화가이기도 하였다. 그는 총 150여 권의 저술을 남겼는데 문장文章으로 말하면 사마천司馬遷과 한유韓愈를 계승했고 문하에는 소식蘇軾과 증공曾鞏 같은 문사를 길렀다. 〈취옹정기醉翁亭記〉는 그의 나이 40에 지저주知滁州로 좌천되어 있을 때 지은 것이다. 글의 흐름이 참으로 편안하고 자연스럽다.

저주滁州를 둘러싼 것 모두 산山이라	環滁皆山也	환저개산야
그 서남西南쪽 자리잡은 뭇 봉우리들	其西南諸峰	기서남제봉
숲이며 골짜기가 더욱 예쁜데	林壑尤美	임학우미
바라보면 볼수록 울창한데다	望之蔚然	망지울연
그윽하고 빼어난건 랑야야瑯琊也이오	而深秀者瑯琊也	이심수자낭야야
산길로 6·7리쯤 가다가 보면	山行六七里	산행육칠리
잔잔한 물소리가 들려오는데	漸聞水聲潺潺	점문수성잔잔
두 봉우리 사이에서 솟구치는건	而瀉出于兩峰之間者	이사출우양봉지간자
〈술 빚는 샘이라는〉 양천釀泉이라네	釀泉也	양천야
봉우리를 휘돌아 길은 굽은데	峰回路轉	봉회로전
우뚝한 정자亭子가 날개를 편 듯	有亭翼然	유정익연
샘물 위에 자리를 잡고 있으니	臨于泉上者	임우천상자
〈술 취한 늙은이란〉 취옹정醉翁亭일세	醉翁亭也	취옹정야
정자亭子를 지은 이는 그 누구인가?	作亭者誰	작정자수
산山에 사는 승려인 지선智仙이라네	山之僧智僊也	산지승지선야
정자亭子이름 붙인 이는 그 누구인가?	名之者誰	명지자수
태수太守가 스스로 일컬었다네	太守自謂也	태수자위야
태수太守는 손님들과 어울리면서	太守與客	태수여객
이곳을 찾아와 술 마실적에	來飮于此	내음우차
조금만 마셔도 문득 취했네	飮少輒醉	음소첩취
그런데 나이는 가장 많아서	而年又最高	이년우최고
스스로 취옹醉翁이라 이름 붙이니	故自號曰醉翁也	고자호왈취옹야

술 취한 늙은이란 말의 의미는 취옹지의 醉翁之意

술에다 그 뜻을 둔 것 아니고 부재주 不在酒

산수간山水間 즐거움에 둔 것이었네 재호산수지간야 在乎山水之間也

산수간山水間의 즐거움을 마음에 얻어 산수지락득지심 山水之樂得之心

그것을 술에다가 붙인 것일세 이우지주야 而寓之酒也

해가 뜨니 숲에 낀 안개 개이고 약부일출이임비개 若夫日出而林霏開

구름 걸린 바위굴이 어두컴컴해 운귀이암혈명 雲歸而巖穴暝

어두움과 밝음이 엇갈리는 것 회명변화자 晦明變化者

산속의 아침과 저녁이라네 산간지조모야 山間之朝暮也

들에는 꽃이 피어 그윽한 향기 야방발이유향 野芳發而幽香

빼어난 나무들은 무성한 그늘 가목수이번음 嘉木秀而繁陰

바람서리 드높이 깨끗 맑은데 풍상고결 風霜高潔

물 떨어져 바닥돌이 드러나는건 수락이석출자 水落而石出者

산山 사이에 네 계절 때문이라네 산간지사시야 山間之四時也

아침갔다 저녁에 돌아올 때에 조이왕모이귀 朝而往暮而歸

네 계절의 경치가 같지 않으니 사시지경부동 四時之景不同

이러한 즐거움이 무궁하다네 이락역무궁야 而樂亦無窮也

짐진 사람 길에서 노래 부르고 지어부자가우도 至於負者歌于塗

길 가는 이 나무밑에 휴식 취하며 행자휴우수 行者休于樹

앞선 사람 부르면 뒤서 답하고 전자호후자응 前者呼後者應

늙은이는 구부정 허리 굽히고 어린이는 손에 구루제휴 傴僂提携
손을 잡아 이끌며

오고 감이 끊이지 아니 하는 건 왕래이부절자 往來而不絶者

저주滁州의 사람들이 노는 것일세 저인유야 滁人遊也

시냇가에 앉아서 고기잡으니 임계이어 臨溪而漁

개울 깊어 물고기는 모두 살졌고 　 溪深而魚肥(계심이어비)
양천釀泉 샘물 길어다가 술을 담그니 　 釀泉爲酒(양천위주)
샘물이 시원하여 술 향기 좋네 　 泉冽而酒香(천렬이주향)
산에 나는 과일과 들나물들을 　 山肴野蔌(산효야속)
뒤섞어 상床앞에 진열한 것은 　 雜然而前陳者(잡연이전진자)
태수太守님의 잔칫상 그것 아닌가! 　 太守宴也(태수연야)
잔치에 술 마시고 즐기는 것은 　 宴酣之樂(연감지락)
현악기도 관악기도 모두 아닐세 　 非絲非竹(비사비죽)
활을 쏜 사람은 과녁 맞추고 　 射者中(사자중)
바둑을 둔 사람은 한판 이기니 　 弈者勝(혁자승)
벌주罰酒마신 술잔 셈이 어우러져서 　 觥籌交錯(굉주교착)
일어섰다 앉았다 떠드는 것은 　 起坐而諠譁者(기좌이훤화자)
모든 손님 즐거워 하는 것일세 　 衆賓歡也(중빈환야)
허이연 얼굴에 하얀 머리털 　 蒼顔白髮(창안백발)
그 사이에 쓰러져 누워 있는건 　 頹乎其間者(퇴호기간자)
태수太守님이 〈흥겹게〉 취한 것일세 　 太守醉也(태수취야)
이윽고 석양夕陽이 산에 걸리고 　 已而夕陽在山(이이석양재산)
사람의 그림자 산란해지며 　 人影散亂(인영산란)
태수太守님 〈정신차려〉 돌아가심에 　 太守歸(태수귀)
손님들이 그 뒤를 따라나서네 　 而賓客從也(이빈객종야)
수풀 속 나무들이 어두컴컴해 　 樹林陰翳(수림음예)
새 우는 소리가 오르내리니 　 鳴聲上下(명성상하)
놀던 사람 떠난 뒤 새들의 잔치 　 遊人去而禽鳥樂也(유인거이금조락야)
그러나 숲속의 새의 무리들 　 然而禽鳥(연이금조)
산 수풀의 즐거움을 안다 하여도 　 知山林之樂(지산림지락)

사람들의 즐거움은 알지 못하네	而不知人之樂(이부지인지락)
사람들은 태수太守님을 따라 놀면서 〈무턱 대고〉 즐거워 할 줄만 알지	人知從太守遊而樂(인지종태수유이락)
태수太守님이 즐기는 그 즐거움을 알지도 생각지도 못하고 있네	而不知太守之樂其樂也(이부지태수지악기락야)
취해서는 그 즐거움 함께 즐기고	醉能同其樂(취능동기락)
깨어서는 글을 지어 즐기는 이는	醒能述以文者(성능술이문자)
〈오로지〉 태수太守님 혼자뿐일세	太守也(태수야)
태수太守님은 누구를 말하는건가	太守謂誰(태수위수)
여릉廬陵사람 구양수歐陽脩 그분이라네	廬陵歐陽脩也(여릉구양수야)

취옹정도醉翁亭圖

25. 백거이白居易의 〈양죽기養竹記〉

백거이白居易(772~846)는 당나라 말기 사람이다. 자는 낙천樂天이며 원래 태원太原 출신이지만 뒤에 하규下邽(지금의 섬서성陝西省 봉상부鳳翔府)에 옮겨 살았다. 원화元和 연간(806~820)에 대책문對策文으로 을과乙科에 급제하여 좌습유左拾遺가 되었으며, 강주사마江州司馬로 좌천되었다가 오랜 뒤에 들어와 지제고知制誥를 맡았다. 그 후 회창會昌(841~846) 초년初年에 형부상서刑部尙書에 올랐다.

낙천의 〈양죽기〉는 염계濂溪의 〈애련설愛蓮說〉과 매우 흡사한 글로 알려졌다. 〈양죽기〉는 현자에 뜻을 두었고, 〈애련설〉은 군자에 뜻을 붙였으니, 현자와 군자는 모두 성인의 길을 가는 사람이 아닌가!

낙천樂天 백거이는 그의 字처럼 낙천적으로 화락한 군자였다고 한다. 그의 문장 역시 명백하고 평정하여 기이奇異와 유원幽遠을 숭상하지 않았다. 그의 시도 대체로 산문과 유사하다. 여기 인구에 회자되는 〈권학문勸學文〉을 옮겨 본다.

	유 전 불 경 창 름 허
있는 밭을 안 갈면 창고가 비고	有田不耕倉廩虛
	유 서 불 교 자 손 우
있는 책을 안 배우면 자손이 바보	有書不教子孫愚
	창 름 허 혜 세 월 핍
창고가 비었다면 살기 힘들고	倉廩虛兮歲月乏
	자 손 우 혜 예 의 소
자손이 못났다면 풍속 망치네	子孫愚兮禮義疎
	약 유 불 경 여 불 교
밭갈이도 가르침도 아니 한다면	若惟不耕與不教

그것이야 부형父兄의 잘못 아닌가!	是乃父兄之過歟(시내부형지과여)

〈**양죽기**養竹記〉

대나무는 현자賢者와 같다고 하니	竹似賢(죽사현)
어째서 그런 말이 있는 것일까?	何哉(하재)
대나무의 뿌리는 매우 굳어서	竹本固(죽본고)
굳음으로 큰 덕德을 심기 때문에	固以樹德(고이수덕)
군자君子가 그 뿌리를 보게 된다면	君子見其本(군자견기본)
굳게 서서 안 뽑힘을 생각케되며	則思善建不拔者(즉사선건불발자)
대나무의 성질은 꼿꼿하므로	竹性直(죽성직)
곧음으로 제 몸을 세우는지라	直以立身(직이립신)
군자君子가 그 성질을 보게 된다면	君子見其性(군자견기성)
바로 서서 안 기댐을 생각케되며	則思中立不倚者(즉사중립불의자)
대나무의 가운데 속 비어 있어서	竹心空(죽심공)
비움으로 도리道理의 근본根本 삼으니	空以體道(공이체도)
군자君子가 대나무 속 보게 된다면	君子見其心(군자견기심)
그것을 세상살이 응용應用하여서 겸허謙虛함 지킬 것을 생각케되며	則思應用虛受者(즉사응용허수자)
대나무의 마디는 곧바르므로	竹節貞(죽절정)
곧바름에 삶의 뜻을 세우는지라	貞以立志(정이립지)
군자君子가 그 마디를 보게 된다면	君子見其節(군자견기절)
이름과 행실을 갈고 닦아서	則思砥礪名行(즉사지려명행)
평탄平坦과 험준險峻에 한결 같기를 〈마음 속 깊이 깊이〉 생각게 되니	夷險一致者(이험일치자)
이러한 까닭으로 군자君子된 사람	夫如是故君子人(부여시고군자인)

대나무를 많이 심어 뜰을 채운다 多樹之爲庭實焉(다수지위정실언)

정원貞元 시절 19년 새봄을 맞아 貞元十九年春(정원십구년춘)
나 거이居易는 발췌拔萃로 급제及第에 뽑혀 居易以拔萃選及第(거이이발췌선급제)
교서랑校書郎의 직분에 제수除授되었다 授校書郎(수교서랑)
처음으로 장안長安에 찾아 올라와 始於長安(시어장안)
임시로 거처를 얻고자 하여 求假居處(구가거처)
상악리常樂里에 지난날 관상국關相國 사저私邸 得常樂里故關相國私第(득상악리고관상국사제)
그 동쪽 정자亭子 얻어 머물렀었다 之東亭而處之(지동정이처지)
다음날 정자亭子의 동남東南쪽으로 발걸음이 나도 몰래 이르렀는데 明日履及於亭之東南隅(명일이급어정지동남우)
거기에서 총죽叢竹을 보게 되었다 見叢竹於斯(견총죽어사)
가지와 잎사귀는 병에 시들어 枝葉殄瘁(지엽진췌)
소리도 색깔도 모두 없었다 無聲無色(무성무색)
관씨關氏 집 노인께 물어봤더니 詢於關氏之老(순어관씨지로)
그것은 상국相國께서 손수 심은 것 則曰此相國之手植者(즉왈차상국지수식자)
상국相國께서 관사館舍를 버리심으로(상국께서 세상을 떠나가심에) 自相國捐館(자상국연관)
타인他人들이 빌리어 머물게 되니 他人假居(타인가거)
이 때문에 고리꾼이 잘라 버리고 繇是筐篚者斬焉(요시광비자참언)
빗자루꾼 〈다투어〉 베어 가버려 彗帚者刈焉(혜추자예언)
형벌을 받고 남은 찌꺼기 나무 刑餘之才(형여지재)
길이는 한 길도 되지 않았고 長無尋焉(장무심언)
그 수數는 일백 주株도 아니 되었다 數無百焉(수무백언)

번역	독음	원문
게다가 갖가지 풀과 나무들	우 유 범 초 목	又有凡草木
그 가운데 뒤섞여 자라게 되니	잡 생 기 중	雜生其中
무성하고 황폐하기 이를데없어	봉 용 회 울	菶茸薈鬱
대나무를 무시無視하는 마음 같았다	유 무 죽 지 심 언	有無竹之心焉
일찍이 장자長者의 손 거쳤으면서	거 이 석 기 상 경 장 자 지 수	居易惜其嘗經長者之手
속인俗人들 눈에는 천시賤視를 받아	이 견 천 속 인 지 목	而見賤俗人之目
베이고 버려짐이 이와 같으나	전 기 약 시	翦棄若是
본성本性은 여전히 남아 있음을 내 참으로 애석하게 여기었었다	본 성 유 존	本性猶存
그리하여 가리고 우거진 것들 시원스레 쳐내어 베어버리고	내 삼 삼 옹 회	乃芟芟蓊薈
지저분한 흙덩이 골라 내놓고	제 분 양	除糞壤
그 사이를 틔워서 통하게 하고	소 기 간	疏其間
그 아래는 두툼히 북돋아 주니	봉 기 하	封其下
하루도 안되어 일이 끝났다	부 종 일 이 필	不終日而畢
그러자 해 뜨면 그늘이 지고	어 시 일 출 유 청 음	於是日出有淸陰
바람 불면 맑은 소리 들리게 되어	풍 래 유 청 성	風來有淸聲
의젓하고 기쁜 듯 즐거워함이	의 의 연 흔 흔 연	依依然欣欣然
정情도 있고 감흥感興도 만난 듯했다	약 유 정 어 감 우 야	若有情於感遇也
아하! 대나무는 식물植物이므로	차 호 죽 식 물 야	嗟乎竹植物也
사람과 무슨 상관 있으랴마는	어 인 하 유 재	於人何有哉
현자賢者와 비슷함이 있다고 하여	이 기 유 사 어 현	以其有似於賢
사람들이 오히려 귀여워하며	이 인 애 석 지	而人愛惜之

가꾸고 북돋아 심고 기르니	封植之 (봉식지)
하물며 정말 현자賢者 어떻겠는가!	況其眞賢者乎 (황기진현자호)
그러면 대나무는 초목草木 중에서	然則竹之於草木 (연즉죽지어초목)
뭇 사람 중 현자賢者와 같은 것이다	猶賢之於衆庶 (유현지어중서)
아하!	嗚呼 (오호)
대나무 스스로는 잘난 체 못해	竹不能自異 (죽불능자이)
오로지 사람들이 아끼는구나	惟人異之 (유인이지)
현자賢者도 스스로는 잘난 체 않고	賢不能自異 (현불능자이)
현자賢者를 쓰는 분만 사랑한다네	惟用賢者異之 (유용현자이지)
그러므로 양죽기養竹記를 내가 지어서	故作養竹記 (고작양죽기)
정자亭子의 벽체에 써 붙여 놓아	書於亭之壁 (서어정지벽)
뒷날에 여기에 거처居處한 분께 이것을	以貽其后之居斯者 (이이기후지거사자)
선물로 남겨 드리고	
오늘날 현자賢者를 쓰시는 분께	亦欲以聞於今之用賢者云 (역욕이문어금지용현자운)
이 사실도 알리고자 하는 것이다	

26. 당경唐庚의 〈가장고연명家藏古硯銘〉

글 하는 선비는 문방사우文房四友를 벗하고, 규방閨房의 부녀자는 규방칠우閨房七友를 벗한다. 규방칠우는 침선針線에 필요한 물건들이니 그것들은 각각 바늘, 자〔척尺〕, 가위, 인두, 골무, 다리미, 그리고 실을 가리키는데 《망로각수기忘老却愁記》라는 책에는 이 규방칠우閨房七友가 부녀들의 바느질 작업에 제각기 자기 공功이 크다고 쟁론을 벌이는 내용을 흥미롭게 묘사하고 있다. 그런데 그 일곱 벗〔칠우七友〕의 이름이 다음같이 재미있다. 바늘은 '세요각씨細腰閣氏', 자〔척尺〕는 '척부인戚夫人', 가위는 '교두각씨交頭閣氏', 인두는 '인화부인引火夫人', 골무는 '감투할미', 다리미는 '위랑자熨郎子', 실은 '청홍흑백각씨靑紅黑白閣氏'.그러면 글하는 선비의 문방사우文房四友는 무엇, 무엇인가? 그것은 지紙·필筆·묵墨·연硯이다. 오늘날엔 볼펜이 보편화하였으니 지紙·필筆이면 충분할 것이요, 또 컴퓨터가 일상화되었으니 컴퓨터 하나면 만사가 해결되는 세상이 되었다. 아니 컴퓨터에 프린터가 붙어 있어야 되니 결국은 필筆·묵墨·연硯이 컴퓨터와 프린터로 이분화한 셈이다. 그러나 필筆·묵墨의 운치가 그리운 선비들은 여전히 문방사우文房四友를 벗하지 않을 수 없다. 하기야 선비가 어찌 문방사우뿐이겠는가. 사군자四君子(매梅·난蘭·국菊·죽竹)도 벗 삼고 고산孤山처럼 다섯 벗〔오우五友〕도 벗 삼는다.

고산孤山 윤선도尹善道의 〈오우가五友歌〉 첫수는 다음과 같다.

내 버디 몃치나 ᄒᆞ니 수석水石과 송죽松竹이라
東山의 ᄃᆞᆯ 오르니 그 더옥 반갑고야
두어라 이 다ᄉᆞᆺ 밧긔 또 더ᄒᆞ야 머엇ᄒᆞ리

자, 이제 문방사우로 돌아와 당경唐庚(1071~1121)의 〈가장고연명〉을 감상하기로 하자. 당경은 자가 자서字西로, 송대말 노주인瀘州人이다. 소성紹聖 연간(1094~1097)에 제거상평提擧常平이 되었고, 호를 노국선생魯國先生이라 하였다.

벼루와 붓과 먹은 모두 한 집안 硯與筆墨蓋氣類也(연여필묵개기류야)
나온 곳이 서로 간 매우 가깝고 出處相近(출처상근)
쓰임새와 사랑함은 엇비슷한데 任用寵遇相近也(임용총우상근야)
오래살고 일찍 죽음 그게 다르네 獨壽夭不相近也(독수요불상근야)

붓의 목숨 날짜로 셈해야 하고 筆之壽以日計(필지수이일계)
먹의 목숨 달수로 셈을 하지만 墨之壽以月計(묵지수이월계)
벼루의 목숨은 대代를 이으니 硯之壽以世計(연지수이세계)
그 까닭이 어디에 있는 것일까? 其故何也(기고하야)

그것은 그들의 몸통에 있네 其爲體也(기위체야)
붓대는 날카로움 가장 심하고 筆最銳(필최예)
먹 덩이는 거기에 버금가지만 墨次之(묵차지)
벼루는 그중에서 가장 둔鈍하니 硯鈍者也(연둔자야)
둔한 것이 자연히 목숨이 길고 豈非鈍者壽(기비둔자수)
날카로운 것 일찍 죽지 아니 하겠나 而銳者夭乎(이예자요호)

그것은 또 그들의 쓰임에 있네　其爲用也(기위용야)
붓대는 움직임이 가장 심하고　筆最動(필최동)
먹 덩이는 거기에 버금가지만　墨次之(묵차지)
벼루는 고요한 물건인지라　硯靜者也(연정자야)
고요함은 자연히 목숨이 길고　豈非靜者壽(기비정자수)
움직임은 일찍 죽지 아니 하겠나　而動者夭乎(이동자요호)

내 여기서 양생술養生術을 얻게 됐으니　吾於是得養生焉(오어시득양생언)
둔鈍함으로 몸통을 삼기로 하고　以鈍爲體(이둔위체)
고요함을 쓰임으로 삼기로 했네　以靜爲用(이정위용)
어떤 이는 이렇게 말할 것 같네　或曰(혹왈)
목숨의 길고 짧음 천운天運인지라　壽夭數也(수요수야)
우둔함과 날카로움 그런 몸통과　非鈍銳動靜所制(비둔예동정소제)
움직임과 고요함 그런 쓰임이
목숨에 관계되지 않을 것 같네
가령 이렇게 생각해보세　借令(차령)
날카로움 움직임이 아니더라도　筆不銳不動(필부예부동)
붓대는 그것이 벼루와 함께
오래도록 길이길이 버틸 수 없음　吾知其不能與硯久遠矣(오지기불능여연구원의)
내 능히 알 수가 있으리로다
아무리 사실이 그렇더라도　雖然(수연)
나로서는 차라리 벼루가 되지　寧爲此(영위차)
붓대는 절대로 아니 되리라　勿爲彼也(물위피야)
그러므로 다음 같이 명銘에 새긴다　銘曰(명왈)

예리하지 못하게 되었으므로	不能銳(불능예)
무딘 것 그것으로 몸체를 삼고	因以鈍爲體(인이둔위체)
움직이지 못하게 되었으므로	不能動(불능동)
고요함 그것으로 쓰임 삼으니	因以靜爲用(인이정위용)
오직 그리하여	惟其然(유기연)
오랜 세월 길이 누리리	是以能永年(시이능영년)

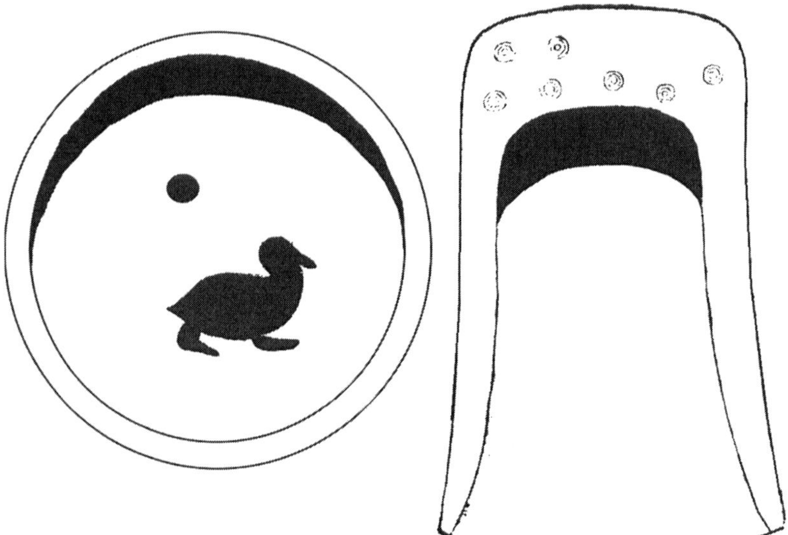

벼루

27. 한유韓愈의 〈백이송伯夷頌〉

중국의 역대 명문을 선별하여 후학들의 학습에 보익하려고 편찬된 《고문진보》는 그 시원은 불명이나 대체로 지정至正 연간(1341~1367) 원나라 순제대順帝代(고려高麗 충혜왕忠惠王·충목왕대忠穆王代)로 알려져 있다.

이 책이 우리나라에 전해진 것은 고려말 전녹생田祿生(1318~1375)에 의하여 처음으로 간행되었다. 중국에서 출간되고 거의 동시에 流入되었음을 알 수 있다. 이 책은 전집 12권, 후집 10권으로 되어 있는데, 당나라 대문호 한유韓愈(768~824)의 글은 전집에 14편, 후집에 30편이 수록되었다.

한유의 자는 퇴지退之이며 창려昌黎 사람이다. 육경의 문장만을 표준으로 삼자고 당시의 선비들에게 제창提唱하였다. 좋은 글을 써야 한다는 것이 평생의 신조이었음을 짐작케 한다. 벼슬은 이부시랑吏部侍郎에 이르렀고, 시호는 문공文公이며 창려백昌黎伯에 봉해졌다.

선비는 우뚝서서 당당히 걷고	士之特立獨行 (사지특립독행)
의로움에 알맞게 행할 뿐이요	適於義而已 (적어의이이)
남들의 옳고그름 아니 돌봄은	不顧人之是非 (불고인지시비)
그 모든 호걸스런 선비님들이	皆豪傑之士 (개호걸지사)
도리道理에 맞는 믿음 돈독하여서 스스로	信道篤而自知明者也 (신도독이자지명자야)
아는 것을 밝히는 것뿐	
한 집안이 온통 비난하여도	一家非之 (일가비지)
노력하나 의혹없는 사람 적으며	力行而不惑者寡矣 (역행이불혹자과의)

한나라 한 고을이 잘못이래도	지 어 일 국 일 주 비 지 至於一國一州非之
노력해서 의혹없는 사람이라면	역 행 이 불 혹 자 力行而不惑者
온 천하에 한 사람 있을 뿐이요	개 천 하 일 인 이 이 의 蓋天下一人而已矣
만약에 온 세상이 비난하여도	약 지 어 거 세 비 지 若至於擧世非之
힘써 행해 의혹없는 사람이라면	역 행 이 불 혹 자 力行而不惑者
그것은 천백 년의 세월에서도	즉 천 백 년 則千百年
오로지 한 사람이 있을 뿐이라	내 일 인 이 이 이 乃一人而已耳
백이伯夷라는 선비로 말하자면은	약 백 이 자 若伯夷者
천지天地를 다하고 만세萬世에 뻗쳐	궁 천 지 긍 만 세 窮天地亘萬世
〈절대로〉 돌아보지 않을 뿐이라	이 불 고 자 야 而不顧者也
해와 달의 해맑은 밝음으로도	소 호 일 월 昭乎日月
그의 밝음 밝히기 부족하고요	부 족 위 명 不足爲明
높이 솟은 태산泰山의 높음으로도	줄 호 태 산 崒乎泰山
그의 높음 높이기 부족하고요	부 족 위 고 不足爲高
넓고 높은 천지天地의 감싸 안음도	외 호 천 지 巍乎天地
그의 위용偉容 들어내기 부족하리라	부 족 위 용 야 不足爲容也
은殷나라 망亡하고 주周가 흥할 때	당 은 지 망 주 지 흥 當殷之亡周之興
미자微子는 〈속 깊은〉 현인賢人이어서	미 자 현 야 微子賢也
제기祭器를 끌어안고 떠나버렸고	포 제 기 이 거 지 抱祭器而去之
무왕武王과 주공周公은 성인聖人인지라	무 왕 주 공 성 야 武王周公聖也
천하天下의 현사賢士와 천하제후天下諸侯들	솔 천 하 현 사 率天下賢士
거느리고 달려가 정벌했으되	여 천 하 제 후 이 왕 공 지 與天下諸侯而往攻之
일찍이 그것을 비난한 사람 있다는 말	미 상 문 유 비 지 자 야 未嘗聞有非之者也
들은 적 없었더니라	
그런데 백이伯夷·숙제叔齊 저 두 사람은	피 백 이 숙 제 자 彼伯夷叔齊者

마침내 불가함을 주장하다가	乃獨以爲不可 (내독이위불가)
은殷나라가 드디어 멸망하니까	殷旣滅矣 (은기멸의)
온 천하가 주周나라를 섬겨 모시니	天下宗周 (천하종주)
저 두사람 녹봉祿俸받기 부끄러하며	彼二子乃獨恥食其粟 (피이자내독치식기속)
굶어 죽을 지경에도 태연했으니	餓死而不顧 (아사이불고)
이것으로 말미암아 말해본다면	繇是而言 (요시이언)
그 어찌 구함 있어 그리했겠나	夫豈有求而爲哉 (부기유구이위재)
도리道理에 맞는 믿음 돈독敦篤하여서	信道篤而自知明也 (신도독이자지명야)
스스로 아는 것을 밝힌 것일세	
지금 세상 이른바 선비라는 분	今世之所謂士者 (금세지소위사자)
한 사람 범인凡人이 칭찬을 하면	一凡人譽之 (일범인예지)
스스로 그러려니 생각하다가	則自以爲有餘 (즉자이위유여)
또 한사람 범인凡人이 그르다하면	一凡人沮之 (일범인저지)
스스로 부족한가 생각할텐데	則自以爲不足 (즉자이위부족)
저 두분만 성인을 그르다하고	彼獨非聖人 (피독비성인)
스스로 옳다함이 이와 같으니	而自是如此 (이자시여차)
대체로 성인이라 일컫는 분들	夫聖人 (부성인)
만세萬世에 걸쳐서 표준되리라	乃萬世之標準也 (내만세지표준야)
그러므로 드디어 내가 말하네	余故曰 (여고왈)
백이伯夷라는 선비로 말하자면은	若伯夷者 (약백이자)
우뚝서서 외롭게 홀로 거닐며	特立獨行 (특립독행)
천지天地를 다하고 만세萬世에 뻗쳐	窮天地亙萬世 (궁천지긍만세)
〈절대로〉 돌아보지 않을 분이네	而不顧者也 (이불고자야)
그러나 저 두 분 아니었다면	雖然微二子 (수연미이자)
난신적자亂臣賊子 후세에 안 끊겼으리	亂臣賊子接跡於後世矣 (난신적자접적어후세의)

28. 유종원柳宗元의 〈우계시서愚溪詩序〉

유종원柳宗元(773~819)은 자가 자후子厚이며, '유하동柳河東'·'유유주柳柳州'로 부른다. 당나라 때 하동河東에서 태어났으나, 오吳 지방으로 이사하여 살았다. 원화元和 연간(806~820) 당나라 헌종憲宗 시대에 유주자사柳州刺史를 지내 자신을 유주柳州로 자호自號하였다. 당송팔대가의 한 사람이다.

이 글(〈우계시서愚溪詩序〉) 첫머리에 다음과 같은 해설이 붙어 있다. 우재迂齋가 이렇게 말하였다.

> "단지 '우愚'자 하나를 널리 인용하고 곡진하게 취하였으며, 횡설수설하여 다시 다함 없이 완곡히 돌고, 여유가 있어 함축한 뜻이 참으로 심원하다. 어리석지 않음으로부터 어리석음에 들어가고, 어리석음으로부터 어리석지 않음으로 끝마쳐 여러 번 변하여 다할 수 없으니, 이것이 이 문장의 묘한 부분이다."

유자후柳子厚는 영주永州에 좌천된 뒤로부터 문장이 크게 진전되었으니, 지금 유자후의 문장이 사람들의 입에 회자되는 것은 모두 영주와 유주에 있을 때에 지은 것들이다. 영주에 있을 때 산수를 유람하고 지은 여러 기문記文은 모두 기이奇異하며, 영릉零陵의 한 산수와 한 목석은 지금까지도 유자후 문장의 성광聲光을 입고 있다. 우계愚溪의 경치는 후래後來의 시인과 문사로서 발자취가 이곳에 이른 자들은 일찍이 보고 노래하여 읊지 않은 이가 없다. 편중篇中에 뜻을 쓰고 태도를 변함은 우재迂齋의 평론에 모두 다 말하였다.

관수灌水땅 서쪽 편에 시내가 있어	관수지양유계언 灌水之陽有溪焉
동쪽으로 흘러서 관수灌水에 든다	동류입어소수 東流入於瀟水
어떤 이가 말하기를 염씨冉氏라는 분 일찍이	혹왈염씨상거야 或曰冉氏嘗居也
여기에서 살았는지라	
그래서 냇물 이름 성씨姓氏를 따라	고성시계 故姓是溪
염계冉溪라 부르기도 하였다 하고	위염계 爲冉溪
어떤 이는 말하기를 이 냇물로서	혹왈가이염야 或曰可以染也
물들임을 할 수 있음 〈근거로 하여〉 이름지어	명지이기능 名之以其能
그 기능을 나타내었다	
그래서 일컫기를 염계染溪라 했다	고위지염계 故謂之染溪
나는 어리석어 죄罪를 지어서	여이우촉죄 予以愚觸罪
관수灌水가로 귀양을 오게 됐는데	적소수상 謫瀟水上
이 시내를 사랑하여 2, 3리 들어가	애시계입이삼리 愛是溪入二三里
더욱 더 절경을 찾아내어서	득기우절자 得其尤絶者
집을 짓고 머물러 살게 되었다	가언 家焉
옛날에 우공곡愚公谷이 있었다는데	고유우공곡 古有愚公谷
지금 나는 이 시내에 집을 짓고서	금여가시계 今予家是溪
이름을 정하지 못한 처지에	이명막능정 而名莫能定
전부터 자리 잡아 사는 사람들	사지거자 士之居者
〈냇물이름 가지고〉 말이 많으니	유은은연 猶齗齗然
불가불不可不 이름을 고쳐야 했다	불가이불경야 不可以不更也
그래서 우계愚溪라 이름 바꿨다	고경지위우계 故更之爲愚溪

우계愚溪 위에 자그마한 언덕을 사서 愚溪之上買小丘 (우계지상매소구)
어리석은 언덕이란 우구愚丘 만들고 爲愚丘 (위우구)
우구愚丘에서 동북쪽 60보步 가서 自愚丘東北行六十步 (자우구동북행육십보)
샘물을 얻어 보게 되었는지라 得泉焉 (득천언)
또 다시 이곳을 사 놓고서는 又買居之 (우매거지)
그것을 우천愚泉이라 이름하였다 爲愚泉 (위우천)
우천愚泉은 샘구멍이 여섯 개인데 愚泉凡六穴 (우천범육혈)
모두가 산 아래 평지로부터 皆出山下平地 (개출산하평지)
하나같이 위쪽으로 솟구치었다 蓋上出也 (개상출야)
합류合流하여 구불구불 남으로 흘러 合流屈曲而南 (합류굴곡이남)
어리석은 도랑물 우구愚溝가 되니 爲愚溝 (위우구)
마침내 흙 나르고 돌을 쌓아서 遂負土累石 (수부토누석)
거기에 좁은 곳을 막아버리고 塞其隘 (색기애)
거기에 우지愚池를 만들어 놨다 爲愚池 (위우지)
우지愚池의 동쪽에 우당愚堂이 있고 愚池之東爲愚堂 (우지지동위우당)
거기에서 남으로는 우정愚亭이 있고 其南爲愚亭 (기남위우정)
그 못의 한 가운데 우도愚島가 있다 池之中爲愚島 (지지중위우도)
예쁜 나무 이상한 돌 섞어 놓으니 嘉木異石錯置 (가목이석착치)
모두가 산과 물의 기이奇異한 것들 皆山水之奇者 (개산수지기자)
나 때문에 그 모두가 우자愚字 욕辱 먹네 以予故鹹以愚辱焉 (이여고함이우욕언)
물이란 슬기로운 이 즐겨하는 것 夫水智者樂也 (부수지자락야)
오늘날 이 연못이 어리석어서 제 홀로 곤욕을 今是溪獨見辱於愚 (금시계독견욕어우)
치르게 되니
〈이상하네〉 그 까닭이 어디에 있나 何哉 (하재)
대체로 그 흐름은 매우 낮아서 蓋其流甚下 (개기류심하)

논밭에 물대기는 할 수가 없고	不可以漑灌(불가이개관)
유속流速이 가파르고 솟은 돌 많아	又峻急多坻石(우준급다지석)
큰 배는 들어오기 애초 틀렸고	大舟不可入也(대주불가입야)
그윽하고 깊고 좁고 야트막하여	幽邃淺狹(유수천협)
교룡蛟龍이 〈처음부터〉 아니 좋아해	蛟龍不屑(교룡불설)
비구름을 일으킬 수 없기 때문에	不能興雲雨(불능흥운우)
세상에 이로움을 줄 수가 없어	無以利世(무이리세)
마침내 내 처지와 비슷해지니	而適類於予(이적류어여)
그렇다면 아무리 욕을 먹으며	然則雖辱而愚之(연즉수욕이우지)
어리석다 여겨도 좋은 것이라	可也(가야)
영무자가 나라에 도道가 없을 때	甯武子邦無道(영무자방무도)
어리석은 〈사실은〉 슬기로워서	則愚(즉우)
어리석은 사람노릇 했던 것이요	智而爲愚者也(지이위우자야)
안자顔子가 종일토록 어기지 않아	顔子終日不違如愚(안자종일불위여우)
어리석은 사람과 같았던 것은 밝으면서 어리석은 짓을 했으나	睿而爲愚者也(예이위우자야)
그 모두가 어리석음 진짜 아니라	皆不得爲眞愚(개부득위진우)
이제 나는 도道가 있는 시절을 만나	今予遭有道(금여조유도)
도리에 어긋나고 일을 망쳤다	而違於理悖於事(이위어리패어사)
그러므로 무릇 어리석은 자	故凡爲愚者(고범위우자)
나 같은 사람이 또 있겠는가	莫我若也(막아약야)
그렇다면 천지간에 이 시냇물과 다툴 수 있는 사람 없을것이매	夫然則天下莫能爭是溪(부연즉천하막능쟁시계)
나 〈홀로〉 이 시내를 독차지하여 우愚라는 이름을 붙인 것이다	予得專而名焉(여득전이명언)

시냇물은 세상에 이롭지 않되	溪雖莫利於世 (계수막리어세)
만가지 사물을 잘 비추어서	而善鑑萬類 (이선감만류)
맑고 밝고 뛰어나게 투명한대다	淸瑩秀澈 (청형수철)
금석金石처럼 쟁쟁하게 울려 흘러서	鏘鳴金石 (장명금석)
아무리 어리석은 사람이라도	能使愚者 (능사우자)
기뻐하여 웃으며 좋아하면서	喜笑眷慕 (희소권모)
즐거워 떠나지 못하게 한다	樂而不能去也 (락이불능거야)
내 비록 세상과 못어울리나	予雖不合於俗 (여수불합어속)
어지간히 문묵文墨으로 위로하면서	亦頗以文墨自慰 (역파이문묵자위)
온 세상 만물萬物을 깨끗이 씻고	漱滌萬物 (수척만물)
백 가지 행태行態들을 기록하여서	牢籠百態 (뇌롱백태)
도무지 피하는 것 전혀 없으니	而無所避之 (이무소피지)
어리석은 문장으로 우계愚溪 읊으면	以愚辭歌愚溪 (이우사가우계)
아득하여 어긋남이 있을 수 없고	則茫然而不違 (즉망연이불위)
어둑하여 다함께 되돌아봐서	昏然而同歸 (혼연이동귀)
홍몽鴻蒙을 초월하고 희이希夷와 섞여	超鴻蒙混希夷 (초홍몽혼희이)
적막하여 나 자신도 모를 것이다	寂寥而莫我知也 (적요이막아지야)
그래서 팔우시八愚詩를 지어가지고	於是作八愚詩 (어시작팔우시)
시냇물 돌 위에 새겨 적는다	紀於溪石上 (기어계석상)

29. 왕우칭王禹偁의 〈황주죽루기黃州竹樓記〉

왕우칭王禹偁(954~1001)은 자가 원지元之이며, 제주濟州 거야鉅野(지금의 산동성山東省) 사람이다. 북송의 관리官吏이자 백체시인白體詩人, 산문가散文家이다. 태평흥국太平興國 8년(983)의 진사 출신으로 벼슬은 우습유右拾遺, 좌사간左司諫, 지제고知制誥(황제皇帝의 교서敎書 작성직作成職), 한림학사翰林學士 등을 역임하였다.

지도至道 원년(995) 한림학사翰林學士와 지심관원겸통진은대봉박사知審官院兼通進銀臺封駁司를 지냈는데, 조명詔命 가운데 적절하지 않은 부분이 있으면 그때마다 이의를 제기했다. 진종眞宗이 즉위하자 글을 올려 변방의 방어를 강화하고 불필요한 병사와 관원을 줄이며, 선발을 엄격하게 시행하고 승려僧侶들을 환속시키며, 소인배들이 득세하는 일을 막을 것 등 다섯 가지 시무를 올렸다. 《태조실록太祖實錄》을 편찬했는데, 사실을 그대로 써서 황주黃州(지금의 호북성湖北省 황강시黃岡市) 지주知州로 쫓겨났다. 나중에 기주蘄州로 옮겼다가 죽었다.

그는 강직함으로 마침내 세상에 용납되지 못하였다. 이 때문에 소동파蘇東坡는 왕원지王元之의 〈화상찬畫像贊〉을 지으면서 못내 소중히 여겼고, 그 밖의 시문에도 그의 인품을 흠모하였다. 그의 평생의 출처는 〈황주죽루기〉에 밝혀 놓았다.

그는 북송北宋의 시문 혁신운동의 선구자였으며, 한유韓愈와 유종원柳宗元의 글과 두보杜甫, 백거이白居易의 시를 숭배했고, 그의 작품은 대부분 사회현실을 반영하고 청신하며 평이하게 묘사되어 있다.

저서로 《소축집小畜集》 30권과 《소축외집小畜外集》 20권(7권 잔존)이 있고, 인물화에도 능했다.

황강黃岡 땅에 대나무가 많이 자라서	黃岡之地多竹 (황강지지다죽)
큰 것은 서까래 크기만 하여	大者如椽 (대자여연)
죽공竹工이 그것을 쪼갠 다음에	竹工破之 (죽공파지)
그 마디는 도려내 버리고 나서	刳去其節 (고거기절)
기왓장 대신으로 사용했는데	用代陶瓦 (용대도와)
그 부근의 집들이 모두 그러니	比屋皆然 (비옥개연)
그 값이 매우 저렴한 것은	以其價廉 (이기가렴)
일품을 줄였기 때문이었다	而工省也 (이공성야)
자성子城의 서북쪽 한 모서리엔	子城西北隅 (자성서북우)
성가퀴가 무너져 나가 뒹굴고	雉堞圮毁 (치첩비훼)
잡초들이 거칠어 지저분하니	蓁莽荒穢 (진망황예)
그래서 작은 누대樓臺 두 칸을 지어	因作小樓二間 (인작소루이간)
월파루月波樓와 통하게 되었더니라	與月波樓通 (여월파루통)
멀리로는 산山빛을 머금어 안고	遠呑山光 (원탄산광)
평지平地로는 강물을 끌어당길 듯	平挹江瀨 (평읍강뢰)
그윽하고 고요함이 아득한지라	幽闃遼敻 (유격요형)
그 모습을 말하기 매우 어렵네	不可具狀 (불가구상)
여름에는 마땅히 소낙비 좋아	夏宜急雨 (하의급우)
폭포물 소리를 들을 수 있고	有瀑布聲 (유폭포성)
겨울에는 모름지기 싸락눈이라	冬宜密雪 (동의밀설)

옥玉돌이 부서지는 소리가 나고	有碎玉聲 (유쇄옥성)
거문고 줄 고르기 마침 좋으니	宜鼓琴 (의고금)
거문고 가락이 화창和暢하고요	琴調和暢 (금조화창)
시詩 읊기도 딱 좋은 (분위기라서)	宜詠詩 (의영시)
시운詩韻도 (저절로) 맑고 곱다네	詩韻淸絶 (시운청절)
바둑을 두기는 아니 좋으랴	宜圍棋 (의위기)
바둑알 소리가 땅땅 울리고	子聲丁丁然 (자성정정연)
투호投壺놀음 하기도 마땅한지라	宜投壺 (의투호)
투호投壺화살 소리가 쟁쟁하구나	矢聲錚錚然 (시성쟁쟁연)
이 모두가 죽루竹樓의 덕분이로다	皆竹樓之所助也 (개죽루지소조야)
공무公務에서 물러나 한가閑暇로우니	公退之暇 (공퇴지가)
학창의鶴氅衣를 걸치고 화양건華陽巾 쓰고	披鶴氅衣戴華陽巾 (피학창의대화양건)
손에는 주역周易 한 권 거머쥐고서	手執周易一卷 (수집주역일권)
향香 피우고 묵묵히 좌정坐定하여서	焚香默坐 (분향묵좌)
세상 근심 모조리 쓸어버리니	消遣世慮 (소견세려)
강산江山밖엔 바람맞은 범선帆船이 떴고	江山之外第見風帆 (강산지외제견풍범)
모래톱에 새들이 어울렸는데	沙鳥 (사조)
안개구름 하늘아래 대와 나무뿐	煙雲竹樹而已 (연운죽수이이)
술기운은 어느새 씻은 듯하고	待其酒力醒 (대기주력성)
다茶 끓이는 연기煙氣가 사라진 다음	茶煙歇 (다연헐)
석양夕陽도 보내고 흰 달 맞으니	送夕陽迎素月 (송석양영소월)
귀양살이 하는 곳이 승경勝景이로다	亦謫居之勝槪也 (역적거지승개야)

제운루齊雲樓와 낙성루落星樓 높기는 높고	피 제 운 락 성 고 즉 고 의	彼齊雲落星高則高矣
정간루井幹樓와 여초루麗譙樓 화려華麗하지만	정 간 려 초 화 즉 화 의	井幹麗譙華則華矣
기녀妓女와 노래 춤꾼 모으는 것뿐	지 우 저 기 녀 장 가 무	止于貯妓女藏歌舞
시인詩人 묵객墨客 관심사關心事는 아닌지라	비 소 인 지 사	非騷人之事
나는 그것 취하지 않는 바이다	오 소 불 취	吾所不取
내 들으니 죽공竹工이 일러 말하길	오 문 죽 공 운	吾聞竹工云
대나무로 기와이면 10년뿐이나	죽 지 위 와 근 십 임	竹之爲瓦僅十稔
이중二重으로 덮으면 20년 가니	약 중 복 지 득 이 십 임	若重覆之得二十稔
아하 내가 지도至道 시절 을미년乙未年 해에	희 오 이 지 도 을 미 세	噫吾以至道乙未歲
한림翰林으로 있다가 저주滁州로 왔고	자 한 림 출 저 상	自翰林出滁上
병신년丙申年에 광릉廣陵으로 옮겨 갔다가	병 신 이 광 릉	丙申移廣陵
정유년丁酉年에 또다시 서액西掖에 들어	정 유 우 입 서 액	丁酉又入西掖
무술년戊戌年 섣달그믐 제안명齊安命 받아	무 술 세 제 일 유 제 안 지 명	戊戌歲除日有齊安之命
기해년己亥年 윤삼월閏三月에 황주黃州에 오니	기 해 윤 삼 월 도 군	己亥閏三月到郡
4년 동안 분주奔走하여 겨를 없었네	사 년 지 간 분 주 불 가	四年之間奔走不暇
명년明年에 있을 곳을 또 모르는데	미 지 명 년 우 재 하 처	未知明年又在何處
내 어찌 죽루竹樓의 쉬 썩음을 근심하여	기 구 죽 루 지 이 후 호	豈懼竹樓之易朽乎
걱정만 하고 있을까		
뒷사람이 나와 뜻을 함께 하여서	후 지 인 여 아 동 지	後之人與我同志
연이어 지붕을 엮어 인다면	사 이 즙 지	嗣而葺之
분명코 이 죽루竹樓는 아니 썩으리	서 사 루 지 불 후 야	庶斯樓之不朽也
함평咸平 2년 8월 망望에 기록하노라	함 평 이 년 팔 월 십 오 일 기	咸平二年八月十五日記

부록
附錄

도판목록

저자소개

심재기 沈在箕

〈주요 학력〉

1956년	인천고
1960년	서울대 문리대 국어국문학과
1964년	서울대 문학석사
1981년	서울대 문학박사
2003년	현도사회복지대 사회복지학과

〈주요 경력〉

1938년	경기 인천 출생
1966년	광주 대건신학대 교수
1968~1974년	서울대 교양학부 교수
1971~1973년	말레이시아 사인스대 교수
1975~2003년	서울대 인문대 국어국문학과 교수
1985년	미국 버클리대 방문교수
1993~1997년	제1, 3, 5차 대학수학능력시험 출제위원장
1995년	캐나다 토론토대 방문교수
1999년	문화관광부 국어심의회 위원
1999년	한자교육추진총연합회 이사
1999~2001년	국립국어연구원 원장(제5대)
2001년	정부언론 외래어심의회 심의위원
2003년	서울대 국어국문학과 퇴임(명예교수)
2006~2008년	쿠르실료 한국협의회 회장
2022년	어문정책정상화추진회 회장

전통문화연구회 도서목록

범례 : 周易正義 1~4〔全15〕- 전체 15책 계획, 현재 1~4책만 간행된 경우

新編 基礎漢文教材

新編 四字小學·推句 고전교육연구실 編譯 11,000원
新編 啓蒙篇·童蒙先習 고전교육연구실 編譯 11,000원
新編 明心寶鑑 李祉坤·元周用 譯註 15,000원
新編 擊蒙要訣 咸賢贊 譯註 12,000원
新編 註解千字文 李忠九 譯註 13,000원
新編 原文으로 읽는 故事成語 元周用 編譯 15,000원
新編 唐音註解選 權卿相 譯註 22,000원

漢文讀解捷徑시리즈

漢文독해 기본패턴 고전교육연구실 著 15,000원
四書독해첩경 고전교육연구실 著 20,000원
한문독해첩경 -文學篇 朴相水·李和春 외 著 15,000원
한문독해첩경 - 史學篇 朴相水·李和春 외 著 15,000원
한문독해첩경 - 哲學篇 朴相水·李和春 외 著 15,000원

五書五經讀本

論語集註 上·下 鄭太鉉 譯註 合 50,000원
孟子集註 上·下 田炳秀·金東柱 譯註 合 60,000원
大學·中庸集註 李光虎·田炳秀 譯註 15,000원
小學集註 上·下 李忠九 外 譯註 合 50,000원
詩經集傳 上·中·下 朴小東 譯註 合 90,000원
書經集傳 上·中·下 金東柱 譯註 合 90,000원
周易傳義 元·亨·利·貞 崔英辰 外 譯註 合 120,000원
詳說 古文眞寶大全後集 上·下 李相夏 外 譯註 合 64,000원
春秋左氏傳 上·中·下 許鎬九 外 譯註 合 109,000원
禮記 上·中·下 成百曉 外 譯註 合 90,000원

東洋古典國譯叢書

大學·中庸集註 -개정증보판 成百曉 譯註 10,000원
論語集註 -개정증보판 成百曉 譯註 27,000원
孟子集註 -개정증보판 成百曉 譯註 30,000원
詩經集傳 上·下 成百曉 譯註 合 70,000원
書經集傳 上·下 成百曉 譯註 合 70,000원
周易傳義 上·下 成百曉 譯註 合 80,000원
小學集註 成百曉 譯註 30,000원
古文眞寶 後集 成百曉 譯註 32,000원

東洋古典譯註叢書

〈經部〉

〔十三經注疏〕
周易正義 1~4 成百曉·申相厚 譯註 合 139,000원
尙書正義 1~7 金東柱 譯註 合 228,000원
毛詩正義 1~8〔全15〕 朴小東 外 譯註 合 259,000원
禮記正義 1~2, 中庸·大學 李光虎 外 譯註 合 77,000원
論語注疏 1~3 鄭太鉉·李聖敏 譯註 合 107,000원
孟子注疏 1~4〔全5〕 崔彩基·梁基正 譯註 合 119,000원
孝經注疏 鄭太鉉·姜珉廷 譯註 30,000원
周禮注疏 1~4〔全15〕 金容天·朴禮慶 譯註 合 122,000원
春秋左傳正義 1~2〔全18〕 許鎬九 外 譯註 合 59,000원
春秋公羊傳注疏 1〔全7〕 宋基采 外 譯註 37,000원

春秋左氏傳 1~8 鄭太鉉 譯註 合 244,000원
禮記集說大全 1~5〔全10〕 辛承云 外 譯註 合 160,000원
東萊博議 1~5 鄭太鉉·金炳愛 譯註 合 153,000원
韓詩外傳 1~2 許敬震 外 譯註 合 62,000원
說文解字注 1~4〔全20〕 李忠九 外 譯註 合 141,000원

〈史部〉

思政殿訓義 資治通鑑綱目 1~22〔全39〕 辛承云 外 譯註 合 671,000원
通鑑節要 1~9 成百曉 譯註 合 275,000원
唐陸宣公奏議 1~2 沈慶昊·金愚政 譯註 合 80,000원
貞觀政要集論 1~4 李忠九 外 譯註 合 102,000원
列女傳補注 1~2 崔秉準·孔勤植 譯註 合 68,000원
歷代君鑑 1~4 洪起殷·全百燦 譯註 合 135,000원

〈子部〉

孔子家語 1~2 許敬震 外 譯註 合 71,000원
管子 1~3〔全4〕 李錫明·金帝蘭 譯註 合 91,000원
近思錄集解 1~3 成百曉 譯註 合 96,000원
老子道德經注 金是天 譯註 30,000원
大學衍義 1~5〔全7〕 辛承云 外 譯註 合 144,000원
墨子閒詁 1~6〔全7〕 李相夏 外 譯註 合 212,000원
說苑 1~2 許鎬九 譯註 合 50,000원
世說新語補 1~5 金鎭玉 外 譯註 合 171,000원
荀子集解 1~7 宋基采 譯註 合 224,000원
心經附註 成百曉 譯註 35,000원
顔氏家訓 1~2 鄭在書·盧暻熙 譯註 合 47,000원
揚子法言 1〔全2〕 朴勝珠 譯註 24,000원

列子鬳齋口義 崔秉準·孔勤植·權憲俊 共譯 34,000원
二程全書 1~6〔全10〕 崔錫起·姜導顯 譯註 合 205,000원
莊子 1~4 安炳周·田好根 共譯 合 113,000원
政經·牧民心鑑 洪起殷·全百燦 譯註 27,000원
韓非子集解 1~5 許鎬九 外 譯註 合 174,000원

〔武經七書直解〕
孫武子直解·吳子直解 成百曉·李蘭洙 譯註 35,000원
六韜直解·三略直解 成百曉·李鍾德 譯註 26,000원
尉繚子直解·李衛公問對直解
成百曉·李蘭洙 譯註 26,000원
司馬法直解 成百曉·李蘭洙 譯註 26,000원

〈集部〉

古文眞寶 前集 成百曉 譯註 30,000원
唐詩三百首 1~3 宋載卲 外 譯註 各 25,000원~36,000원

唐宋八大家文抄
韓愈 1~3 鄭太鉉 譯註 合 78,000원
柳宗元 1~2 宋基采 譯註 合 44,000원
歐陽脩 1~7 李相夏 譯註 合 203,000원
蘇洵 李章佑 外 譯註 25,000원
蘇軾 1~5 成百曉 譯註 合 110,000원
蘇轍 1~3 金東柱 譯註 合 64,000원
王安石 1~2 申用浩·許鎬九 共譯 合 45,000원
曾鞏 宋基采 譯註 25,000원

明淸八大家文鈔
歸有光·方苞 李相夏 外 譯註 35,000원
劉大櫆·姚鼐 李相夏 外 譯註 35,000원
梅曾亮·曾國藩 李相夏 外 譯註 38,000원

東洋古典新譯

당시선 송재소·최경렬·김영죽 편역 22,000원
손자병법 성백효 역주 14,000원
장자 안병주·전호근·김형석 역주 13,000원
고문진보 후집 신용호 번역 28,000원
노자도덕경 김시천 역주 15,000원
고문진보 전집 上·下 신용호 번역 合 44,000원
신식 비문척독 박상수 번역 25,000원

동양문화총서

동양사상 해설과 원전 정규훈 外 저 22,000원
화합의 길 《중용》 읽기 금장태 저 20,000원
호설과 시장 신용호 저 20,000원
어느 노학자의 젊은 시절 심재기 저 22,000원

문화문고

경전으로 본 세계종교 그리스도교 이정배 편저 10,000원
〃 도교 이강수 편역 10,000원
〃 천도교 윤석산 외 편저 10,000원
〃 힌두교 길희성 편역 10,000원
〃 유교 이기동 편저 10,000원
〃 불교 김용표 편저 10,000원
〃 이슬람 김영경 편역 10,000원
논어·대학·중용 조수익·박승주 공역 10,000원
맹자 조수익·박승주 공역 10,000원
소학 박승주·조수익 공역 10,000원
십구사략 1~2 정광호 저 合 24,000원
무경칠서 손자병법·오자병법 성백효 역 10,000원
〃 육도·삼략 성백효 역 10,000원
〃 사마법·울료자·이위공문대 성백효 역 10,000원
당시선 송재소·최경렬·김영죽 편역 10,000원
한문문법 이상진 저 10,000원
한자한문전통교재 조수익·이성민 공역 10,000원
士小節 선비 집안의 작은 예절 이동희 편역 12,000원
儒學이란 무엇인가 이동희 저 10,000원
동아시아의 유교와 전통문화 이동희 저 13,000원
현대인, 동양고전에서 길을 찾다 이동희 저 10,000원
100자에 담긴 한자문화 이야기 김경수 저 12,000원
우리 설화 1~2 김동주 편역 合 20,000원
대한민국 국무총리 이재원 저 10,000원
백운거사 이규보의 문학인생 신용호 저 14,000원